VOYAGES
IMAGINAIRES,
ROMANESQUES, MERVEILLEUX,
ALLÉGORIQUES, AMUSANS,
COMIQUES ET CRITIQUES.

SUIVIS DES

SONGES ET VISIONS,
ET DES
ROMANS CABALISTIQUES.

CE VOLUME CONTIENT:

Le VOYAGE INTERROMPU, par L'AFFICHARD.

La VOITURE EMBOURBÉE, par MARIVAUX.

Le VOYAGE DE PARIS A SAINT-CLOUD, par mer ; & le retour de Saint-Cloud à Paris, par terre; par NÉEL.

Le RETOUR DE SAINT-CLOUD, par mer & par terre.

VOYAGES
IMAGINAIRES,
SONGES, VISIONS,
ET
ROMANS CABALISTIQUES.

Ornés de Figures.

TOME TRENTIÈME.

Deuxième division de la première classe, contenant les Voyages Imaginaires *merveilleux*.

A AMSTERDAM,
Et se trouve à PARIS,
RUE ET HÔTEL SERPENTE.

M. DCC. LXXXVIII.

LE
VOYAGE
INTERROMPU.

AVERTISSEMENT
DE L'ÉDITEUR
DES VOYAGES IMAGINAIRES, &c.

Une voiture qui se brise, & force les voyageurs d'interrompre leur route, & de s'arrêter dans une ferme isolée & voisine; tel est le canevas du *Voyage interrompu*. Le ton de ce roman est comique, & quelquefois bouffon; les portraits en sont un peu chargés, mais le tout est mélangé d'historiettes agréables, & lié par une intrigue assez bien conduite. L'amour de Climon pour Thérese, la fille du fermier, prend un accroissement un peu prompt, mais il n'en est pas moins intéressant.

Thomas l'Affichard, auteur du Voyage interrompu, est né à Ponslon,

AVERTISSEMENT.

dans le diocèse de Saint-Paul de Léon, en 1698; sa carrière littéraire, sans être brillante, n'a pas été dénuée de succès; c'est au théâtre sur-tout qu'il s'est fait connoître, & il y a obtenu des applaudissemens passagers. Peut-être cette médiocrité ne provient-elle que de ce qu'il a plus travaillé pour la fortune que pour la gloire, & de ce qu'il a porté indifféremment ses talens sur trois théâtres différens, sans se borner à celui qui convenoit le mieux à sa muse: il a travaillé pour le théâtre françois, pour le théâtre italien, & pour l'opéra comique; il auroit dû se tenir à ce dernier. L'Affichard est mort à Paris en août 1753. Outre ses pieces de théâtre, il a donné quelques romans, dont le plus agréable est le voyage interrompu; les autres, tels que les *Amusemens des Fées*, la *Salamandre*, *Rosa*-

AVERTISSEMENT.

lide, &c. font aujourd'hui tombés dans l'oubli.

Si l'on lit avec quelque plaifir le *Voyage interrompu*, on en aura davantage à la lecture de la *Voiture embourbée*, ouvrage fait à peu près fur le même cadre, mais bien plus agréablement rempli. Une voiture publique s'embourbe au milieu d'un grand chemin, l'effieu rompt; les voyageurs, obligés de s'arrêter, defcendent chez un curé de village; & pour charmer leur ennui, ils racontent une hiftoire, qu'ils compofent en im-promptu. La même hiftoire, commencée, continuée, & finie par quatre perfonnes différentes, prend dans la bouche de chacune d'elles un caractère différent : c'eft d'abord un roman héroïque, enfuite un conte de fée, & enfin une facétie. Il n'eft rien de plus plaifant

AVERTISSEMENT.

que cette idée ; elle est exécutée avec tout l'esprit qui anime les compositions de Marivaux.

Pierre Carlet de Chamblain de Marivaux est né à Paris en 1688 ; sa famille étoit originaire d'Auvergne ; son éducation fut très-cultivée, & les soins que l'on en prit ne contribuèrent pas peu à lui acquérir la célébrité dont il a joui : car il faut convenir que s'il devoit beaucoup à la nature, il ne devoit pas moins à l'art. Des romans & des comédies sont les principales productions qui ont distingué Marivaux. S'il a écrit quelques journaux, c'étoient des journaux d'un nouveau genre, & qui ne pouvoient lui attirer la haine des auteurs. Les mœurs douces de notre auteur, son amour extrême pour le repos, ne lui a pas permis de troubler celui des

AVERTISSEMENT.

autres. Ce n'est pas qu'il ne fût propre à ce genre d'escrime, & nous croyons que son esprit étoit propre à bien aiguiser une épigramme ; cependant il ne se l'est jamais permis ; & quoique son humeur pacifique ne l'ait pas mis à l'abri des traits de la satire, il a dédaigné d'en tirer vengeance, & il a mieux aimé supporter patiemment des blessures que son extrême sensibilité devoit lui rendre douloureuses, que de s'engager dans une guerre longue & fatigante. Ses comédies ne présentent à la vérité que des caractères foiblement tracés, mais elles sont ingénieusement intriguées, & il y règne une chaleur de sentimens qui les rend très-intéressantes ; son style même, trop maniéré pour le dialogue, séduit & attache. Il a soutenu long-temps le théâtre italien, pour lequel il a plus parti-

AVERTISSEMENT.

culièrement travaillé. On dit que son amour pour *Sylvia* l'attachoit à ce théâtre. Quoi qu'il en soit, Marivaux a régné pour ainsi dire sur cette scène. Ses romans lui donnent une place encore plus distingué dans notre littérature. L'académie françoise s'est empressée de recevoir Marivaux dans son sein, & il en a été un des principaux ornemens. Il est mort, regretté de ses amis, qui étoient en grand nombre, le 11 février 1763, âgé de 75 ans.

A ces qualités littéraires, Marivaux joignoit celles qui rendent un homme estimable & cher à ses semblables : une humeur douce, & une aversion extrême pour tout ce qui pouvoit troubler sa tranquillité, &, si l'on peut s'exprimer ainsi, son indolence philosophique, l'ont éloigné des grands, & l'ont empê-

AVERTISSEMENT.

ché de solliciter des graces qui auroient pu accroître sa fortune. Sa sensibilité lui faisoit partager vivement les peines des malheureux. On cite de cet académicien des traits de bienfaisance qui peignent la plus belle ame. On lui doit encore la justice d'avoir aimé la religion & respecté ses mystères. Enfin Marivaux, sous tous les points de vue, est digne de nos éloges. Ses principaux ouvrages sont, outre ses comédies, la *Vie de Marianne*, le *Paysan parvenu*. On a observé que ces deux romans sont des chef-d'œuvres. Les *Effets de la Sympathie*, le *Spectateur François*, le *Philosophe indigent*, & *Pharsamon, ou les Folies Romanesques*. Nous ne parlons pas du *Télémaque travesti*, ni de l'*Illiade travestie*; ce sont des productions de la jeunesse de l'auteur, peu dignes de sa réputation.

AVERTISSEMENT.

Il n'est personne qui ne connoisse le *Voyage de Paris à Saint-Cloud, par mer, & le Retour par terre*. Cette ingénieuse plaisanterie termine le recueil des Voyages imaginaires; elle eut, dans sa nouveauté, un succès qui s'est toujours soutenu depuis : il en a été fait des éditions multipliées, & le public ne se lasse point de lire cet agréable badinage. On ne pouvoit mieux peindre l'étonnement ridicule d'un jeune homme sans expérience, à sa première sortie de la maison paternelle : c'est le rat de La Fontaine.

> Si-tôt qu'il fut hors de sa case,
> Que le monde, dit-il, est grand & spacieux ;
> Voilà les Apennins, & voilà le Caucase,
> La moindre taupinée est mont à ses yeux.

L'auteur de cette charmante pro-

AVERTISSEMENT. xv

duction est très-peu connu; il se nommoit Louis-Balthazar Néel; il étoit de Rouen, & est mort en 1751. On ne peut nier que ce ne fût un homme de beaucoup d'esprit, & qui possédoit le rare talent de plaisanter avec agrément. Cependant il s'est peu exercé dans ce genre, où il pouvoit se promettre du succès. Il n'a donné que quelques pièces de vers médiocres, une *Histoire du Maréchal de Saxe*, & une *Histoire de Louis, duc d'Orléans*, mort en 1752.

Quelques-uns croyent que l'auteur du Voyage de Saint-Cloud a laissé son ouvrage imparfait, & que la conclusion est d'une autre main. C'est ce que veut nous persuader l'auteur du *Retour de Saint-Cloud*; ouvrage fait pour servir de suite au voyage, & travaillé sur le même plan. Cette seconde continuation est ingénieuse, & digne de figurer à la suite du Voyage. Nous n'en connoissons pas l'auteur; on l'a néanmoins attribué à M. Augustin-Martin Lottin, libraire & imprimeur de Paris. (V. la France littéraire, 1769, t. 2, p. 319--320.)

LE VOYAGE INTERROMPU.

PREMIERE PARTIE.

L'AUTOMNE dernier, trois amis firent partie d'aller passer quelques jours de vacances à une maison de campagne éloignée de Paris de quinze lieues, & appartenante à Bourville, le plus aimable des hommes. Ce fut lui qui proposa la partie à Climont & à Valsaint, ses intimes amis, qui l'acceptèrent sans difficulté, se flattant que les ris, les jeux, & les plaisirs voleroient sans cesse sur leurs traces. Ils ne se trompoient pas, comme on le verra par la suite.

Bourville n'a que trente ans, & il jouit déjà de vingt-cinq mille liv. de rente, quoiqu'il ne lui

A

soit encore mort qu'un oncle, de cinq ou six qu'il a, dont il sera le seul héritier. Il est garçon, & ne se propose pas de s'engager si-tôt; une inclination à la mode l'empêche de songer à un établissement dans les formes : au reste, il est sage, rangé, & d'une société charmante, & il se fait distinguer dans le monde autant par ses façons nobles & généreuses, que par la délicatesse & la vivacité de son esprit.

Climont peut avoir trente-cinq ans; sa fortune est médiocre, mais il en répare les caprices par une certaine philosophie douce, aimable, qui le fait estimer & rechercher de tous les honnêtes gens. Il n'est point encore marié, parce qu'il voudroit trouver beaucoup plus de bien qu'il n'en a, afin de pouvoir fonder si bien la cuisine, qu'il pût n'y voir jamais tarir la source de la joie.

Valsaint, quoique moins âgé, est veuf depuis deux ans d'une femme qui a fait sa fortune; il est vif, enjoué, mais grand ami de la table, & du plaisir qu'elle procure.

Ces trois caractères-là, rassemblés & unis par les liens d'une longue & tendre amitié, devoient produire l'effet le plus agréable.

On prit jour pour le départ, & ce jour étant arrivé, Bourville fit mettre trois chevaux à sa berline, & on partit à cinq heures du matin, dans l'espérance d'arriver le soir. Il avoit eu la précaution, sollicité par Valsaint, d'envoyer son cuisinier dès la veille leur préparer un bon souper.

Parbleu, s'écria Valsaint, voyant rouler la berline, pourquoi ne sommes-nous que trois ? Que ferons-nous de cette place vide ? Elle nous ennuyera ; nos yeux vont continuellement être blessés de cette place inoccupée, & le pauvre Climont va sans cesse être ballotté ; il faut l'accôter de quelqu'un. Qui, répondit Bourville, veux-tu que nous trouvions à l'heure qu'il est ? tout le monde dort. Je gage, repartit Valsaint, que l'abbé Damis est levé ; il a de l'esprit, de l'enjouement, & il ne recule à rien de ce qui peut lui procurer du plaisir : c'est notre vrai balot ; allons le prendre. Bourville y consentit avec joie, & Climont convint qu'on ne pouvoit mieux faire que de suivre l'avis de Valsaint.

Tandis que le cocher touche chez l'abbé Damis, disons un mot de sa fortune & de son caractère.

Il n'a pas encore quarante ans. Son père avoit du bien ; mais il en a joui de façon, & il a laissé, après sa mort, tant de dettes, que le pauvre abbé a été obligé de renoncer à la succession ; de sorte qu'il n'a pour tout bien que

A ij

le revenu d'un petit bénéfice; mais il le ménage avec tant de prudence, qu'il suffit à son nécessaire.

Il occupe ses loisirs à composer des livres utiles au public, ce qui fournit à ce qu'il appelle son superflu, qui consiste en un domestique pour le servir, en oiseaux rares, qu'il soigne lui-même, en achats de livres de littérature amusante & de tableaux curieux, & en la dépense qu'il fait pour les spectacles, dont il est grand amateur.

Un homme si bien rangé, & qui s'adonne aux aimables plaisirs de l'esprit & du cœur, doit nécessairement être d'un commerce fort agréable.

Nos trois amis entrèrent chez lui tous ensemble, & le surprirent beaucoup; il avoit déjà la plume à la main. Que je suis heureux! Messieurs, s'écria-t-il en les voyant. Quoi, les trois personnes que j'estime le plus me font l'honneur de me visiter, lorsque je m'y attends le moins! Rien n'est comparable à mon bonheur.

Cesse tes exclamations, cher abbé, lui dit Valsaine, & t'habille en diligence, pour venir avec nous à la maison de campagne de Bourville; nous voulons y aller aujourd'hui manger un souper des dieux. Je serai prêt dans un

L'voyage interrompu

Dessiné par C.P. Marilli 1788. gravé par R. Delvaux.

moment, répondit l'abbé; vous me faites trop d'honneur & de plaisir pour ne pas répondre à votre attente.

Nous t'allons servir de valets de chambre, dit Bourville à l'abbé, & je me charge de te passer ta chemise. Climont, poursuivit il, va te présenter ton habit, ton manteau, ton rabat, ta perruque, tes gants & ton chapeau, pendant que Valsaint fera ton paquet.

L'abbé rioit de tout son cœur de les voir tous s'empresser à le servir, & lui nuire, au lieu de l'aider.

Enfin, quand il fut prêt à sortir de son appartement, il se tourna vers ses oiseaux, & leur adressa le discours suivant : « Adieu mes enfans; je vous laisse en bonne santé; mais peut-être qu'à mon retour vous trouverai-je morts ou envolés: n'importe, quoique je vous aime beaucoup, je ne puis vous préférer à des amis que je suivrois jusqu'au bout du monde ». On rit de sa saillie: il donna ses ordres à son fidèle domestique, & partit fort joyeux.

Bientôt ils furent sortis de Paris; le soleil brilloit, & promettoit de fournir une carrière sans nuages. Que nous allons faire un charmant voyage! dit Climont. Tout nous présage qu'il sera heureux, ajouta Bourville. Nous en parlerons plus savamment ce soir, reprit l'abbé;

car. .... Parlons de déjeuner, interrompit Valfaint; j'ai déjà l'appétit ouvert. Oh, parbleu, dit Bourville, nous ne boirons ni ne mangerons qu'à moitié chemin. Tu en auras menti, répondit Valfaint en tirant de sa poche une petite bouteille, accôtons-nous le cœur d'un bon coup de vin d'Alicant; il est délicieux. Il a raison, dit Climont; rien n'est meilleur le matin, sur-tout quand on voyage. La bouteille fut vide en un instant. Roulons maintenant, dit Valfaint; je vais dormir en attendant le dîner; car je ne saurois parler en carrosse, cela me tue la poitrine; & il s'endormit effectivement.

Peu à peu les autres suivirent son exemple; car il n'est rien de si utile ou de si pernicieux que l'exemple; il persuade beaucoup davantage que les discours les plus fleuris.

Enfin nos quatre amis livrèrent leurs sens aux douceurs du repos, & ne le virent interrompu qu'aux approches de la dînée. Valfaint, en s'éveillant, fit un cri si perçant, que les autres sortirent en sursaut des bras du sommeil. Il est honteux, dit-il, Messieurs, de dormir comme nous faisons. Si quelqu'un s'avisoit d'écrire l'histoire de notre voyage, on se moqueroit de l'auteur, & on l'accuseroit de n'être guère fécond. Jamais, diroit-on, quatre personnes n'ont ronflé dans une berline qui fait près de deux lieues par heure. J'ai cru, dit Bourville, que nous étions versés : avec de la raison, peux-tu crier de la sorte ? Ma foi, répondit-il, quand je suis éveillé, je ne saurois voir dormir les autres; d'ailleurs, poursuivit il, je ne vous ai pas éveillés pour rien. Ecoutez un rêve que j'ai fait.

Il m'a semblé que j'étois assis au bord d'une petite rivière qui rouloit doucement son onde transparente sur un sable doré, au milieu d'une agréable prairie ; je tenois une ligne, & je tendois un hameçon perfide aux plus beaux poissons du monde, que je voyois distinctement nager au fond de l'eau ; mais pas un ne mordoit à l'appât trompeur, dont j'enrageois de mon mieux ; car je pêchois pour le dîner. A la fin, un fort gros poisson s'est laissé prendre; la joie, dans mon cœur, a pris la place du chagrin ; j'ai fait un effort pour tirer ma proie de l'onde; mais j'ai trouvé quelque résistance : surpris, j'ai ramassé mes forces, & j'ai senti, j'ai même vu que le poisson suivoit l'hameçon. Mais quelle a été ma surprise ! Au lieu d'une truite saumonée, j'ai tiré de l'eau une jeune nymphe, brillante comme on nous peint Vénus sortant des flots ; elle étoit vêtue d'une espèce de gaze d'argent légère & flottante, qui ne déroboit à mes yeux aucun de ses attraits. Ciel! me suis-je écrié, quel prodige! Rassure-toi, m'a-t-elle dit d'une voix d'une douceur extrême; une femme peut-elle t'effrayer? Considère-moi bien; me reconnois-tu? Non, charmante nymphe, lui ai-je répondu; jamais une beauté si parfaite n'a frappé ma vue: vous êtes Vénus, ou du moins Galatée. Quoi, m'a-t-elle reparti en me regardant amoureusement, tu méconnois Céphise, ta fidèle épouse, dont tu as tant pleuré la mort? A l'instant j'ai rappelé ses traits; j'ai reconnu ma chère défunte, & plein d'amour & de joie, je l'ai embrassée avec transport. Loin d'éviter mes caresses, elle y prenoit autant de plaisir que moi. C'en est fait, cher époux, m'a-t-elle dit en me rendant les embrassemens que mon amour lui donnoit; c'en est fait, les dieux me rendent pour jamais à l'objet de ma tendresse: en disant cela, elle me pressoit dans ses bras. Mon ame s'est livrée à un ravissement si flatteur, que je me suis éveillé, & le songe a disparu.

Voilà, dit Climont, un songe aussi singulier qu'agréable; si j'étois sûr d'en faire souvent de pareils, je préférerois le sommeil à tous les plaisirs de la vie. Bourville prit la parole, & dit qu'il doutoit que l'imagination d'un mari fût assez forte pour lui peindre sa femme assez belle, assez gracieuse pour qu'il se sente ému à sa vue. Je crois la chose possible après deux ans de veuvage, dit Climont; une femme, dans ce cas-là, se présente à l'esprit d'un époux avec tous les charmes de la nouveauté; elle perd le nom de femme, celui de maîtresse adorable est le seul qu'elle mérite.

On auroit poussé plus loin la conversation sur ce sujet, si l'on ne se fût trouvé, au moment que Climont finissoit de parler, à la porte de l'hôtellerie où l'on devoit dîner.

On ordonna pour le repas ce qui pouvoit être le plutôt prêt, parce que le temps étoit précieux. Après cela, on conduisit nos quatre amis dans la chambre la plus propre de la maison. A peine y furent-ils entrés, que l'hôte monta leur dire qu'une dame demandoit à avoir l'honneur de dîner avec eux. Bourville ne répondit qu'en partant pour lui donner la main; c'étoit agir fort galamment: mais la dame entra sur les pas de l'hôte; elle pouvoit avoir environ trente-cinq ans; son visage n'étoit point désagréable, & sa taille étoit assez mignonne.

Excusez, Messieurs, dit-elle en entrant, si je prends la liberté de venir dîner avec vous, sans avoir l'honneur de vous connoître; mais en voyage, on en agit sans façon: cependant, Messieurs, je n'eusse point pris cette liberté, de crainte de vous être importune, s'il m'étoit possible de manger seule. Il me faut absolument de la compagnie; je m'en suis fait une habitude dès mon enfance; ma mère seroit morte de faim plutôt que de manger sans avoir avec qui parler : & vous savez, Messieurs, qu'assez ordinairement telle mère telle fille. Tubleu, dit Valsaint bas à Climont & à l'abbé, quelle jaseuse! Je vois qu'avec elle nous n'aurons besoin que de nos oreilles. Je viens de Paris, Messieurs, continua-t-elle, où j'ai passé deux mois à solliciter un petit procès, que j'ai gagné avec dépens. Quelle ville que Paris! Je n'y avois jamais été. Je suis native de ***, où mon mari est avocat... Nous sommes voisins, interrompit Bourville; j'ai une maison à ***, qui n'est qu'à une demi-lieue de chez vous. Tant mieux, reprit-elle, je suis en pays de connoissance; mais permettez-moi, Messieurs, de vous achever ce que je voulois vous dire de Paris : c'est une ville charmante; je veux engager mon époux à quitter la province; il sera aussi bien avocat à Paris qu'ailleurs; ç'est toujours des procès. La province va m'être insupportable; je n'y pourrai vivre, après avoir goûté les délices d'un lieu aussi agréable que Paris; c'est un vacarme, un tapage qui m'enchantent. J'étois ravie de me trouver à l'heure de midi au

palais, dans la grand'falle. Le gracieux bour-
donnement! Quatre ou cinq mille perfonnes
parlent enfemble, & chacun s'entend; rien
ne m'a paru fi flatteur.

J'ai vu, pourfuivit-elle, l'opéra & les deux
comédies; ce font encore des plaifirs dont la
province eft privée. Qu'avez-vous vu à l'opéra,
Madame ? lui demanda l'abbé. Une pièce divine, répondit-elle; je crois que c'eft *les Génies*; oui, c'eft cela même. Quel coup-d'œil!
la belle mufique! Quelles danfes vives & lé-
gères! Les brillantes décorations! Rien dans le
monde n'eft au deffus de cet opéra. Cependant,
Meffieurs, le croirez-vous? Des gens à côté de
moi s'avisèrent de dire que cela étoit miférable;
peu s'en fallut que je ne leur chantaffe pouille.

A la comédie françoife, j'ai vu *Childéric*, &
le mariage fait & rompu. Que cette dernière
pièce m'a fait rire! Je n'en doute pas, dit Climont; mais, en récompenfe, je gage que la
première vous a bien fait répandre des larmes.
Pas une feule, répondit-elle; je n'ai pu y rien
comprendre. *Clovis & Sigibert* ont été changés
tant de fois en nourrice, qu'on ne fait plus lequel eft le véritable fils de *Childéric*.

Pour les Italiens, ils m'ont beaucoup diver-
tie. Quelle pièce, Madame, avez-vous vue
chez eux ? demanda Valfaint. *L'embarras des*

Richesses, répondit-elle. Qu'Arlequin y est plaisant ! que Chloé y a l'ame bonne & tendre ! Cette pièce instruit & amuse le plus agréablement du monde. Un autre jour, j'y vis *la Sylphide*. Ah ! que le sergent qui va à tous les diables, & le procureur qui vole, m'ont réjouie !

On servit le dîner, ce qui n'interrompit point le babillage de madame Braille (c'étoit son nom). Rien n'étoit plus plaisant que de voir cette femme manger goulument, & néanmoins ne pas déparler une minute. Elle conta, pendant le dîner, l'histoire de ses amours avec son mari, l'histoire scandaleuse des servantes qu'elle avoit chassées de chez elle pour leurs vicieuses habitudes. Elle fit le détail de son procès, & dit de quelle façon elle s'y prendroit pour déterminer M. Braille à s'établir à Paris.

Quand le dîner fut achevé, Bourville, qui est le plus poli des hommes, lui dit : Madame, vous prendrez une place dans notre voiture. Non, Monsieur, répondit-elle ; je n'ai garde de vous incommoder ; vous êtes quatre. Climont lui dit que cela ne devoit pas l'inquiéter, qu'il lui céderoit sa place dans le carosse, & qu'elle lui prêteroit sa monture. Oh ! Monsieur, reprit-elle, elle n'est guère propre pour un homme comme vous. Vous vous moquez, Madame, dit Valsaint ; elle ne pourra que faire honneur à celui qui s'en fervira. Vous le voulez abfolument, Meffieurs ? repartit-elle ; j'aime mieux céder à vos politeffes que d'y être rebelle ; j'accepte votre offre.

Là-deffus, on vint avertir que tout étoit prêt pour le départ : on defcendit ; Bourville donna la main à madame Braille, qui fut mife dans la première place du fond ; l'abbé fut placé à fa gauche; Valfaint & Bourville fe mirent fur le devant.

Pendant qu'on s'arrangeoit de la forte dans le carroffe, Climont attendoit qu'on lui préfentât le cheval de madame Braille ; mais il fut bien furpris, quand l'hôte lui dit que madame Braille n'avoit point d'autre monture qu'un petit mulet avec un grand bât.

L'abbé, Bourville & Valfaint, qui voyoient fon étonnement & fon embarras, éclatoient de rire. Eh bien, mon garçon, lui cria Bourville, veux-tu que j'aille te tenir l'étrier ? Tu en as befoin pour monter ce fier Bucéphale. Montez, montez fans crainte, Monfieur, dit madame Braille ; mon mulet eft doux comme un agneau, & il va comme le vent. Cette exhortation de confiance redoubla les ris ; de forte que Climont, qui favoit prendre fon parti, vit bien qu'il n'y avoit pas à s'en dédire. Il s'éleva fur ce fameux bât, & auffi-tôt frappant le mulet d'une houssine, il suivit pompeusement le carrosse.

Quand on fut sorti du village, il galoppa gravement à la portière, en façon d'écuyer, & chacun, le plus comiquement qu'il put, le complimenta sur le bon air qu'il avoit en cet équipage. Climont n'étoit pas petit, & le mulet étoit à peine de la taille d'un âne ordinaire; de sorte que ses pieds touchoient presque à terre. Que Monsieur est charmant comme cela! s'avisa de dire madame Braille; il est à peu près de la taille de mon mari, il me semble le voir en sa personne.

Quoi, dit Valsaint, monsieur Braille, Madame, monte aussi votre mulet? C'est, répondit la babillarde, sa monture favorite; mais nous avons deux mulets de la même taille, & c'est un charme de nous voir tous deux aller au galop à notre maison de campagne, sur chacun notre mulet. Elle est fort jolie notre maison, & n'est qu'à une petite lieue de **; nous ne manquons jamais de nous y rendre tous les samedis, & la veille de toutes les fêtes de l'année. M. Braille est fou du jardinage; il sème, il plante, il greffe; enfin il fait tout, & il dit que tant qu'il n'aura point d'enfans, il mettra son plaisir dans le jardinage. Quoiqu'ordinairement les enfans donnent beaucoup de peines

& d'embarras à une mère, je ne cesse de souhaiter d'en avoir; il me semble que rien n'est si amusant que de voir croître dans une maison de petits marmots qui nous appellent *papa*, *maman*. Malgré ma stérilité apparente, je me flatte d'avoir lignée, ajouta-t elle; & ce qui fonde mon espérance, c'est que ma mère n'eut son premier enfant qu'à l'âge de quarante ans, après vingt ans de mariage. Il y a, comme cela, Messieurs, des familles où les femmes sont tardives & d'autres où elles sont précoces.

On éclata de rire à cet endroit; mais un choc épouvantable, qui suivit la fatale risée, rompit l'essieu, & brisa une des roues de derrière du carrosse: ce fut justement la roue du côté de madame Braille; de sorte que l'abbé tomba sur elle, Bourville & Valsaint tombèrent sur l'abbé; ce qui formoit un entrelassement de bras & de jambes qu'on ne pouvoit distinguer. Les laquais avoient été renversés aussi, mais sans avoir été blessés. Ils accoururent démêler leurs maîtres: c'étoit un spectacle assez extraordinaire de voir trois hommes qui ne pouvoient s'empêcher d'étouffer une pauvre femme qui crioit comme une possédée. D'abord on tira Valsaint, qui étoit le plus chargé de cuisine; cela soulagea beaucoup la patiente; Bourville fit un effort, & sortit de lui-même; l'abbé ne se presfoit point : il est vrai qu'il étoit le plus embarrassé. Madame Braille ne cessoit de lui brailler : Ah ! monsieur l'abbé vous me tuez, vous m'assommez ; je vais expirer !

Climont, qui étoit descendu de mulet, aidé de Bourville, mit enfin l'abbé & la pauvre madame Braille en liberté. Elle se trouva mal, ce qui alarma fort tout le monde ; mais l'abbé lui ayant fait respirer de l'eau des Carmes, elle revint aussi-tôt, & recommença de jaser avec plus de volubilité que jamais.

Bourville étoit comme tombé des nues ; l'accident qui venoit d'arriver à sa voiture auroit affligé l'homme le moins sensible ; il y avoit encore quatre grandes lieues de là à sa maison. Valsaint étoit d'avis qu'on poursuivît le chemin à pied, afin de ne pas manquer le souper préparé. Climont & l'abbé furent d'un avis contraire ; ils dirent qu'il falloit promptement envoyer au village où l'on avoit dîné, comme le plus proche, & y faire porter l'essieu & la roue, pour être réparés. Bourville approuva cet avis, comme le plus sensé.

Un charretier qui passa, & qui heureusement alloit au même village, mit l'essieu & la roue sur sa charrette, un laquais monta sur un des chevaux du carrosse, & fut chargé de ne rien épargner,

épargner, pour engager les ouvriers à faire diligence.

Madame Braille, parfaitement remise, voyant le délabrement du carrosse de ces Messieurs, leur fit de longs complimens sur leur extrême politesse, monta légèrement sur son mulet, & continua sa route au galop.

Valsaint, qui songeoit toujours au solide, ayant aperçu une ferme à un quart de lieue de là, conseilla d'y aller se reposer, & de tâcher d'y souper, en attendant que la berline fût raccommodée. Son avis ayant plu à tout le monde, Bourville laissa le cocher & un laquais pour garder le carrosse & les chevaux; & on se mit en chemin pour gagner la ferme. L'abbé s'avisa de dire : Messieurs, je crois, toute réflexion faite, que nous faisons une folie d'aller à cette ferme ; peut-être n'y trouverons-nous rien à manger, & si nous voulons dormir, il faudra nous contenter d'une botte de paille. Franchement, dit Valsaint, un pareil lit ne seroit guère du goût d'un abbé ; ces Messieurs-là ne sauroient sommeiller que sur le duvet ; mais va, cher abbé, console-toi ; je te promets de ne te pas laisser clore l'œil de la nuit, ou il n'y aura pas une goutte de vin dans la ferme. Quand on n'a pas de bons lits, il faut manger, rire, & boire ; cela dédommage agréablement du

B

sommeil. Oui, passons la nuit à nous divertir, dit Climont ; il n'en faut pas moins pour bannir de mon esprit l'aventure du mulet. Parbleu, s'écria Bourville, ne me fais point souvenir de madame Braille ; cette femme a dans le corps un magasin de paroles si considérable, que je m'imagine que c'est le poids assommant de cette femme qui a brisé notre voiture. L'abbé alloit répondre à ce paradoxe ; mais un paysan qui descendoit d'une vigne, l'en empêcha, parce que Bourville se mit à questionner ce paysan. Dites-nous à qui appartient la ferme que nous voyons ? Pargué, Messieurs, répondit le paysan, vous ne pouvez mieux vous adresser qu'à moi pour le savoir ; alle est à votre sarviteur, & bian à votre sarvice. J'en suis charmé, dit Bourville : notre carrosse vient de se rompre là-bas, & nous allions te demander gîte ; pouvons-nous espérer que tu nous l'accorderas ? N'en doutez pas, Messieurs, repartit le paysan ; je vous ferons même fort bonne chère ; j'ons une ménagère & une fille qui entendont la cuisine à marveille ; alles n'avont pas besoin d'être montrées pour fricasser des poulets & rôtir des dindons.

Avez-vous d'excellent vin, notre cher ami, demanda Valsaint, car c'est là le principal ? Je ne savons pas s'il est excellent ; mais quand notre curé viant nous visiter, ce qui arrive souvent, il ne s'en retourne jamais qu'il n'en ait dans la bedaine une bonne provision. Quand monsieur le chanoine que v'là, ajouta-t-il en montrant l'abbé, y aura goûté, il vous en dira des nouvelles. Morgué, vivent ces Messieurs pour se connoître en bonnes choses ! Ils s'y connoissont, parfois, mieux qu'à leu bréviaire. Ce que je dis là, poursuivit-il, ne doit pas offenser parsonne.

L'abbé étouffoit de rire des discours du paysan, & les autres étoient charmés du cadeau que ce bon homme leur donnoit, & se promettoient de ne pas s'ennuyer chez lui.

Ils y arrivèrent bientôt. Il est inutile de faire la description du logement du fermier; on se l'imagine de reste; mais la propreté, si rare chez les autres fermiers, éclatoit de toutes parts chez celui-ci; les meubles, quoique grossièrement fabriqués, étoient nets & luisans, & excitoient à s'en servir; jusqu'aux domestiques, tout avoit un air de propreté qui faisoit plaisir.

Allons, dit le paysan à sa femme en arrivant, Madelaine, vlà de braves gens à qui promptement il faut faire un bon souper; & toi, Thérèse, en s'adressant à sa fille, mets itou la main à la pâte; pour moi, ajouta-t-il, je vais au cellier, & mettre en parce une pièce de vin vieux que je gardions pour queuque bonne occafion ; la vlà venue, il faut que le togniau parte. Là-deffus, il prit une cruche de dix pintes au moins, & courut au cellier.

En entrant chez le fermier, nos quatre amis étoient demeurés comme pétrifiés de furprife & d'admiration ; la beauté de Thérèfe avoit frappé chacun d'eux en particulier ; c'étoit une brune faite au tour, vêtue à la payfanne, mais avec des graces. Elle ne les falua point du tout en villageoife, ce qui redoubla leur étonnement. Ma bonne femme, dit Bourville à la mère, vous avez là une bien aimable fille. Oh! point du tout, Monfieu, répondit-elle ; mais c'eft qu'alle a demeuré deux ans à Paris à tenir compagnie dans un couvent à la fille du feigneur de notre village, qui en étoit affolée, avant qu'alle fût morte, & ça ly a baillé un air de ville, ça ly a déshâlé le vifage, de magnière qu'alle eft plus blanche qu'alle ne le feroit, fi alle avoit toujours habité notre farme. Aurefte, Meffieurs, reprit-elle en faifant une révérence à fa façon, Thérèfe & moi fommes bian vos farvantes.

Le bon homme revint du cellier, & tira d'un bahut des gobelets d'argent. Allons, morgué, Meffieurs, goûtez à ce vin-là ; dame il n'eft point farlaté, le vlà tout comme il eft venu au monde. Effectivement il se trouva fort bon. Valsaint dit là-dessus qu'il n'étoit plus fâché d'être demeuré en chemin, puisqu'il trouvoit à s'en dédommager si agréablement.

On s'aperçut que Climont étoit fort attentif à regarder Thérèse, & que depuis qu'il étoit entré chez le fermier, il n'avoit pas ouvert la bouche. Sors de ta rêverie, Climont, lui dit l'abbé : où est cette gaîté charmante qui a coutume de t'accompagner par-tout ? Ne me grondez pas, Messieurs, répondit-il ; je suis si charmé de la belle Thérèse, elle a tant de graces, ses yeux sont si beaux, que je suis bien excusable de ne m'appliquer qu'à les admirer. Thérèse, qui n'avoit point encore parlé, dit à Climont : Je mérite peu, Monsieur, un compliment si flatteur ; néanmoins je vous remercie de votre politesse, la regardant comme un hommage que vous rendez plutôt à mon sexe en général, qu'à moi-même en particulier.

Que d'esprit ! s'écria Bourville ; c'est un meurtre, belle Thérèse, que vous soyez ensevelie dans un hameau : il n'y a point de dame à Paris, même à la cour, qui ne se fit honneur de votre esprit & de vos charmes. Alle n'est pas sotte, dit le fermier, & si je trouvions queuque honnête Monsieu de Paris, qui voulût en faire sa minagère, je ne serions point fâchés de la voir devenir groſſe dame; mais morgué on eſt ſi trompé en hommes comme en femmes à Paris, que c'eſt une piquié.

Si j'avois aſſez de bien pour faire la fortune de la charmante Thérèſe, dit Climont, je ne balancerois point à aſpirer au bonheur de lui plaire; mais quand un garçon à Paris n'a qu'une petite charge, qui ne lui fait qu'environ mille écus de rente, il doit, pour le moins, en trouver autant, ou ne ſonger jamais au mariage; un galant homme ne riſque point à ne pas rendre une femme auſſi heureuſe qu'elle mérite de l'être.

Tatigué, interrompit le payſan en ſe jetant au cou de Climont, vous êtes notre homme; vous parlez comme un livre, & je voyons bian que la ſincérité eſt dans votre bouche. Allons, continua-t-il, ſi vous voulez de Thérèſe, & que Thérèſe en ſoit contente, car je ne voulons pas contraindre ſon inclination, c'eſt un mariage baclé. Thérèſe eſt fille unique, ajouta-t-il en parlant bas, & je pouvons, tels que vous nous voyez, ly bailler en entrée de ménage, ſans nous incommoder, queuques deux ou trois douzaines de ſacs de mille francs en biaux écus, qui ne devont rian à parſonne.

A la propoſition du fermier, nos quatre

amis ne furent pas peu surpris; mais une joie brillante parut sur le visage de Climont, & ce pauvre garçon s'épuisa en sentimens de générosité, pour prouver à Thérèse qu'il n'aimoit que sa personne, & que s'il avoit parlé de bien, c'est qu'il savoit de quelle conséquence il est d'en avoir pour vivre heureux sous les lois de l'hymen. Thérèse lui répondit qu'il avoit raison; que l'amour ne pouvoit être charmant lorsque l'on manquoit du nécessaire, & que l'aisance de la vie étoit ce qui lui conservoit sa douceur & ses charmes. Elle lui dit cela d'un ton si gracieux, que Climont se regarda dèslors comme un amant aimé, qui pouvoit se flatter de devenir heureux époux.

Valsaint & Bourville demandèrent des cartes pour s'amuser, en attendant que le souper fût en état. Le fermier éclata de rire à leur proposition. Pargué, oui, des cartes, dit-il, on vous en baillera; je n'ons que des quilles, & encore n'y jouons-je que les dimanches & les fêtes; mais vlà la nuit, & il faut qu'il fasse jour pour jouer à ce jeu-là; ainsi charchez du divartissement à queuque autre chose : mais, ajouta-t-il par réflexion, qui est-ce qui garde votre carrosse & vos chevaux là-bas? C'est le cocher & un laquais, répondit Bourville. Avont-ils, dit le paysan, de quoi mettre sous la dent,

& de quoi hauffer le coude ? Je ne crois pas qu'ils aient rien, repartit Bourville, & j'allois vous dire de leur envoyer de quoi fouper, & de l'avoine pour les chevaux. Allez, allez, Monfieu, reprit le fermier, j'avons eu foin de tout ; il y a pus d'une heure que vos gens avont de quoi manger & boire, & vos bêtes itou. Oh dame, nous autres villageois, pourfuivit-il, je ne penfons pas comme ces Meffieurs de Paris ; pour être bian farvis, je fongeons d'abord à nos domeftiques.

Notre hôte penfe jufte, dit l'abbé ; je ne fuis plus furpris qu'il ait amaffé du bien ; un maître comme lui, qui fait acquérir l'affection de fes domeftiques, eft fûr de voir tout profpérer dans fa maifon.

Bourville remercia le fermier de fon attention pour fes gens, & propofa tout de fuite quelque amufement. Le payfan prit la parole, & dit : Meffieus, vous nous ferez un grand plaifir de nous raconter queuque hiftoire, là de celles qui, parfois, font pleurer, pis rire, pis fouvent pleurer & rire tout enfemble ; j'aimons beaucoup mieux ces fariboles-là, fur-tout Thérèfe en eft affolée.

Il n'en fallut pas davantage à Climont, que de favoir que Thérèfe aimoit à entendre réciter des aventures, pour propofer à la compagnie d'écouter la lecture d'une lettre qui en contenoit une toute nouvelle; ce qui fut accepté.

Climont a le talent de lire au mieux; personne ne varie plus agréablement les inflexions de sa voix. On peut juger de là combien il plut à l'assemblée, sur-tout à Thérèse & à son père. Voici en entier la lettre qu'il lut, dont il m'a lui-même donné copie.

LETTRE à Madame la comtesse de * * *.

« Vous avez bien de la philosophie, madame,
» pour ne pas vous ennuyer à la campagne dans
» le mois de février, mois où les champs n'ont
» rien qui puisse flatter une personne qui,
» comme vous, semble née pour goûter les
» plaisirs les plus délicats.

» Vous me mandez, madame, que vous êtes
» agréablement dédommagée de votre solitude, par le plaisir que vous y prenez à lire
» nos pièces de théâtre, & quelques-uns de nos
» romans modernes : il est vrai que c'est un doux
» amusement que la lecture, sur-tout pour
» vous, madame, qui jugez si sainement des
» ouvrages d'esprit. Mais ne se lasse-t-on point
« de juger?

» Je vais vous distraire pour quelques mo-

» mens de vos paſſe-temps ordinaires, en vous
» crayonnant une aventure qui eſt arrivée ici
» depuis peu. Si j'étois capable, Madame, de
» joindre la beauté de la diction à la vérité de
» l'hiſtoire, je ſuis perſuadé que vous m'auriez
» obligation de l'entrepriſe; mais ſi je ne réuſſis
» pas, j'aurai du moins au fond du cœur la ſa-
» tisfaction d'avoir tenté de le faire; & vous
» ſavez, Madame, que, ſelon ce vers de Childeric:

Tenter eſt des mortels, réuſſir eſt des dieux.

LES ÉGAREMENS.

Prenons les choſes d'un peu loin, c'eſt la coutume des hiſtoriens, & je crois qu'ils ne peuvent s'en diſpenſer, pour jeter de la clarté dans leurs ouvrages.

Il y a deux ans que Dorante, jeune homme très-riche, & maître de lui-même, épouſa, par inclination, Henriette, fille ſans bien, mais dont les charmes du corps & de l'eſprit la dédommageoient amplement du malheur d'être née ſans fortune.

Pendant trois mois qu'ils furent enſemble après leur mariage, aucune affaire ne les obligea de s'éloigner l'un de l'autre; ils jouirent de tout leur bonheur; il ne se pouvoit rien voir de plus charmant & de plus sincère que leur tendresse.

Je ne vous ferai point, Madame, le détail de leur conduite; vous avez éprouvé les douceurs de l'amour conjugal, & vous savez, n'en déplaise aux esprits superficiels, qu'il est susceptible de la société la plus agréable; mais les bons cœurs seuls peuvent en rendre témoignage; & comme ils sont rares, c'est ce qui fait penser à beaucoup de monde que l'hymen est un esclavage, au lieu d'une félicité.

Au bout de trois mois de mariage, Dorante fut obligé d'aller en basse Normandie, à cause d'un procès qu'on venoit de lui intenter dans cette province, à l'occasion d'une terre qu'il y avoit.

Henriette, quoiqu'enceinte, vouloit suivre son époux; mais il ne voulut jamais y consentir; il craignoit qu'il ne lui arrivât quelque accident.

Le jour marqué pour le départ de Dorante étant arrivé, ces deux époux se firent les adieux les plus tendres. Que de larmes Henriette répandit! Andromaque en versa peut-être moins, quand elle vit partir son cher Hector pour aller combattre les grecs.

Dorante, en quittant sa charmante épouse, lui promit de presser les affaires de telle façon, qu'avant qu'il fût trois semaines il seroit de retour. Mais quand on a des procès en Normandie, la diligence n'y fait rien ; il faut passer par tous les détours de la chicane, avant d'en venir à bout. Son voyage fut de six grands mois ; ils parurent autant d'années au tendre Dorante, & autant de siècles à la belle Henriette ; car l'impatience d'une femme est extrême comme son amour.

Je ne vous dirai point, Madame, que rien n'étoit comparable aux lettres de Dorante, & aux réponses d'Henriette ; vous vous imaginez bien tout cela. C'étoit de ces épanchemens de cœur qui ravissent ceux qui les lisent sans y être intéressés, de ces confidences aimables, de ces peintures vives du désir & de l'impatience que l'on a de revoir la personne aimée. Enfin, si on avoit pu rassembler leurs lettres, on en eût fait plusieurs volumes, qui, pour la tendresse conjugale, eussent passé pour des chef-d'œuvres.

Mais passons vîte à l'intéressant. Henriette avoit reçu la lettre d'avis du retour de son cher époux, & son cœur s'ouvroit à la joie la plus parfaite, lorsqu'elle vit arriver un soir chez elle un jeune cavalier de la plus jolie figure du monde. Ce cavalier l'embraſſa ſans façon, & s'aſſit auprès d'elle très-familièrement.

Henriette étoit à table, & ſoupoit ſeule, environnée de ſes domeſtiques, qui d'ordinaire s'efforçoient de la réjouir à l'heure des repas. Elle fut très-ſurpriſe de la hardieſſe du cavalier. Qui êtes-vous, Monſieur, lui dit-elle, pour en uſer ſi librement? Je vois bien, répondit-il, que vous ne me reconnoiſſez pas; & s'approchant de l'oreille d'Henriette, il lui dit: *Je ſuis Mélite, votre amie du couvent; ſoyez diſcrète, je vous en conjure; il y va du bonheur de ma vie.*

A ces mots, Henriette embraſſa Mélite devant tout ſon monde, & recommença tout de nouveau à ſouper, pour tenir compagnie à ſon amie, qu'elle appeloit M. le chevalier.

Les domeſtiques d'Henriette tombèrent des nues, en voyant leur maîtreſſe faire tant d'amitié à un homme qu'elle n'avoit pas reconnu d'abord. Henriette, pour avoir la liberté de ſe faire inſtruire par Mélite de ſon déguiſement, fit ſigne à ſes gens de ſe retirer. Ils ſortirent fort ſcandaliſés de ce qui ſe paſſoit.

Dès qu'elle ſe vit ſeule avec ſon ancienne amie, elle la pria de lui apprendre ce qui l'avoit obligée à prendre un habit d'homme. Mélite la ſatisfit à peu près en ces termes.

Histoire de Mélite.

Je vous ai conté dans le couvent, lui dit-elle, qu'avant que ma mère, dont je ne suis point aimée, m'eût forcée d'y entrer pour être religieuse, j'avois conçu beaucoup d'estime pour un jeune mousquetaire qui m'avoit témoigné la passion la plus vive & la plus sincère. Un mousquetaire ! s'écria Henriette. Oui, un mousquetaire, répondit Mélite ; je puis en parler avec éloge, malgré la réputation qu'ont ces Messieurs de ne concevoir de l'amour que pour s'amuser. Cléante, continua-t-elle, m'aimoit véritablement, & sa conduite avec moi jusqu'ici n'a cessé de me prouver qu'il est le plus honnête de tous les hommes.

Il étoit cadet de sa maison quand je le connus, & par conséquent peu en état de déterminer ma famille de m'accorder à ses feux. Pour rompre toute intelligence entre nous, je fus mise au couvent, où j'eus le bonheur de vous connoître, & où, depuis votre sortie pour épouser Dorante, on m'a forcé de prononcer mes vœux.

Cléante, quoiqu'à l'armée, me donnoit toujours de ses nouvelles, & ses lettres me faisoient supporter patiemment ma prison & son absence. Le surlendemain de ma profession, il m'écrivit que son frère aîné étant mort en Italie, il devenoit un très-riche seigneur, & qu'il vouloit commencer à jouir de son bonheur par m'associer à sa fortune, en me donnant la main. Cette nouvelle fut pour moi plus terrible que je ne puis vous l'exprimer. Je voyois mon amant en état de m'obtenir, & j'étois dans l'impossibilité de satisfaire mon penchant. Je fis réponse à Cléante, en arrosant ma lettre de mes pleurs, que je le priois de m'oublier, parce que je venois d'être consacrée à Dieu.

Je fus quelques semaines sans recevoir de ses nouvelles, ce qui me fit croire que, voyant la barrière insurmontable qui nous séparoit, il avoit pris le parti de me bannir de son cœur : je vous avoue que cette idée étoit pour moi plus cruelle que la mort.

Pour terminer mes peines, j'étois résolue de me laisser mourir, lorsque Cléante m'apprit, par sa réponse, qu'il venoit me délivrer de l'oppression où j'étois, & que j'eusse aujourd'hui même, à la chûte du jour, à me trouver dans le jardin de mon couvent, & que je ne m'embarrasse de rien. Il m'a tenu parole, comme vous voyez.

Aussi-tôt que la nuit a été close, je me suis dérobée de ma cellule, j'ai gagné le jardin sans obstacle, & me suis approchée du mur; j'en ai vu descendre un homme, c'étoit mon cher Cléante. Allons, m'a-t-il dit en m'embrassant, suivez moi ; reprenez la liberté qu'on vous a ravie. J'ai mis le pied à l'échelle, & je suis montée après lui.

Quand nous avons été dans la rue, un carrosse s'est présenté, nous y sommes montés ; & pendant qu'il rouloit doucement, Cléante m'a fait mettre les habits que vous voyez.

Il m'a proposé de me mener chez une de ses parentes, en attendant qu'il soit parvenu à me faire relever de mes vœux. Je me suis opposée à son dessein, & je lui ai dit que je serois plus à mon gré chez vous.

Vous concevez, poursuivit Mélite, de quelle conséquence il est que pas un de vos gens ne sache qui je suis. Je le sens à merveille, répondit Henriette, & je sens aussi que vous venez de faire une démarche bien hardie. J'en frémis, dit Mélite; je ne vois que précipices sous mes pas ; mais l'amour les couvre de fleurs. Ainsi, ajouta-t-elle, ne me parlez point de ma faute, ne songez qu'à empêcher que vos domestiques en aient connoissance.

Henriette, voyant que les remontrances étoient vaines, dit à Mélite: Je vais appeler mes gens; & pour ne leur donner aucun soupçon

sur

INTERROMPU. 33

sur votre compte, qui puisse tourner à mon désavantage, je leur dirai naturellement que vous êtes une fille, qui, pour des raisons de famille, êtes obligée de demeurer quelque temps sous cet habit. Mélite consentit à cette confidence. Henriette fit remonter ses domestiques, & leur dit ce dont elle étoit convenue avec son amie. Mais il y a apparence qu'ils n'ajoutèrent pas foi à ses paroles, puisqu'ils agirent comme on verra dans la suite.

Le lendemain, Henriette envoya son valet de chambre au devant de son mari. Ce valet avoit été un des plus scandalisés de la conduite de sa maîtresse à l'égard de Mélite, qu'il croyoit effectivement un cavalier. La première chose qu'il fit en rencontrant Dorante, fut de lui conter ce qui se passoit. Cette nouvelle le surprit étrangement.

Quelque avantageusement qu'on pense des personnes, on se laisse souvent prévenir en leur défaveur, quand on n'est point en garde contre l'ignorance ou la malignité.

Dorante, persuadé par son valet de chambre, résolut de s'introduire secrètement chez lui, & d'examiner, par ses yeux, quelle conduite tenoit son épouse avec ce jeune homme. S'étant donc mis en lieu propre à voir, sans être vu, ce qui se passoit dans l'appartement d'Hen-

C

riette, quel fut son étonnement de la voir faire de grandes caresses au cavalier, & le cavalier embrasser sa femme ! Il ne douta plus de son malheur. La jalousie rend les hommes capables de toutes sortes d'extravagances.

Dorante, pour éviter l'outrage qu'il s'imaginoit avoir reçu, sortit promptement de la maison, mit ordre à ses affaires, prit la poste pour aller servir en Italie en qualité de volontaire.

Avant de monter à cheval, il écrivit une lettre à sa femme, qui lui fut rendue par un inconnu. Quand on la lui remit, elle étoit dans une extrême impatience de ne point voir arriver son cher époux ; elle ne s'attendoit pas au coup qui alloit la frapper.

LETTRE.

« Vous eûtes tout mon amour ; je vous en
» croyois digne ; mais ce que je viens de voir
» me désabuse. Jouissez tranquillement des ca-
» resses du jeune homme que vous me préférez.
» Je m'éloigne de vous, pour n'être point à por-
» tée de vous punir de votre perfidie. J'ai chargé
» le chirurgien, que vous avez choisi pour être
» votre accoucheur, d'avoir soin de l'enfant
» que vous mettrez au monde ; ce n'est plus

» qu'à cause de ce fruit de notre hymen que je
» m'intéresse à vous ».

Henriette lisoit cette lettre tout bas en présence de Mélite, qui, voyant l'effet qu'elle produisoit sur son visage, en fut troublée, & lui demanda ce qu'elle contenoit. Mais Henriette, sans pouvoir lui répondre, laissa échapper la lettre de ses mains tremblantes. Mélite la ramassa. Quelle fut sa surprise de voir que c'étoit elle-même qui causoit le malheur de son amie ! Les larmes qu'elle versa, justifièrent sa douleur & sa sensibilité.

Henriette, revenue de son évanouissement, embrassa Mélite. Ah ! lui dit-elle, aurois-je dû penser que je me perdrois en vous rendant service ! J'en suis inconsolable, répondit le faux chevalier ; vos domestiques vous ont trahie. Henriette sonna pour les interroger là-dessus ; mais personne ne parut, excepté le portier, qui dit, d'un air contrit, que tout le monde étoit *décampé*, & qu'il croyoit qu'elle devoit savoir que Monsieur les avoit tous renvoyés, & qu'il s'en étoit allé en s'écriant : *Ah, la perfide !*

A ces tristes nouvelles, Henriette ne douta plus que Dorante n'eût été introduit dans son appartement, & qu'il n'eût pris Mélite pour être effectivement un homme. Elle rappela sa conduite avec son amie, & elle se ressouvint qu'elle en avoit été careffée au moment que Mélite lui racontoit avec vivacité la joie que Cléante avoit fait paroître en la trouvant au pied du mur dans le jardin des religieuses.

Cette funeste aventure, si cruelle pour Henriette, fut un coup de la grace pour Mélite; car elle fut si vivement touchée, qu'elle conçut pour le monde autant d'averfion qu'elle avoit eu d'amour pour lui. Elle ouvrit les yeux fur la témérité & l'égarement de fa conduite, d'oublier les vœux qu'elle avoit faits, pour fuivre un homme que le moindre foupçon, le moindre ombrage pourroit obliger à l'abandonner, comme Dorante faifoit Henriette. Elle lui dit a réfolution où elle étoit de rentrer dans son couvent, & d'y pleurer fa faute le refte de fa vie, ce qu'elle exécuta le lendemain. Henriette applaudit au deffein de fon amie, & ne fe crut pas tout-à-fait malheureufe, puifque fon infortune faifoit rentrer Mélite dans fon devoir. Cette fille toucha fi bien le cœur de fa fupérieure, par fes regrets & par fes larmes, qu'elle en fut reçue à bras ouverts, & traitée fort doucement; & l'on affure qu'il n'y a point de religieufe dans le couvent, qui ne foit édifiée de fon repentir.

Lorfque Cléante apprit qu'il avoit perdu fa chère Mélite fans efpérance, il fut fi pénétré de douleur, qu'il mourut de chagrin peu de temps après.

Henriette, malgré ses larmes continuelles, accoucha heureusement d'un garçon, qui lui fut aussi-tôt enlevé, suivant les ordres de Dorante. Quand elle fut rétablie de ses couches, elle fit toutes les perquisitions possibles pour découvrir où étoit son mari ; mais elle ne put jamais en apprendre aucune nouvelle. En proie aux chagrins les plus cuisans, l'infortunée Henriette se retira chez une de ses sœurs, qui venoit d'être mariée au secrétaire du marquis de **, & de laquelle elle étoit tendrement aimée.

Dorante cependant étoit en Italie, cherchant une mort glorieuse ; mais il ne la trouva point : le ciel le conservoit pour faire triompher l'innocence d'Henriette. Il fut pourtant blessé dangereusement à la bataille de *Guastalla*. Quand il fut guéri, par une espèce d'inspiration, il quitta l'armée, & revint à Paris. Il alla d'abord trouver le chirurgien qu'il avoit chargé d'accoucher sa femme ; il apprit de lui qu'elle avoit eu un fils qui vivoit, & qu'elle étoit logée chez le marquis de **, auprès de sa sœur, où elle menoit une vie fort triste & retirée. Il fut ému à ce récit, & il fit connoître au chirurgien qu'il avoit envie de la voir, mais qu'il souhaitoit de n'en être pas reconnu. Le chirurgien lui apprit que l'intendant ayant été marié ce jour-là, Henriette feroit indubitablement de la noce; qu'il n'avoit qu'à se déguiser, & qu'il pourroit l'entretenir à son aise.

Dorante fut charmé de cette occasion; il pria le chirurgien de se masquer avec lui, & ils allèrent tous deux chez le marquis de **, qui avoit voulu que la noce se fît dans son hôtel.

La première personne qu'aperçut Dorante dans l'assemblée, qui étoit nombreuse, fut Henriette, qui lui parut plus belle que jamais, malgré le chagrin qui la dévoroit, & qui couvroit de lys son beau visage, au lieu des roses qui avoient coutume d'y briller. Il s'approcha d'elle, & la pria de danser un ménuet. Elle lui répondit gracieusement qu'elle étoit bien fâchée de le refuser. Madame, reprit Dorante, je ne me formaliserai point de votre refus, tout le bonheur où j'aspire est de jouir un moment de la conversation d'une dame si aimable, & qui me paroît de l'humeur du monde la plus charmante. Vous me faites bien de l'honneur, Monsieur, repartit Henriette; mais il y a longtemps que mon cœur n'est plus susceptible d'aucun plaisir. Pourquoi cela, Madame? dit Dorante d'un air surpris. Est-il possible qu'une personne si belle puisse avoir des chagrins? A moins, ajouta-t-il, que vous n'éprouviez l'infidélité d'un amant chéri; en ce cas, le chagrin seroit légitime.

Henriette laissa échapper un soupir, ce qui redoubla la curiosité de Dorante. Quoi! continua-t-il, aurois-je deviné? Je n'en doute pas, les dames ne sont inconsolables que de ces sortes de pertes. Ah! dit Henriette, rendez-moi plus de justice, & croyez que ma douleur n'est pas fondée sur une chimère. Si je suis à cette noce, poursuivit-elle, c'est par complaisance; si je soupire, si je suis triste, si les plaisirs me sont insipides, c'est que j'ai toujours présent à l'esprit une perte que j'ai faite, que rien ne peut réparer.

Dorante, s'approchant d'Henriette, la pria de lui dire quelle perte pouvoit être capable de lui ôter le goût des plaisirs, la seule chose qui puisse rendre la vie d'une femme agréable. Hélas! lui répondit-elle en pleurant, c'est la perte de mon mari; ma douleur n'est-elle pas juste?... Pardonnez, Monsieur, si les larmes interrompent mon discours; mais je ne puis parler d'une perte si douloureuse, sans renouveler mes peines, & j'en parle à tout moment.

Dorante, ému à son tour, feignit de croire qu'il entendoit que son mari étoit mort. Je conviens, dit-il, que le trépas d'un époux aimé est un mal considérable pour une tendre épouse ; mais il n'est pas sans remède. Qui pourroit ne pas tâcher à consoler une si belle veuve ? Que je me trouverois heureux si j'avois assez de mérite pour oser y prétendre !

L'époux que je pleure n'est point mort, repartit Henriette, du moins je m'en flatte, & l'espérance de le revoir a pour mon cœur de si doux charmes, que c'est elle seule qui me soutient, & retarde la fin de ma vie.

Que votre aventure m'intéresse ! reprit Dorante. J'entre dans votre affliction ; j'ai le cœur tendre, & vous m'obligerez beaucoup, madame, si vous avez la bonté de me faire un récit succinct du sujet de vos chagrins.

Henriette, sur qui la sympathie opéroit imperceptiblement, lui fit le détail de tout ce qui le concernoit ; elle peignit très-vivement son amour pour Dorante, celui de Dorante pour elle, & lui apprit comment Mélite, déguisée en homme, avoit innocemment causé toutes ses infortunes.

Quelle fut la joie de Dorante de se trouver coupable, en reconnoissant l'innocence de sa femme ! Il ne pouvoit arrêter les larmes qui couloient de ses yeux. Henriette s'en aperçut. Quoi, Monsieur, dit-elle, vous pleurez ! Hélas ! lui répondit Dorante en tombant à ses genoux, puis-je ne pas être sensible à vos malheurs, puisque c'est mon égarement qui les a causés ?

Son masque qu'il ôta, convainquit Henriette que c'étoit son cher époux ; un grand cri qu'elle poussa d'étonnement & de joie, attira l'attention de tout le monde. Le chirurgien, qui avoit tout écouté, en se démasquant aussi, laissa voir sur son visage des marques de son attendrissement. Jamais spectacle ne fut plus touchant. Il ne se trouva personne dans l'assemblée qui ne versât des larmes de tendresse à la vue d'une si charmante & sincère réconciliation. Dorante ne pouvoit cesser d'embrasser sa femme & de lui demander pardon de ses injustices. Henriette ne lui répondoit qu'en le regardant tendrement & en lui serrant la main, la joie extrême qu'elle ressentoit ne lui permettant pas de parler.

Le marquis de * * ayant été instruit de la scène qui venoit de se passer, voulut en voir les acteurs, & savoir de leur bouche ce qui les concernoit.

Quand Dorante & Henriette eurent satisfait le marquis, ce seigneur les obligea de prendre un appartement dans son hôtel, en attendant qu'ils eussent fait accommoder une maison ; car Henriette, pour subsister & payer quelques dettes, s'étoit défaite de tous les meubles qu'elle avoit quand Dorante l'abandonna.

Depuis cette réunion, qui s'est faite de bonne foi de part & d'autre, Dorante & la vertueuse Henriette vivent les plus contens & les plus amoureux époux du monde. Ils ont fait venir leur fils, qui, à deux ans, est tout-à-fait aimable : c'est une belle fleur, qui donnera de beaux fruits ; car on a un soin extrême de la cultiver.

« Je ne veux pas, madame, vous ôter le » plaisir de faire sur cette histoire les réflexions » qu'elle peut offrir ; je suis persuadé que vous » les ferez très-justes, personne n'en étant plus » capable que vous ».

J'ai l'honneur d'être, &c.

Eh bien, belle Thérèse, dit Climont, après avoir cessé de lire, ai-je eu le bonheur de vous amuser ? Vous avez fait davantage, répondit-elle, vous m'avez touchée, & la compagnie n'a point été insensible à votre lecture : en versant des larmes, j'en ai vu couler, & cette vue à ôté aux miennes leur timidité.

Je confesse, dit Valsaint, que j'ai pleuré ; outre la situation où se trouvent Dorante & Henriette chez le marquis de **, Climont a lu cet endroit avec un ton si pathétique, qu'un cœur de roche en eût été pénétré.

J'ons itou pleuré, dit le fermier; mais trinquons préfentement; commençons par varfer rafade au lifeux, il doit en avoir befoin, rian ne defsèche tant le gofier que de lire longtemps. Avalez-ça, & dans demi-heure je nous boutrons à table : dame c'eſt là que je vidrons la cruche !

Puifque nous avons encore une demi-heure, dit Bourville, que l'abbé l'emploie à nous raconter quelque choſe de comique; cela fera l'effet d'une petite pièce à la fuite d'une tragédie. Volontiers, répondit l'abbé; à l'exemple de Climont, je vais vous lire un manufcrit qu'un jeune homme m'apporta hier, pour lui en dire mon fentiment. Je l'ai déjà parcouru, & je me flatte que vous ne regretterez pas les momens d'attention que vous allez me prêter.

CONVERSATION
DU SOLEIL ET DE LA LUNE.
LA LUNE.

Eh! bon jour, mon frère, comment vous portez-vous?

LE SOLEIL.

Affez mal, ma chère fœur; je fuis brifé, moulu.

LA LUNE.

Je parie que vous avez fait quelque nouvelle maîtresse, & que, pour jouir plus long-temps de sa présence, vous volez avec trop de rapidité.

LE SOLEIL.

Oui, parbleu, des maîtresses, j'en ai bien le loisir. Cela étoit bon du temps que les poëtes gouvernoient l'univers. Alors, altéré d'une course de douze heures, j'avois le reste de la journée pour me rafraîchir dans le palais d'Amphitrite ; mais depuis que les philosophes ont envahi l'empire du monde, c'est tous les jours nouveau supplice.

Ils ont commencé par me faire tourner continuellement autour de la terre, & ne m'ont donné que vingt-quatre heures pour décrire un cercle de plusieurs millions de lieues. Je l'ai fait pendant un grand nombre d'années, jurant & pestant contre mon emploi. Enfin je ne sais quel démon favorable suscita un certain allemand, nommé...

LA LUNE.

Copernic, n'est-ce pas ? Il a fondé une ville dans mon empire.

INTERROMPU.
LE SOLEIL.

C'est lui-même. Touché de compassion pour moi: Il est temps, dit-il, d'une voix qui fit trembler tout le monde philosophique; il est temps que le soleil se repose, & que la terre prenne sa place. Il eut beaucoup de peine à se faire obéir. Cependant il parla d'un ton si impérieux, que Ptolomée & tous ses adhérens n'osèrent ouvrir la bouche. Mais admirez, ma chère sœur, la fatalité de mon étoile ! Un compétiteur, danois de nation, prétend disputer à mon cher Copernic l'empire *surlunaire ;* il entraîne dans son parti les Ptolomaïstes jaloux, & je suis la victime de leur dispute. L'enragé qu'il est, invente un mouvement particulier qu'il veut m'obliger de suivre. L'univers philosophique en suspens ne sait plus lequel croire; je ne sais moi-même à quoi me déterminer. Il fallut chercher un accommodement. Un françois nommé *Descartes,* se chargea de le faire. Il ordonne à la terre de tourner autour de moi, & cependant m'oblige de tourner sur moi-même; c'est l'ennuyeux métier que je fais aujourd'hui : encore faut-il, pour lui plaire, que je traîne à ma suite seize masses énormes, qui sont les sept planètes & les neuf satellites, à qui je suis obligé de prêter ma lumière.

LA LUNE.

Voilà donc votre grief? J'aurois bien plus sujet de me plaindre, moi que les lois de ces philosophes ont obligée de tourner sans cesse autour de la terre, & encore pourquoi? J'y parois si peu, que je ne puis lui être d'un grand usage, sur-tout depuis que l'on m'a inhumainement dépouillée de mes influences. La plus grande utilité que les hommes retirent de moi présentement, c'est la sotte comparaison du caractère des femmes avec le mien.

LE SOLEIL.

Les hommes vous font plus d'honneur; ils ne dédaignent pas de porter vos armes sur le front.

LA LUNE.

La plupart n'en sont pas la dupe, sans cela, ils feroient beau tapage.

LE SOLEIL.

Je le crois; vous pourriez m'en faire de bons contes si vous vouliez. Pour moi, je ne suis plus admis aux mystères amoureux, depuis que je me suis brouillé avec Vénus, pour avoir découvert certain rendez-vous suspect qu'elle avoit avec le dieu de la guerre.

LA LUNE.

Je m'en souviens; mais avouez, mon frère, qu'il y avoit plus de jalousie que de scrupule dans votre procédé. En vérité, vous vous vengeâtes là bien cruellement de la pauvre déesse. Ne saviez-vous pas qu'une élégie, un madrigal, une chanson ont toujours passé pour une monnoie très-fausse dans le commerce de l'amour?

LE SOLEIL.

Autrefois que les mœurs étoient pures, & l'amour une vertu, une chanson tendre eût fait plus de progrès dans le cœur d'une belle, que les plus riches trésors.

LA LUNE.

Cela se peut: mais contez-moi l'histoire du conseiller Licidas & de Céline; je n'ai jamais bien su comme elle a fini.

LE SOLEIL.

Il est aisé de vous satisfaire : écoutez.

LA FAUSSE VESTALE.

Licidas avoit dans un des appartemens de sa maison un commis & sa femme, femme jeune & aimable. Il ne fut pas long-temps sans ressentir pour elle tout ce que l'amour a de plus vif. Une seule chose lui rompoit en visière, c'est que Céline s'érigeoit en vestale. Des yeux modestes, un air prude & mesuré fermèrent long-temps la bouche au timide enfant de Thémis. Mais le moyen d'aimer & de se taire? Le moyen de cacher long-temps son amour à une personne charmante avec qui l'on demeure, & que l'on est à portée de voir à tout moment? Enfin, un jour, Licidas trouva l'occasion favorable; avec les termes les plus pathétiques, il fait à la belle l'aveu de l'état où elle avoit mis son cœur. Dieux! comme il fut reçu! L'appartement lui fut interdit. Il eut beau déployer toute sa rhétorique, & étaler à ses yeux la droiture de ses intentions, Céline fut inexorable, & Licidas se retira, bien confus d'avoir si mal réussi.

Il ne pouvoit revenir de la surprise où cette résistance l'avoit jeté. La femme d'un commis cruelle! s'écrioit-il. C'étoit pour lui un phénomène moral, qui mettoit sa raison en défaut. Puisque mon seul mérite ne peut me gagner le cœur de l'inhumaine, dit-il d'un ton pitoyable,

pitoyable, je veux la combattre avec les armes victorieuses du siècle. Une bourse de louis sera peut-être un argument plus persuasif que les démonstrations les plus tendres.

Il entre donc chez la belle Céline sous les auspices de Plutus, & l'éclat de l'or fit son effet ordinaire.

LA LUNE.

Le trait est des plus singuliers; je ne conçois pas, mon frère, comment vous pouvez vous ennuyer, si vous êtes spectateur de beaucoup de scènes dans ce goût-là.

LE SOLEIL.

C'est aussi ma ressource contre l'ennui : mais vous, ma sœur, qui voyez ce qui se passe pendant la nuit, je m'imagine que vous devez avoir bonne provision d'historiettes amusantes.

LA LUNE.

Aussi en ai-je. Celle-ci n'est pas indifférente, & un de vos enfans y joue un assez grand rôle; c'est Valère.

LE POETE FORTUNÉ.

Un soir, comme il revenoit de Vincennes, où il avoit passé la journée à se divertir avec trois de ses amis, après qu'il les eut quittés, il aperçut, à la faveur de mes rayons, quelque chose qui brilloit sur le pavé, mais d'une lumière assez sombre pour ne lui pas donner grande espérance. Il s'approche néanmoins, se baisse, & ramasse un louis. Un louis d'or, mon frère! Notez, s'il vous plaît, ce point-là. Jugez de la joie que cette rencontre imprévue put causer à Valère. Pouvoit-il arriver rien de plus agréable à un poëte?

Le Soleil.

Il en devoit mourir de plaisir.

La Lune.

Peu s'en fallut, & ce fut l'excès de sa joie qui l'empêcha d'en apercevoir un second qui étoit à deux pas de là.

Le Soleil.

Je vous dirai ce qu'il est devenu. Achevez, ma sœur.

La Lune.

Valère serre ce métal précieux avec une tendresse mêlée de respect; &, doublant le pas, il va cacher à un sixième étage & son trésor & sa joie. Laissons-l'y pour un moment, & admirons la bizarrerie du destin, qui fit le sujet du plaisir de Valère, de ce qui devoit l'être de sa peine. Il étoit un jour à la comédie françoise, dans le foyer, car il est auteur, lorsqu'un jeune magistrat qui étoit passionnément amoureux d'une nouvelle actrice, s'approcha du feu où elle étoit. Il la regarda long-temps avec un air tout enflammé, sans oser lui parler. Il alloit cependant prendre cette hardiesse, lorsque la pièce commença. Tout le monde sortit. Le timide conseiller se crut obligé de suivre la foule; mais il se posta dans la coulisse par où devoit passer l'actrice. Elle parut, & les applaudissemens du parterre honorèrent son entrée sur la scène. Le magistrat, enchanté de son jeu, l'arrêta comme elle rentroit au foyer, & il eut la force, en louant ses talens, de lui dire qu'il l'adoroit. Valère ne le perdoit pas de vue. Voyez, disoit-il à un abbé à côté de qui il étoit, voyez quelle vivacité mêlée de crainte dans les façons de ce jeune homme; admirez avec quelle soumission il parle à la jeune *Iphigénie*, & comme elle répond à ses douceurs. Elle jouoit tout à l'heure le rôle le plus tendre, & elle parle à Cléon (c'est le nom du magistrat) du ton de la capricieuse du *Philosophe marié*. Cela me surprend, ajoutoit Valère; car l'actrice est naturellement douce, & le robin riche, galant, & généreux jusqu'à la prodigalité ; c'est dommage qu'il soit si neuf.

Malheureusement un des amis de Cléon entendit le discours de Valère, & lui en fit un fidèle récit. Cléon, outré contre Valère, chargea un de ses laquais de se déguiser, & de le gratifier de quelques coups de canne. Il lui donna deux louis pour l'exécution, avec promesse de doubler la dose, s'il apprenoit qu'il eût fait les choses en conscience. Le laquais, avec les meilleures intentions du monde, attendoit Valère au coin d'une rue déserte par où il savoit qu'il rentroit chez lui ; & en l'attendant, il s'amusoit à caresser ses deux louis qu'il tenoit à la main. Mais, à l'improviste & tout proche de lui, quelqu'un ayant crié au guet, le champion, homme intrépide, s'enfuit, & croyant remettre son or dans sa poche, il le mit à côté.

Le Soleil.

L'aventure est singulière.

La Lune

Je reviens à Valère. Ce fut un de ces deux louis qu'il trouva ; &, rentré chez lui, il examina long-temps à ma foible lumière (car, pour de bonnes raisons, il en avoit rarement d'autre), il examina, dis-je, le louis en question; il le tourne & retourne cent fois; tout enfin lui paroît de bon alloi, tout l'enchante.

Le Soleil.

Les choses avec lesquelles les hommes ne sont pas familiers, leur causent toujours de l'admiration.

La Lune.

Il se couche; mais Morphée lui refuse ses pavots. Dans son insomnie, il ne peut oublier un seul instant son cher louis. Tantôt il forme le plan d'une élégie sur son bonheur, tantôt d'une ode pour remercier la fortune. Si sa paupière s'appesantit un peu, il se réveille, par la crainte qu'on ne profite de son sommeil pour lui enlever son trésor. Vous paroissez sur l'horizon, mon frère, & Valère se lève.

Le Soleil.

Je me souviens de l'avoir vu ce jour-là sortir de grand matin, & beaucoup plus gai que de coutume; il fit même relever un baigneur, pour réparer le désordre de sa perruque antique; il fit ensuite la revue de toutes ses connoissances; & après avoir trouvé cinq ou six déjeûners, & presque autant de dîners de hasard, je le laissai dans un hôtel garni, où il entra avant mon coucher.

La Lune.

C'étoit pour y voir un de ses amis. Cet ami est un petit homme d'environ trente ans, assez bon diable, & qui se mêle de poésie & de musique. Ils sortirent ensemble, & Valère lui offrit à souper chez la veuve *Mongenot*. L'ami l'accepta pour la rareté du fait. A table, il lui chanta un air de sa façon, dont il avoit aussi composé les paroles ; les voici :

Rossignols amoureux, sous ces naissans feuillages,
Venez, volez, & par vos doux ramages,
De l'aimable printemps célébrez le retour ;
Je voudrois, comme vous, chanter Flore & Zéphire ;
   Mais depuis que mon cœur soupire,
   Je ne puis chanter que l'amour.

Valère dit à son ami que la pensée de sa chanson étoit jolie, mais qu'il l'avoit pillée. Gratard, c'est le nom de cet ami, soutint que non, & peut-être avoit-il raison. Valère lui cita une chanson de mademoiselle de Saintonge, qui finit de même. Je n'ai jamais lu ses ouvrages, repartit Gratard, ainsi.... Consolez-vous, interrompit Valère, puisqu'un illustre auteur de notre siècle a bien fait ce vers : *Vous parlez en soldat, je dois agir en roi*, quoique Corneille l'eût fait long-temps avant lui; vous pouvez, fans être plagiaire, avoir employé une penſée dont on s'étoit ſervi avant vous.

Le Soleil.

Il auroit pu lui dire quelque choſe de plus ſatisfaiſant. Mademoiſelle de Saintonge n'a pas été plus heureuſe que Gratard; Anacréon avoit eu les gants de cette penſée. Voici comme il s'explique dans ſa langue naturelle.

La Lune.

Oh! point de grec, je vous prie; il y a ſi long-temps que je n'ai fait uſage de cet idiome, que je l'entends à peine. Depuis que les muſes ont quitté cette langue pour parler françois, j'ai ſuivi le torrent.

Le Soleil.

Pourriez-vous ne pas être eſclave de la mode? vous êtes femme. Mais, ma ſœur, j'appréhende bien que les muſes ne faſſent pas un long ſéjour en France; la poéſie ſur-tout y eſt extrêmement tombée. A l'exception de deux ou trois poëtes que j'inſpire, à peine y lit-on des vers paſſables, encore a-t-on fait une forte ligue pour les détruire entièrement. On nous a menacé d'une tragédie en prose, & je lisois ces jours passés une ode dans ce goût, dont je veux réciter une strophe, une seule strophe; souvenez-vous-en bien, ma sœur: je commence.

« Par quel écart pindarique me trouvé-je tout
» à coup au milieu des campagnes. Je vois les
» troupeaux paissans dans les riantes prairies;
» j'entends de toutes parts le son des flûtes &
» des chalumeaux. Echo ne sait à qui repondre;
» elle épouse à la fois les passions les plus con-
» traires; elle se plaint, elle rit, elle chante, &
» semble faire de nouveaux airs du mélange des
» sons qu'elle répète. Qu'aperçois-je sous ce
» tilleul? Pourquoi cette bergère repousse-
» t-elle son chien qui la caresse? Hélas! elle se
» plaint d'un berger qui vient de la trahir,
» après mille protestations de l'aimer toujours.
» Elle croit presque, après ce changement,
» que les caresses sont un présage certain d'in-
» fidélité: plus loin, à l'entrée de ce bois, un
» berger grave sur le sable le chiffre de Philis &
» le sien; Zéphire, d'un souffle cruel, efface aussi-
» tôt tout l'ouvrage. Le berger s'alarme de l'au-
» gure; il se lève, & de la pointe de sa houlette
» il veut graver les mêmes chiffres sur l'écorce
» d'un hêtre; le fer se brise, & se refuse à son
» dessein; nouvelle erreur pour le berger. Il
» aperçoit dans le moment la brebis chérie de

» Philis, qui s'étoit égarée; il vole, & s'em-
» presse pour la prendre: mais la brebis fuit de-
» vant lui, elle qui venoit d'ordinaire au devant
» de ses caresses. Ah! c'en est trop, s'écrie-t-il;
» tu me trahis, infidèle bergère; tous ces pro-
» diges te condamnent. Présages menteurs ! Il
» arrive, en suivant la brebis, jusques sous le
» tilleul où se plaint la bergère. C'est cette même
» Philis dont il pleure le changement, & qui
» le croit lui-même infidèle. Elle a pris ces alar-
» mes pour avoir vu à la houlette du berger un
» tissu galant qui ne vient pas d'elle, & que,
» pendant qu'il dormoit, une jeune folette y
» avoit attaché pour le surprendre. Amour, je
» te vois présider aux reproches & à l'éclaircis-
» sement; je te vois sourire tendrement de leur
» délicatesse, & tu les récompenses de tes plus
» doux transports. Ainsi, sans autre art que la
» nature même, je peindrai les peines & les
» plaisirs des amans; & mesurant seulement
» avec grace les tendres chansons de mes ber-
» gers, tout respirera d'ailleurs dans mon style
» la liberté & la naïveté pastorale ».

La Lune.

Puisque vous vous taisez, mon frère, sans
doute que la strophe est finie ? Comment, c'est
une églogue entière !

LE SOLEIL.

Vous l'avez dit; enfin tout désormais sera prose, jusqu'aux chansons.

LA LUNE.

Gratard en a fait une dans ce genre, qu'il récita en soupant à son ami Valère.

CHANSON EN PROSE.

Venez, mes amis, venez tous chez moi, les plaisirs y font leur demeure; je suis sans femme & sans maîtresse, venez partager ma félicité. Dès qu'un ami frappe à ma porte, un laquais alerte vole ouvrir, pendant qu'un autre descend à la cave tirer un broc de vin.

LE SOLEIL.

On ne s'accoutumera jamais à cette poésie-là.

LA LUNE.

Pourquoi non, mon frère? Si vous abandonnez les poëtes, si vous cessez de les inspirer, ne doutez pas qu'ils ne brisent vos autels, & qu'ils n'élèvent à la place quelque monstre, pour servir de monument à la dépravation du goût. Mais il faut que je vous dise que Gratard a mis en vers la même chanson en prose que je viens de vous réciter. La voici:

Amis, venez chez moi, vous y serez heureux;
 Les plaisirs y règnent sans cesse;
 Tout s'y fait au gré de mes vœux;
 Je n'ai ni femme ni maîtresse.
Dès que de mon logis on touche le marteau,
 Champagne court ouvrir la porte,
 Et Bourguignon, qu'un beau zèle transporte,
 Vole mettre en perce un tonneau.

LE SOLEIL.

Ah! je renais: quelle différence! Je présume trop du bon goût des françois, pour croire que la poésie rimée puisse tomber chez eux entièrement en discrédit, sur-tout lorsqu'il sera question de la marier avec la musique; l'harmonie de l'une soutient trop bien celle de l'autre.

LA LUNE.

Aussi ne crois-je pas que ce projet ait lieu; il paroît même que l'auteur de ce systême commence à se battre en retraite, du moins c'est ce que disoit Valère. Pour lui, il est zélé partisan de la poésie. Les pièces suivantes, qui sont de sa composition, feront juger de son génie.

MADRIGAL.

A tant d'attraits de la nature
 Pourquoi joignez-vous la parure,

Que vous variez chaque jour ?
Belle Iris, vous pouvez mieux faire ;
Pour être bien sûre de plaire,
Habillez-vous comme l'Amour.

BOUQUET.

Nos parterres n'ont rien qui soit digne de vous ;
Aimable Iris, en vain je les ai courus tous ;
Les fleurs à peine y commencent à naître :
 On n'y voit point encore paroître
 Flore ni ses vives couleurs ;
 Sa paresse me désespère.
Recevez cependant le plus constant des cœurs ;
 Une amitié tendre & sincère
 Est bien plus rare que des fleurs.

PORTRAIT D'IRIS.

En vous peignant, Iris, je peins une déesse
 Qui sait, par sa délicatesse,
Captiver les esprits & régner sur les cœurs.
 Vous faites aimer la sagesse.
En vous l'amour se cache quand il blesse ;
Mais il n'en est pas moins le plus grand des vainqueurs.

Il y a assez long-temps que je parle, mon frère ; il est juste que vous ayez votre tour. Apprenez-moi ce que devint le louis que Valère ne ramassa point.

LE SOLEIL.

Volontiers.

L'AVEUGLE CLAIRVOYANT.

Il fut aperçu, dès la pointe du jour, par un aveugle clairvoyant, ou du moins à qui il restoit assez de vue pour se conduire. La joie du *quinze-vingt*, en ce moment, égala celle de Valère. Son premier soin, avant que de se rendre à son poste, étoit d'aller dans certaine taverne se munir contre l'altération inséparable de son métier. En y entrant, il vit un de ses confrères, & lui offrit à déjeûner. As-tu déjà fait ta journée? lui dit Lucas. (C'est le nom du confrère.) Ne sais-tu pas, poursuivit-il, qu'il est contre nos usages, quand nous nous mettons à table, d'en sortir avant le soir? Dieu console, reprit Galopin (c'est ainsi que s'appeloit le premier); dieu console les ames charitables. Admire les ressorts secrets de la providence, qui m'a voulu récompenser de tant de dévotes oraisons que je récite depuis vingt ans; en même temps il lui fit toucher son louis. Ce raisonnement parut à l'autre sans réplique. Ils montèrent dans une chambre, le clairvoyant tenant l'autre par la main, & là se mirent aux trousses d'un dindonneau.

Le vin qu'ils avaloient largement leur ayant échauffé l'imagination: Eh bien, mon ami, dit Galopin, que dis-tu de notre genre de vie?

Il n'y a rien de si gracieux, répondit Lucas; une chose me fait néanmoins de la peine, c'est la condition nécessaire pour entrer dans notre maison. Nécessaire! s'écria Galopin; je n'y serois certainement pas, s'il en étoit ainsi: mais soit, regardes-tu cela comme le plus grand des malheurs? Va, va, il y a les trois quarts des hommes, ajouta-t-il, qui seroient trop heureux si ce prétendu malheur leur arrivoit, & qui voudroient encore être privés de l'ouïe. Quel paradoxe! s'écria Lucas à son tour. Est-il rien de plus agréable que de jouir de l'usage de la vue, sur-tout dans Paris, que l'on peut appeler un lieu enchanté, où la galanterie & la magnificence s'étalent à l'envi par l'un & l'autre sèxe; où les spectacles, les jardins, les palais, & les maisons mêmes des particuliers semblent être l'ouvrage des fées? En un mot.... Cela est le mieux du monde, interrompit brusquement Galopin; mais, tout bien compensé, est-il un plus grand supplice pour un honnête homme, que de voir sa femme se parer, être complaisante, douce, affable pour tout autre que pour son mari? ne se plaire qu'où il n'est pas? Peut-on, sans murmurer, voir traîner dans des carrosses pompeux des gens sans naissance & sans mérite. Que te dirai-je de plus? Je pose en fait que, pour un objet agréable, séduisant, que tu me citeras, je t'en fournirai dix qui te feront de la peine; d'où je conclus que, loin d'avoir lieu de nous plaindre, il y a, pour les hommes, un avantage considérable à être privés de la vue.

Peu s'en faut, dit Lucas, que tu ne me persuades; mais les malheurs qui m'ont ôté l'usage des yeux, m'en feront toujours regretter la perte.

La Lune.

Je ne me fusse jamais imaginée qu'on pût faire un problême de la question, s'il est avantageux d'être aveugle.

Le Soleil.

Oh! nous sommes dans un siècle fécond en systêmes singuliers, témoin l'ingénieuse invention du clavecin oculaire, par le moyen duquel on prétend réussir à rendre la musique visible, & donner un concert à des sourds. Mais revenons à l'histoire de Lucas. Mon père, dit-il à son ami, étoit un des plus riches négocians de Rouen. Pour s'accréditer, ou peut-être pour satisfaire son inclination, tout d'un coup il se jeta dans des dépenses prodigieuses; c'étoit tous les jours des repas somptueux, tantôt à la ville, tantôt à sa maison de campagne; acquisitions de meubles précieux, augmentation de domestiques, gros jeu, enfin une dépense qu auroit fait honneur à un intendant de province. Je vous laisse à penser le bel ordre qu'il y avoit dans ses affaires.

Dans le plus fort de ces bombances, on lui présenta plusieurs grosses lettres de change; la caisse se trouva épuisée, la plus grande partie de ces lettres fut protestée. Cela fit du bruit dans la ville; car jusques-là mon père avoit passé pour avoir des richesses immenses; tous ses créanciers effrayés tombèrent sur lui; il fut ignominieusement traîné en prison, où il mourut de chagrin & de misère. Moi, je tombai malade, & à force de pleurer mes malheurs, j'acquis celui d'être privé de la vue, trésor dont on ne connoît bien le prix que lorsqu'on l'a perdu!

La Lune.

Le père de Lucas ne savoit point son métier; les marchands d'aujourd'hui sont bien plus entendus. Quand un commerçant voit que ses affaires se dérangent, il emprunte à toutes mains, à tel intérêt qu'on veut; il fait argent de tout ce qu'il a de meilleur, & fait passer le tout en lieu de sûreté; alors il s'esquive lui-même, & souvent je le favorise. Son magasin, fermé

fermé le lendemain, apprend à ses créanciers qu'ils n'ont qu'à lui donner une quittance pure & simple, ou du moins lui faire remise des sept huitièmes. C'est ainsi que se sont comportés plusieurs négocians qui vivent dans l'opulence, sans rougir de devoir leur fortune à leur mauvaise foi.

Le Soleil.

Ce raisonnement, ma sœur, est très-judicieux, & très-autorisé par l'usage. Galopin en donna un exemple à Lucas. Vois, lui dit-il, si Moncade a fait une semblable faute. Je suis sûr qu'à l'heure qu'il est, il jouit plus que jamais des commodités de la vie, & peut-être aura-t-il assez de bonheur pour se trouver dans peu en état de recommencer sur nouveaux frais.

La Lune.

S'il parvient là, il n'aura plus qu'à se reposer; deux bonnes banqueroutes suffisent pour tirer un marchand du pair, & pour lui procurer toutes les aisances dont jouissent les seigneurs les mieux rentés.

Le Soleil.

Voilà un genre de vie qui convient admirablement bien à Moncade ; car il eſt délicat dans ſes plaiſirs.

La Lune.

Autrefois il ne l'étoit pas tant, comme vous allez voir. Je fus témoin de ſon premier engagement. L'hiſtoire n'en eſt pas indifférente, quoiqu'elle ſoit un peu dans le bas ; mais nous autres divinités, les actions d'un berger nous intéreſſent autant que celles d'un empereur. Moncade a eu une éducation au-deſſus de ſa naiſſance, dans une penſion fameuſe par les jeunes gens de qualité qu'on y inſtruit ; de ſorte qu'on auroit pu attendre de lui des ſentimens & des manières dignes de la ſource où il les avoit puiſés ; mais il y a de certains génies que l'éducation ne fait qu'effleurer.

Parlons de ſa perſonne. Sa taille, quoique médiocre, eſt bien priſe ; il chante & danſe aſſez proprement, ce qui le faiſoit bien venir dans les compagnies. Quoiqu'il y eût parmi ſes connoiſſances des filles aimables & ſpirituelles, Moncade avoit toujours gardé ſa liberté. A dix-huit ans, nouvel Hippolyte, il faiſoit encore profeſſion d'indifférence, ou peut-être, petit maître ignorant & vain, il croyoit que les cœurs duſſent voler au-devant de ſes déſirs, ſans être tenu de rendre du retour.

Mais Vénus irritée se préparoit un triomphe d'autant plus glorieux pour elle, qu'il seroit humiliant pour Moncade. C'étoit dans les courtes nuits du mois de juin qu'il devoit perdre le titre d'insensible. Voici comment. Ayant prolongé trop long-temps un souper avec deux de ses intimes amis, à peu près de son âge & de son caractère, il ne put rentrer chez son oncle. Cet incident lui fit proposer à ses camarades de prendre un divertissement fort en vogue à Paris parmi les jeunes gens; c'étoit d'aller à la halle écosser des pois. Ses amis y consentirent. Ils se mettent en marche, ils arrivent, & sont reçus. Ils payent leur bien-venue, suivant la coutume établie, qui consistoit en quelques verres de liqueur. Cela fait, on leur permit de mettre la main à l'œuvre.

Moncade se trouva placé auprès d'une jeune fille, grande & faite au tour; des yeux bien fendus, une bouche petite & vermeille comme une rose; un mouchoir négligemment ajusté, laissoit entrevoir une gorge d'une blancheur éblouissante, & qui sembloit se révolter contre un usage injurieux, qui la condamnoit à une obscurité cruelle. Au reste, l'ajustement ne répondoit en aucune façon aux charmes de la personne, qui étoient à elle en propre, parce qu'elle les tenoit des mains de la nature.

A la vue de cet aimable objet, Moncade sentit qu'il avoit un cœur; il pousse un soupir, & bientôt enhardi par la supériorité qu'il croit avoir sur la personne qui l'enflamme, il s'imagine qu'il suffira de parler pour se faire aimer; il brusqua donc une déclaration.

Nanette (c'est le nom de cette aimable fille), Nanette, dis-je, ou distraite ou faute de comprendre ce qu'on lui disoit, car Moncade avoit déployé toute sa réthorique bourgeoise, l'écouta paisiblement, sans montrer ni tristesse ni joie.

Moncade, instruit par le proverbe, *qui ne dit mot consent*, crut sa victoire assurée. Déjà sa main plus légère brûle de prendre l'essor; il s'approche en tremblant, & tente de baiser respectueusement ce que Nanette avoit de moins beau, je veux dire sa main; mais la belle, un peu moins complaisante qu'il ne pensoit, la lui appliqua sur le visage avec assez d'énergie, pour faire sortir du nez & de la bouche le sang en abondance. Ce traitement inespéré l'étourdit d'abord; il ne savoit de quelle façon s'y prendre pour le tourner à son avantage.

Enfin, dit-il en soi-même, les commencemens sont toujours difficiles; c'est le peu d'éducation qui rend cette fille si sauvage. Ainsi, cette rude caresse ne le rebuta point.

Mais l'aurore, mon cher frère, commençant à vous annoncer au monde, il fut obligé de quitter la belle Nanette, après avoir osé lui demander la permission de la revoir la nuit suivante. Elle y consentit aussi gracieusement qu'elle lui avoit donné sa main à baiser; mais l'espérance de l'adoucir par son assiduité, consola Moncade.

Le Soleil.

Cet adieu étoit fort attrayant. En vérité, ma sœur, il falloit que Moncade fût terriblement amoureux, pour ne pas apercevoir le désagrément d'une semblable inclination: aussi l'étoit-il, car je me souviens que je le vis sortir du lieu de la scène avec un air inquiet & rêveur que je ne lui voyois pas d'ordinaire. Il courut assez long-temps les rues, sans savoir où il alloit: tantôt il poussoit de longs soupirs, tantôt un air plus serein laissoit apercevoir sur son visage une crainte mêlée d'espérance; tout cela, si je m'y connois un peu, annonçoit une forte passion.

La Lune.

Qui s'y connoîtroit mieux que vous? Vous avez eu tant de maîtresses.

LE SOLEIL.

Quelquefois Moncade s'amusoit à faire des vers ; &, pour le distraire de son chagrin, je lui inspirai de faire cette chanson à la louange du nom & de la beauté de Nanette.

Vive le beau nom de Nanette !
Vive le beau nom de Nanon !
Vous seriez beaucoup moins parfaite,
Si vous ne portiez pas ce nom.
Qu'il est joli ! qu'il est mignon !
L'amour chante, & l'écho répète :
Vive le beau nom de Nanette !
Vive le beau nom de Nanon !

N'êtes-vous pas bien satisfaite ?
J'immortalise votre nom ;
Qu'il est joli ! qu'il est mignon !
Qu'avec moi l'univers répète :
Vive le beau nom de Nanette !
Vive le beau nom de Nanon !

Cependant le hasard le fit passer devant la maison de son oncle chez qui il demeuroit, comme on ouvroit la boutique. Il ne l'auroit pas reconnue, si on ne l'eût appelé. Il entra, & voulut se ranger à son devoir ; mais inutilement. Son esprit, occupé de son amour, n'étoit présent à rien de ce qu'il faisoit. On n'eut garde de soupçonner la véritable cause de l'altération qu'on remarquoit dans sa contenance & ses manières d'agir.

La Lune.

Comment avez-vous appris ces particularités ?

Le Soleil.

Outre ce que j'en ai vu, la mère de Nanette étoit sœur de l'aveugle Lucas, dont nous venons de parler, qui en fit le conte à Galopin. Cependant, ma sœur, poursuivez, s'il vous plaît; il échappe toujours quelque circonstance aux personnes qui ne sont pas témoins oculaires.

La Lune.

La nuit étant venue, Moncade sortit aussi bien ajusté que s'il eût eu le cœur d'une princesse à conquérir; des boucles de diamans aux jarretières & aux souliers, une mouche élégamment placée, une légère teinture de carmin réparoient le désordre que l'inquiétude & le défaut des faveurs de Morphée avoient répandu sur son visage. Le titre d'avocat au parlement, qu'il crut à propos de joindre à ses graces naturelles, le rendit, à son sens, un homme d'un rare mérite.

Ce fut donc sous le titre d'avocat qu'il voulut

s'annoncer à l'objet de son amour. A ce nom respectable, on eut pour lui toutes les déférences qu'il pouvoit attendre de l'illustre compagnie où il se trouvoit ; Nanette même devint un peu plus traitable.

Après une conversation tendre & enjouée, Moncade, plein d'ardeur, demanda poliment à Nanette, en laissant échapper un soupir enflammé, la permission de la voir chez elle le lendemain. Cette grace lui fut accordée moins désagréablement qu'il ne l'espéroit ; ce qui flatta beaucoup sa vanité, & le rendit encore plus amoureux. A l'instant, l'adresse précise de Nanette fut écrite sur des tablettes très-mignones, & il quitta la place, où des témoins incommodes l'empêchoient de s'expliquer comme il le souhaitoit.

Sans doute, mon frère que vous vîtes ce qui se passa de particulier à ce charmant rendez-vous ?

LE SOLEIL.

Je n'en perdis rien. Moncade s'expliqua mieux ; mais il ne put aller plus loin, quoique l'occasion fût favorable, car il trouva Nanette seule. Il ne voulut pas perdre des momens qui lui semblèrent si précieux.

Après qu'il eut dit un mot de l'ardeur de son amour, un baiser qu'on lui laissa prendre sans obstacle, lui parut le signal pour en obtenir d'autres; mais il fut obligé de renoncer à cette espérance, avec quelques égratignures au visage, les manchettes de belle mousseline brodée déchirées, & le reste de l'ajustement en un tel désordre, qu'il n'osa rentrer chez son oncle que quand la nuit fut venue. Malgré ce défavorable accueil, il fit apporter un repas fort propre, & goûta quelque plaisir à voir les charmes séduisans de sa belle maîtresse.

Avant de la quitter, il fit réflexion que peut-être quelques pistoles pourroient avancer ses affaires beaucoup plus vîte que les lieux communs usités en amour. C'est par des effets, dit-il, adorable Nanette, que je veux vous prouver mon sincère attachement. Prenez cet argent, & vous faites habiller proprement; j'aurai soin de faire décorer cette chambre de façon qu'elle ne déshonore point votre beauté & un homme de mon rang: vous avez pris un tel empire sur moi, qu'il ne m'est pas possible de vivre sans vous voir.

La belle Nanette, éblouie par l'éclat de l'or, crut que Moncade songeoit à elle pour l'épouser: d'ailleurs ce métal précieux trouve rarement des cruelles; & je suis sûr, ma sœur, que lorsque je poursuivois Daphné, au lieu de m'amuser à lui vanter mon mérite, mes talens

& ma divinité, si j'avois fait briller de l'or à ses yeux, j'eusse ralenti sa course légère.

LA LUNE.

Apparemment, mon frère, que vous pensez que j'eus recours à ce spécifique pour vaincre le bel Endymion, parce que je ne tardai pas long-temps à m'en faire aimer.

LE SOLEIL.

Puisque vous entamez cette matière, avant d'achever l'histoire des amours de Moncade avec Nanette, je veux vous faire part d'un épître dédicatoire qu'un auteur a dessein de mettre à la tête d'un ouvrage qu'il prépare ; vous êtes l'héroïne de l'Epître, écoutez.

A LA LUNE.

MADAME,

J'ai long-temps ruminé à qui dans le monde je pourrois dédier mon ouvrage, & qui pût m'en savoir gré. Après un mur examen de tout le genre humain, je n'ai trouvé personne qui fût plus propre à mon dessein, que vous, Madame ; vous m'avez rendu de si grands services en tant de rencontres, en éclairant mes pas, quand l'amour m'inspiroit des projets hardis, &

en vous cachant derrière des nuages sombres, quand il falloit me souftraire aux regards des maris jaloux, que je ne vois rien de si juste que l'hommage que je vous rends aujourd'hui.

L'ouvrage que je vous présente, Madame, n'a rien qui puisse vous blesser, quoiqu'il contienne une histoire galante, personne n'ignorant à présent que, malgré votre prudence à cacher vos feux, vous avez soupiré pour le bel Endymion, & que ce berger n'a pas été insensible à votre tendresse. Il y a même des gens, madame, qui prétendent qu'Actéon a été votre époux, & que, vous ayant surprise avec le charmant berger que je viens de nommer, vous le changeâtes en cerf, de crainte qu'il n'allât publier sa honte & votre déshonneur.

Les femmes, Madame, ont en partie observé votre conduite à l'égard de leurs époux; & si elles avoient eu le pouvoir de rendre la métamorphose complète, que de cerfs nous verrions ! on ne rencontreroit autre chose.

La Lune.

Voilà un auteur bien impertinent !

Le Soleil.

Attendez à vous fâcher que j'aye fini l'épître.

LA LUNE.

Je n'écoute plus rien. Adieu, mon frère.

LE SOLEIL.

Je ne vous laisserai point aller que je ne vous aye du moins achevé l'histoire de Moncade.

LA LUNE.

Dépêchez donc, car il y a long-temps que nous sommes ensemble, & les affaires de la terre n'en vont pas mieux.

LE SOLEIL.

J'aurai bientôt fait. Nanette reçut, sans beaucoup de façon, le présent de Moncade; de sorte qu'il fut regardé & écouté si favorablement, qu'il en conçut de grandes espérances. Il sortit enfin, pressé par l'heure qui l'appeloit à son devoir, après qu'un tendre baiser, que Nanette lui accorda moitié par force & moitié de bon gré, l'eut un peu consolé de l'absence où sa destinée le contraignoit.

La mère arriva, fort courroucée contre sa fille. Nanette lui rendit compte de la visite & des promesses du prétendu avocat; mais elle ne l'appaisa qu'en lui faisant voir les louis qu'elle avoit reçus pour garans de sa constance. Cela parut à la mère une marque évidente de l'estime de Moncade pour sa fille; sur-tout le titre d'avocat sembloit lui annoncer un homme d'une probité non suspecte. Sur cette idée, elles bâtirent toutes deux mille châteaux en Espagne, que je tais, pour finir plutôt.

Elles sortirent le jour suivant du matin, pour employer l'argent de Moncade à l'achat d'une robe de satin. Elles montèrent dans un magasin fameux, où le hasard les conduisit; elles y furent reçues d'une façon très-embarrassée par Moncade. Je laisse à penser quelle fut la surprise des uns & des autres. Ils furent long-temps sans trouver l'usage de la parole. Enfin, Nanette rompant le silence: « Vous n'êtes donc, lui dit-elle, Monsieur, qu'un avocat de magasin »? Elle jeta sur le comptoir l'argent qu'elle en avoit reçu, & descendit avec sa mère, laissant le pauvre Moncade dans une confusion plus aisée à concevoir qu'à exprimer. Ses camarades, témoins de cette comédie, la finirent par des éclats de rire, qui achevèrent de désespérer Moncade.

Le nom d'avocat de magasin lui demeura pendant long-temps, & ce ne fut qu'en prenant le parti de conter lui-même son histoire, & d'en rire le premier, qu'il parvint à la faire oublier.

LA LUNE.

Ce fut agir en homme d'esprit. Séparons-nous donc à présent.

LE SOLEIL.

Soit. Je vais éclairer les fertiles campagnes de la France, & me rendre témoin des brillantes victoires que les peuples de ce riche & vaste royaume vont remporter sur leurs ennemis. Adieu, ma chère sœur.

LA LUNE.

Moi, je vais au Tunquin vous éclipser. A vous revoir, mon frère.

Le soleil & la lune, s'écria le paysan, avont morgué bian de l'esprit; leux convarsation m'a fait biaucoup de plaisir; mais ils avont jasé un tantet trop long-temps: le souper est prêt, boutons-nous à table, & ne songeons qu'à nous divartir. Allons, mon gendre, dit-il à Climont, asseyez-vous à côté de Thérèse, je vous en baillons la parmission. Vous autres, en s'adressant à l'abbé, Bourville & Valsaint, arrangez-vous à votre fantaisie : mais sur-tout mangez de bon appétit, & buvez de même, c'est de tout notre cœur que je vous en prions.

INTERROMPU.

À peine Valsaint & l'abbé avoient mis le couteau dans chacun un dindon, que l'on frappa rudement à la porte. On ouvrit précipitamment, & l'on vit entrer un ecclésiastique gros & court, qui portoit un visage rubicond au moins d'un pied de diamètre. Il étoit suivi d'un jeune paysan assez bien fait, mais qui, à sa contenance, annonçoit un fort grand nigaud ; il ne savoit que faire de tout son corps ; il n'étoit occupé qu'à ôter son chapeau & à le remettre ; & dès qu'on le regardoit, il poussoit de grands éclats de rire.

Ventrebille ! s'écria le fermier, vlà notre curé ; dame il ne manque jamais les bonnes fêtes. Je gageons que de son presbytère il a senti qu'on faisoit ici la fricasse. Soyez le bian-venu, continua-t-il, & votre compagnie itou ; quoique j'en disions, votre parsonne nous fait toujours plaisir.

J'ai l'honneur de saluer tout le monde, dit le curé, & de vous embrasser, père Bourgeon, en se jetant au cou du fermier (c'étoit son nom). Ce grand gaillard-là que je vous présente, est un de mes neveux ; après que j'aurai bu à la santé de la charmante compagnie, je vous dirai pourquoi je vous l'amène. En disant cela, il se mettoit à table, & son neveu aussi ; mais le neveu s'y mettoit très-comiquement : sans Bourville qui retint la table, il l'eût renverfée, tant il gesticuloit joliment. Modérez vos transports, Monsieur mon neveu, lui dit le curé. Par ma foi, mon oncle, quand mon cœur est bian aise, répondit-il, tout mon corps s'en ressent. Le bon-homme Bourgeon cependant leur présentoit à chacun un grand gobelet de vin, en leur disant, boutez ça sur votre conscience, Messieus, ça vaut morgué mieux qu'une fraise.

Bourville, pour s'empêcher d'éclater de rire de voir la figure que faisoit le neveu du curé, en cherchant à boire à la santé de quelqu'un, s'avisa de vouloir moucher une des chandelles qui étoient sur la table, & l'éteignit. A l'instant le neveu du curé, tenant son grand chapeau d'une main, & son gobelet de l'autre, s'écria, monsieur mon oncle, j'ai l'honneur de saluer votre santé, & celle de toute l'honorable compagnie. Après cette civilité, en remettant son chapeau, il fit tant de vent, qu'il éteignit l'autre chandelle.

Fin de la première partie.

SECONDE PARTIE.

SECONDE PARTIE.

VALSAINT, qui avoit l'art d'imiter toutes sortes de voix, voyant les lumières éteintes, s'avisa malicieusement de contrefaire celle de Thérèse. Cette fille étoit assise entre Climont & le neveu du curé : Valsaint donc s'avisa de faire croire à la compagnie que ce pauvre neveu faisoit à Thérèse des caresses un peu trop vives. *Finissez ! eh ! finissez donc*, s'écria-t-il d'un ton féminin, *vous êtes bien hardi : est-ce monsieur votre oncle qui vous a dit d'être impertinent à ce point-là ? Vous méritez un soufflet ; le voilà.* Aussi-tôt on crut que Thérèse avoit rompu toutes les dents de son fatigant voisin. Le curé s'imaginant effectivement que son neveu perdoit le respect à Thérèse, le menaça d'une punition rigoureuse ; le fermier éleva aussi la voix, & se plaignit, d'un ton irrité, de la prétendue insulte qu'on faisoit à sa fille. Madelaine, de son côté, essayoit, en murmurant, de rallumer les chandelles ; mais l'empressement qu'elle avoit de mettre obstacle aux apparentes impertinences du neveu, l'empêchoit d'en venir à bout : le neveu rioit à gorge déployée d'entendre contrefaire la voix de Thérèse : Thérèfe elle-même éclatoit : l'Abbé, Bourville & Climont, qui favoient de quoi Valfaint étoit capable, rioient auffi fans ménagement. Enfin tout étoit à la fois en joie & en défordre, lorfque Madelaine, tremblante de colère, ralluma les chandelles.

Le curé tenoit une affiette, prêt à la faire voler au vifage de fon neveu ; le fermier quittoit fon fiége pour arracher fa fille d'un voifinage fi fufpect ; le neveu, qui continuoit de rire, avoit les deux bras fort élevés, & fe mit à dire : *Voilà, Meffieurs, l'attitude où j'ai toujours été auprès de mademoifelle Thérèfe, qu'elle me démente fi je ne dis pas vrai.*

Valfaint le juftifia en ces termes, contrefaifant toujours la voix de Thérèfe : *Monfieur, je vous demande pardon ; c'eft moi qui ai tort, & je fuis bien aife de faire voir que vous n'êtes pas capable de perdre le titre de fage que vous devez néceffairement avoir à la fuite de monfieur votre oncle.* Un éclat de rire de toute la compagnie calma les efprits irrités. Affurément, dit le curé en riant, & adreffant la parole à Valfaint, vous êtes un méchant Monfieur, & moi une grande dupe ; mais, ajouta-t-il, j'oublie l'un & l'autre ; que ce verre de vin que je bois à votre fanté, en foit garant. Tope, s'écria le bon-homme Bourgeon, j'en fuis itou,

Voilà Marivaux, habillée ou fut toujours de
auprès de Mademoiselle Thérèse.

C. P. Marillier, del.   *C. F. Pauet, Sculp.*

morgué, vlà la bonne magnière de tarminer les différens. Si tous les procès, continua-t'il, se jugiont en trinquant de bonne amiquié, que de gens de justice n'eussent jamais cessé d'être vignerons!

Tout le monde but à la santé de Charlot, c'étoit le nom du neveu. Au moment que Valsaint commença le branle, ce garçon tenoit un verre qu'il portoit à sa bouche; soit hasard ou malice, on le tint près d'un quart d'heure le verre en main, sans qu'il pût parvenir à boire; tous, jusqu'au curé, eurent la politesse fatigante de le saluer. C'étoit un spectacle assez amusant que de voir ce nouveau Tantale. Ce qui rendoit sa situation plus comique, c'étoit de le voir ôter & remettre son grand chapeau à chaque santé.

Quand le fermier vit que la conversation commençoit à perdre de sa gaîté au sujet de Charlot, il s'adressa au curé: Eh bien, dit-il, cher dirigeur de nos consciences, qu'allez-vous nous dire de bon? Il n'y a poursuivit-il, parsonne ici de trop, dégoisez-nous, je vous prie, ce qui fait que j'ons l'honneur de jouir de votre présence & de celle de Monsieu votre neveu, que j'estimons à cause de vous.

Le sujet qui nous amène, répondit le

curé, vous regarde également comme moi, & le motif en est si honnête, que je consens que la compagnie en soit instruite. Premièrement, continua-t-il, mon neveu est sage, raisonnable, & il n'est pas sans bien ; en second lieu, quoique je ne sois pas riche, il sera mon unique héritier, ce qui fait en partie qu'il n'est pas à rejeter.

A ce discours, toute la compagnie sentit que le curé avoit des vues sur Thérèse pour Charlot. Bourville, l'Abbé, Valsaint, le fermier & sa femme eurent aussi-tôt les yeux sur Climont & Thérèse : l'un & l'autre rougirent, & le silence eût regné par-tout, si la joie indiscrète de Charlot n'eût éclaté. Mademoiselle rougit, s'écria-t-il, c'est signe qu'elle sent quelque chose pour moi qui l'aime sans la connoître, & qui voudrois déjà être son mari ; car Monsieur mon oncle m'a dit qu'il la croyoit aussi sage qu'elle est aimable. Oh ! rien n'est meilleur pour faire un bon ménage, qu'une femme qui a de la conduite. Un femme, ajouta-t-il, qui est dérangée, dérange tout, & j'espère que vous serez bien rangée (il dit cela en se tournant vers Thérèse), & que je n'aurai que faire de me plaindre de vous à monsieur mon oncle, pour l'engager à vous ranger. Mais.... mais, interrompit le père de

Thérèse, vous nous faites bian de l'honneur, Monfieu Charlot, & Monfieu votre oncle, que je respecte, nous en fait biaucoup auffi, & je regarderions votre alliance d'un bon œil, fi notre fille n'étoit pas promife; mais c'eft une affaire toifée, alle époufe un honnête Monfieu de Paris, qui eft déjà pour le moins confeiller ou proculeux, & qui par la fuite pourra bian devenir préfident ou huiffier à varge.

Chacun fit de fon mieux pour ne pas éclater de rire. Valfaint, qui ne rioit que quand il vouloit, répondit au fermier que la perfonne fur qui il avoit jeté les yeux pour en faire fon gendre, étoit véritablement digne de cet honneur, plus par le titre d'honnête homme que par tout autre endroit; il changea enfuite adroitement la converfation. Parbleu, dit-il, mes amis, fortons de notre léthargie, je vais vous donner l'exemple : prêtez-moi, s'il vous plaît, l'oreille, je tâcherai de la flatter par un petit air tendre.

Vous demandez, belle Sylvie,
Ce que l'amoureufe folie
Peut faire goûter de plaifir,
Tandis que la raifon reglera vos défirs,
On ne pourra vous le faire comprendre.
Il faut s'oublier pour l'apprendre.

Que chacun m'imite, ajouta Valfaint ; les

chansons font les délices d'un repas; elles répandent la gaîté sur les visages; elles versent dans les cœurs la joie délicieuse que le vin seul n'y sauroit faire entrer.

Sur le champ Climont chanta les paroles suivantes, en se tournant amoureusement du côté de son aimable Thérèse.

> Dans son inconstant badinage
> N'espere point de douceur;
> Fixe-toi, papillon volage,
> Sur une charmante fleur:
> Plus inconstant que toi, mon cœur, de belle en belle,
> Voloit sans ardeur, sans désirs;
> Je n'ai goûté de vrais plaisirs
> Que depuis que je suis fidèle.

Je devine l'histoire, dit Charlot, remarquant les regards tendres de Climont; c'est Monsieur qui me dérobe le cœur de mademoiselle Thérèse. Je n'oserois, lui repondit Climont, me flatter de ce bonheur; mais si l'amour que Mademoiselle m'inspire, pouvoit seulement me mériter son estime, je ne me croirois pas à plaindre. Ah! repartit Thérèse, pour l'acquisition de mon estime, vous datez du moment que vous êtes entré ici; & cela vous promettoit déjà quelque avantage sur mon cœur, s'il m'étoit permis de croire que vous pensez sérieusement à une personne si fort au deſſous de vous..... Vous vous abaiſſez trop, interrompit le curé; ah! belle Thérèſe, quand une fille poſſède vos charmes, votre eſprit, votre ſageſſe, & votre bien, il n'y a guère d'honnête homme à l'alliance de qui elle ne doive aſpirer. J'euſſe été charmé que mon neveu eût joui du bonheur de vous avoir pour femme, mais je n'y ſonge plus; j'eſpère vous voir madame Climont, & j'en aurai beaucoup de joie; car je gagerois toute choſe que Monſieur vous rendra la plus heureuſe des femmes. Climont répondit avec eſprit au compliment du curé.

Vlà, morgué, de biaux diſcours, dit le fermier; mais tout ça n'eſt pas amuſant. Jallons, avec la parmiſſion de notre curé & de l'honnête compagnie, entonner un petit air à boire, ça nous baillera envie de ſiroter.

Depis un mois je nous ſons apperçu
 Que notre vin ne duroit guère,
 Stapendant je n'en ons pas bu
Un doigt de pus qu'à l'ordinaire:
Mais j'ons tant charché qu'à la fin
 J'avons decouvart l'hiſtoire;
Notre famme aime Grégoire,
 Et Grégoire aime le vin.

La façon comique dont le fermier chanta, réjouit beaucoup l'abbé & Bourville, qui chantèrent auſſi. Le neveu du curé même voulut faire parade de ſa voix; & pour ſe rendre plus ridicule, il choiſit un grand air que peu de perſonnes chantent parfaitement; en voici les paroles.

Plaiſir, quand ma Philis fait mon plus doux bonheur,
 Comme un éclair tu prens la fuite;
En ces heureux inſtans, favoriſe mon cœur,
Modère-toi, plaiſir, ne coule pas ſi vîte.

  La belle Thérèſe n'avoit point encore chanté, on la gardoit pour la bonne bouche. Ce fut ſa mère qui lui ordonna de faire entendre ſa voix. Je n'ons du plaiſir, dit-elle, à écouter chanter parſonne que nòtre fille; c'eſt qu'alle a de la muſique, c'eſt qu'alle fait bailler à ce qu'alle dit une tournure charmante. Allons, Thérèſe, ajouta-t'elle, chante-nous ce petit air où il y a: *Quand je ſommes ſur la verdure.* Thérèſe obéit, & voici les paroles qu'elle chanta.

 Ma muſette, élevez vos ſons,
 Je veux célébrer ma Sylvie;
 Je veux l'aimer toute ma vie,
 Je lui conſacre mes chanſons:
 Ma muſette, élevez vos ſons,
 Je veux célébrer ma Sylvie.

 On voit briller dans ſes beaux yeux
 Sans ceſſe les naïves graces;
 On voit voltiger ſur ſes traces

Les amours, les ris & les jeux:
On voit briller dans ses beaux yeux
Sans cesse les naïves graces.

Que nos discours sont amoureux,
Quand nous sommes sur la verdure!
Nous ne devons qu'à la nature
L'art charmant de peindre nos feux.
Que nos discours sont amoureux
Quand nous sommes sur la verdure!

Nos soupirs font notre bonheur,
Qu'ils expriment bien la tendresse!
Du même trait l'amour nous blesse,
Car nous n'avons qu'un même cœur;
Nos soupirs font notre bonheur,
Qu'ils expriment bien la tendresse!

Il est inutile de dire combien Thérèse fut applaudie; on se l'imagine de reste. Une belle actrice a des talens bien médiocres quand elle est sifflée.

Après le souper, le fermier retint le curé qui vouloit s'en aller. Demeurez, dit-il; demain il fera jour: il ne seroit pas décent qu'un homme de votre robe fût trouvé dans les champs à l'heure qu'il est. J'allons passer le reste de la nuit à tenir compagnie à ces braves gentilshommes, dont le carrosse s'est mis en canelle à une portée de fusil d'ici; ils allont, j'espere, nous divartir de queuques contes à dormir debout, qui nous amuferont.

Affurément, dit Valfaint, & c'eft moi qui veux mettre les autres en train. Le curé, qui étoit déjà levé, fe remit fur fon fiége, & fit figne à fon neveu de fe remettre fur le fien. Auffi-tôt Valfaint commença de la forte.

L'AMOUR IMPROMPTU.

Philandre, homme âgé d'environ cinquante ans, plus fpirituel qu'aimable de figure, devint éperdument amoureux de Cléonice, jeune veuve capable d'infpirer de la tendreffe au mortel le plus indifférent.

La maifon de Philandre étoit fort voifine de celle de Cléonice, ce qui ne fervoit qu'à accroître les feux de notre foupirant, fans lui procurer plus de facilité pour les exprimer. Il n'avoit point entrée chez elle; il en chercha long-temps les occafions, & toujours inutilement, parce qu'elle voyoit peu de monde, maxime rare aujourd'hui dans les jeunes veuves. Enfin cette occafion tant défirée s'offrit un jour d'elle-même; voici comment:

Le feu prit à une maifon attenant celle de Cléonice, dans le temps qu'elle étoit fortie; & il avoit déjà mis tout le quartier en alarme quand elle revint. Elle étoit seule dans son carrosse, & voyant qu'il ne pouvoit entrer dans sa rue, par l'affluence du peuple qui en bouchoit le passage, elle mit la tête à la portière & vit la flamme : elle crut que c'étoit sa maison qui brûloit. Saisie de frayeur, elle mit, avec precipitation, pied à terre, en poussant des cris pitoyables. Philandre sortit de chez lui en ce moment-là; il eut le bonheur de se trouver à portée de donner la main à Cléonice, & de la rassurer. Il lui dit que l'incendie n'étoit point chez elle, & qu'il n'y avoit même rien à craindre pour sa maison, & il l'y accompagna.

Le feu cessa entièrement en moins de deux heures. Philandre, qui n'avoit point quitté Cléonice, eut le bonheur de la voir hors d'inquiétude, & de puiser dans ses beaux yeux encore plus d'amour qu'il n'en avoit auparavant.

En la quittant, il lui demanda la permission de la voir de temps en temps comme voisin; ce qu'elle lui accorda avec politesse, sans penser que cela tireroit à conséquence.

Dès le lendemain matin il lui rendit visite, sous prétexte de s'informer de sa santé. Il fut reçu gracieusement. Comme l'amour ne se peut cacher, Cléonice s'aperçut, dans cette visite, que les yeux de Philandre lui tenoient un langage que sa bouche ne tarderoit pas à lui interpréter, si elle n'y mettoit ordre. En cette conjoncture, le parti auquel elle se détermina, fut de lui faire une réception plus froide quand il reviendroit la voir, afin de l'obliger de se retirer en galant homme.

Cléonice avoit été si peu satisfaite de son époux, par les mauvaises manières qu'il avoit eues pour elle, qu'elle étoit fort éloignée de songer à un second engagement.

Les amans sont importuns ; ils ont raison ; souvent leur bonheur n'est que l'effet de leur importunité. Philandre, dès le soir même, revint chez Cléonice ; il lui dit pour excuse, qu'il languissoit loin de ses yeux, & que tous les momens qu'il passoit sans la voir étoient pour lui des momens perdus, des momens sans plaisir. Il s'émancipa dans cette visite jusqu'à prendre un baiser tout de flamme sur la belle main de Cléonice. Elle lui témoigna son ressentiment de cette liberté, & prit de là occasion de lui défendre poliment de ne plus revenir chez elle.

Bien loin de se fâcher de la défense de la veuve, bien loin de s'en alarmer, Philandre en parut plus disposé à lui rendre ses hommages. Il connoissoit le cœur des femmes, & savoit par expérience que souvent elles ne sont pas si cruelles qu'elles font semblant de le paroître.

Cependant Philandre jugea qu'il devoit laisser écouler quelques jours avant de retourner chez Cléonice; & quand il ne lui fut plus possible de se dispenser de la voir, afin de ne la point étonner, il fit précéder sa visite de ce galant billet.

« J'ai tout mis en usage, Madame, pour
» vous obéir; mais plus j'ai tâché de ne point
» songer à vous, plus j'ai senti de désirs pres-
» sans de vous rendre mes devoirs. Je vous
» avertis donc, Madame, que je vais suivre
» ce billet, & m'aller jeter à vos genoux, pour
» obtenir de votre bonté la grace de jouir
» tous les jours du bonheur de vous admirer,
» ou mourir de douleur à vos pieds.

Effectivement Cléonice eut à peine achevé de lire le billet de Philandre, qu'il entra. Elle eut si peur qu'il n'exécutât ce qu'il lui marquoit par son billet, qu'elle courut au devant de lui. Ah! Monsieur, lui dit-elle d'un ton effrayé, je vous permets de venir ici tant qu'il vous plaira; mais, ajouta-t-elle d'un air plus tranquille, songez à ne me point fâcher. J'ai un deſſein tout oppoſé, répondit Philandre ; ainſi, Madame, n'attendez de moi que politeſſes, ſoumiſſions, reſpects ; enfin tout ce qui peut contribuer à me conduire à mon but.

Votre but, Monſieur ! repartit Cléonice avec étonnement ; Qu'entendez-vous par ce terme là ? Je crois le deviner, ajouta-t-elle; il m'épouvante, & je vous conjure de ne pas compter parvenir jamais à ce but dont vous vous flattez.

En vérité, Madame, dit Philandre, croyez-vous que j'aye pu vous voir ſi parfaite ſans faire vœu de vous aimer toute ma vie ? Vos beaux yeux, votre bouche adorable, votre taille majeſtueuſe, votre eſprit délicat & orné, votre douceur, vos graces divines, tout en vous eſt digne de l'amour des dieux ; & vous voudriez, Madame, qu'un mortel qui a eu le bonheur de voir des charmes ſi touchans, ſi enchanteurs, puiſſe ne pas chercher à les voir toujours, à les poſſéder ? Eſt-il en mon pouvoir de ne pas vous conſacrer mon cœur & ma liberté ? Belle Cléonice, pourſuivit-il, vous ſerez toujours ce que j'aimerai le plus tendrement.

Elle fut au déſeſpoir de cette déclaration, ou elle feignit de l'être ; mais elle crut n'avoir point d'autre parti à prendre que d'écouter les discours de Philandre, comme elle eût pu faire ceux d'un extravagant, & de rire de tout ce qu'il lui diroit à l'avenir de tendre & de galant. Il lui donna un beau champ pour cela; car il ne se passoit point de jour qu'il ne lui écrivît ou ne lui rendît visite, & des visites très-longues & très-passionnées. Voici un billet qu'elle en reçut un matin.

« Je n'y puis plus tenir, Madame, mon
» mal est pressant, & il faut que je guérisse:
» le moyen le plus convenable pour y remé-
» dier, est de m'accepter pour époux. Je
» vous offre ma main. La proposition, Mada-
» me, ne doit pas vous alarmer; j'ai du bien
» & de la naissance. Songez, Madame, que
» mes désirs sont extrêmes, & que ma vie
» dépend d'une réponse favorable ».

Cléonice ne put se tenir de rire à la lecture de ce billet, quoiqu'elle prévît qu'elle auroit beaucoup de peine à se débarrasser d'un amant si tendrement importun. Elle fut tentée de lui faire refuser l'entrée de sa maison; mais elle rejeta aussi-tôt fort loin cette idée: elle avoit le cœur trop bien placé pour traiter de la sorte un homme qui, son amour à part, étoit plein d'esprit & de mérite.

Philandre cependant la pressoit tous les jours très-vivement par ses lettres, &

même de bouche, de prendre une résolution.

Cléonice avoit une sœur mariée richement en province, qui arriva justement à Paris dans le temps qu'elle étoit le plus persécutée par Philandre. Cette sœur vint descendre chez elle, & Cléonice l'aimant beaucoup, elle la fit coucher auprès d'elle dans un lit jumeau. Dès la première nuit, elle fit confidence à Bélise (sa sœur se nommoit ainsi) de l'embarras où la jetoient les importunités de Philandre, ajoutant qu'elle étoit absolument résolue à fuir toute sa vie les liens du mariage.

Bélise étoit une jeune femme plus enjouée que prudente, qui auroit sacrifié ses meilleurs amis au plaisir de leur faire pièce, pour avoir occasion de rire à leurs dépens. Quoi, ma sœur, dit-elle à Cléonice, vous êtes si bonne, si neuve, que de ne savoir comment vous débarrasser d'un amant qui vous gêne, d'un homme qui vous persécute ! Je suis vraiment venue à propos pour vous rendre ce service. Voici, continua-t-elle, ce qu'il faut que vous fassiez, promettez lui au plutôt un tête-à-tête... Y pensez-vous ? s'écria Cléonice ; un tête-à tête ! j'aimerois mieux mourir. Ne vous fâchez pas, repartit Bélise, je vous instruirai de mon dessein ; cependant paroissez ne pas vous éloigner de répondre à la flamme de Philandre,

&

& me laissez le soin du reste, je vous réponds qu'il sortira de chez vous si honteux, que de ses jours il ne lui prendra fantaisie d'y remettre les pieds.

Le lendemain Bélise instruisit sa sœur de la façon dont elle avoit dessein de s'y prendre pour éloigner son amant; mais la ruse parut à Cléonice si fort contre la prudence & la raison, qu'elle s'y opposa fortement. Bélise se moqua de sa resistance, & elle fit si bien, que ses sentimens prévalurent, & qu'elle disposa sa sœur à seconder la réussite de son projet.

Philandre ne manqua pas, à la première vue, de presser tout de nouveau la belle veuve, & même avec plus d'ardeur que de coutume. Cléonice, pour accomplir ce qu'elle avoit promis à Bélise, repondit à Philandre, mais d'un air embarrassé, qu'ayant formé le dessein de vivre toujours libre, elle le prioit de ne point songer à elle, du moins si-tôt; mais que s'il avoit de la persévérance, peut-être il pourroit la déterminer à lui rendre du retour. Ce point-là, étoit délicat; mais une femme qui a de l'esprit, se tire à merveille du pas le plus difficile, sur-tout quand il s'agit de tromper.

Philandre, au discours énigmatique de Cléonice, sentit naître dans son cœur la plus

G

douce espérance. Il savoit mieux interpréter les actions des femmes que leurs paroles. Flatté d'un bonheur prochain, il redoubla ses instances jusqu'à verser des larmes; il en avoit le don: heureux don, que l'amour ne fait qu'à ses favoris!

Cléonice paroissant sensible à la situation où elle voyoit Philandre, après avoir fait paroître une résistance qui ne demandoit qu'à être vaincue, lui dit en laissant échapper un soupir plus naturel que feint: *Je vous attends ce soir à souper*. Philandre, à ces douces paroles, fit éclater les démonstrations de la joie la plus vive & de la reconnoissance la plus sincère.

Bélise, qui écoutoit cette conversation, entra dans le moment, & fit la guerre à sa sœur de la trouver tête à tête avec Philandre. Je me retire, leur dit-elle, peut-être que ma présence est ici de trop. Elle fit quelques pas pour sortir; mais Philandre l'arrêta. Cléonice rougit de la saillie de Bélise, & sa rougeur la fit paroître plus belle; du moins Philandre la regarda avec une satisfaction qui ne laissoit point ignorer qu'il en étoit enchanté plus que jamais.

Il prit congé de ces deux dames, & il dit à Cléonice, en lui serrant tendrement les mains, que toutes les heures qui alloient s'écouler jusqu'au moment de la revoir, lui paroîtroient autant d'années.

Dès que Philandre fut sorti, Bélise demeura près d'un quart d'heure à ne pouvoir cesser de rire. Cléonice, d'un air très-sérieux, lui dit : Ma sœur, je vous assure que je n'approuve point le tour que vous voulez faire à Philandre; d'ailleurs, ajouta-t'elle, pensez-vous bien à quoi vous m'exposez? Philandre, pour se venger..... Ah! ah! interrompit Bélise en riant, puisque vous vous intéressez si fort à lui, sans doute que vous l'aimez; si cela est, il est juste que je le ménage par rapport à vous. Je ne l'aime point, répondit Cléonice; mais vous m'obligerez beaucoup de ne point exécuter votre projet. Bélise ne fit que rire de ses prières; elle étoit si enthousiasmée de son stratagême, qu'il eût été bien difficile de la déterminer à l'abandonner.

Il y a de jeunes femmes d'un génie folâtre, badin, étourdi, turbulent, qui semblent n'aimer que les plaisirs, qu'elles veulent que l'on croye innocens; mais qu'elles y prennent garde, l'enjouement outré les conduit peu-à-peu à s'enivrer dans le torrent des délices, qui détruit pour jamais la seule chose qui puisse rendre le beau-sexe estimable, la vertu.

Cependant Philandre fe paroit & mettoit tout en ufage pour fe rendre digne du bonheur dont fon amour-propre le flattoit. L'attente du plaifir pique fouvent davantage que le plaifir même.

Philandre fut prêt long-temps avant l'heure qu'il devoit fe rendre chez Cléonice: il peftoit contre la lenteur du foleil, qui lui fembloit moins actif qu'à l'ordinaire. Dieu du jour, s'écrioit-il, hâte-toi d'aller te repofer dans le fein de Thétis; laiffe régner la nuit fur notre hémifphère; j'attends que tu fois defcendu dans le vafte océan, pour jouir de la vue de l'objet adorable qui triomphe de mon cœur.

Son impatience amoureufe le fit fe rendre chez fa belle une heure plutôt qu'on ne l'attendoit: mais un amant qui devance l'inftant marqué pour le rendez-vous, n'en prouve que mieux fon amour.

Le fouper fut le plus gai du monde: la converfation vive, légère & enjouée de Philandre, fit connoître, plus que jamais à Cléonice, que fi elle ne pouvoit fe déterminer à l'accepter pour époux elle ne pouvoit du moins lui refufer fon eftime. Ces réflexions la rendirent rêveufe. Bélife s'étant aperçue de fon air inquiet, fit fes efforts pour la réjouir; car elle craignoit de voir échouer le dénouement qu'elle avoit préparé : mais un soupir que Cléonice laissa échapper en regardant Philandre, détruisit le projet de Bélise. Que signifie ce soupir, ma sœur, lui dit-elle, y pensez-vous ? Hélas ! répondit Cléonice, ma chère sœur, il n'est plus temps de dissimuler, j'aime Philandre.

Cet amant charmé & surpris tout ensemble, tomba aux genoux de sa conquête. Est-il possible, Madame, lui dit-il en baisant amoureusement ses belles mains, est-il possible que je sois assez fortuné pour vous inspirer un aveu si plein de charmes ?

Oui, répondit Cléonice d'un ton persuadé ; oui, Monsieur, vous avez vaincu la résolution où j'étois de ne jamais me rengager sous les loix de l'hymen ; quoique l'aveu que je vous fais parte de mon cœur, quoique je sente pour vous ces mouvemens secrets, qu'un feu tendre & sincère inspire, je n'eusse pas si-tôt parlé ; la crainte de vous déplaire m'ouvre la bouche, votre intérêt devient le mien ; puis-je méconnoître l'amour ?

Philandre étoit à la fois ravi & étonné du discours de Cléonice. Au delà du bonheur dont votre ame généreuse me comble, Madame, lui dit-il, dois-je voir autre chose que ce même bonheur ?

Il faut que je vous inſtruiſe, répliqua-t-elle, que j'avois prêté les mains à ma sœur pour vous faire une malice contre laquelle mon cœur s'eſt toujours révolté, malgré l'indifférence apparente où je croyois me trouver à votre égard ; & je vous avoue, Monſieur, que c'eſt la crainte que cette malice ne s'exécutât, qui a fait évanouir mon indifférence, qui, d'une étincelle imperceptible, a fait naître un feu que j'emporterai dans le tombeau. Malgré les oppoſitions de ſa sœur, Cléonice conta à Philandre le tour qu'on devoit lui jouer.

Ce tendre amant ne ſe pouvoit laſſer de bénir ſon étoile, & le bon cœur de Cléonice. Quoique j'aye ſujet, continua-t'il en ſe tournant vers Béliſe, d'être indiſpoſé contre vous, Madame, mon bonheur eſt ſi fort au-deſſus du chagrin que vous avez eu envie de me cauſer, que j'oublie dès ce moment le deſſein où vous étiez de vous divertir à mes dépens, & de me rendre le plus confus des hommes.

Je ſuis charmée, Monſieur, répondit Béliſe en marquant quelque confuſion, que mon ſtratagême ait échoué ; j'approuve le penchant que ma sœur a pour vous, & je goûterai un plaiſir parfait à vous voir unis. Il ne tiendra pas à moi, repartit Cléonice en rougiſſant, ni à moi, s'écria Philandre en baiſant les mains de la belle veuve, qui ne s'en défendoit plus.

On termina cette ſcène, en prenant des meſures convenables pour aſſurer la mutuelle félicité de nos amans, qui brûloient de ſe voir époux.

Le mariage fut célébré peu de jours après; & quoique mariés, Philandre & Cléonice vivent enſemble comme de jeunes amans.

A toi, Bourville, dit Valſaint, amuſe à ton tour la compagnie. Attendez, Monſieur, dit Thérèſe à Valſaint; permettez-moi de vous faire compliment ſur les agrémens que vous avez donnés à votre récit; je vous aſſure, Monſieur, que peu de perſonnes pourroient s'en acquitter auſſi bien que vous: vous me faites trembler, ajouta-t elle, pour l'Hiſtoire que j'ai à raconter, après que nous aurons eu le plaiſir d'entendre Monſieur; elle dit cela en regardant Bourville. Votre politeſſe, Mademoiſelle, reprit Valſaint, me flatte infiniment; mais je brûle de vous entendre: allons, Bourville, ajouta-t-il, dépêche-toi. Je ne ſerai pas long, répondit Bourville; j'ai la même impatience que toi d'écouter la charmante Thérèſe. Tout de ſuite il entra en matière.

LES MARIAGES SANS AMOUR.

Une vieille baronne avoit un vieux château, mais commode, assez proche de Paris. Elle avoit une table délicate & abondante; c'étoit un appât charmant pour attirer grande compagnie. Son âge la privant de plaisirs plus vifs, elle s'en dédommageoit à voir la jeunesse venir chez elle danser, rire, folâtrer, & se livrer à la galanterie. C'étoient dans son château des fêtes continuelles.

Lycaste, colonel d'un régiment de cavalerie, & chef d'une ancienne maison estimée dans la robe, se plaisoit beaucoup chez la baronne. La liberté qui y régnoit, avoit mille charmes pour son cœur volage & léger. Il parloit d'amour à toutes les dames, sans s'attacher à pas une. On le connoissoit sur ce pied-là, ce qui faisoit qu'on l'appeloit *le papillon*. Qui ne suivroit pas l'exemple de ce brillant insecte; il donne celui des plaisirs!

La comtesse de ** étant devenue veuve, son mari ayant été tué en Italie, pour écarter les chagrins de son veuvage, s'avisa d'aller à la campagne de la baronne. Du vivant du comte elle en avoit été fort priée; mais distraite par les amusemens de la cour & de la ville, elle avoit négligé de s'y rendre. C'étoit une grande brune, faite au tour, qui n'avoit guère que vingt-cinq ans, & dont l'esprit égaloit la beauté. Lycaste, qui n'avoit jamais senti une véritable passion, fut ému à la vue de la comtesse. Il ne tarda pas à lier conversation avec elle, & il débuta par lui déclarer qu'il en étoit éperdument amoureux. Cette précipitation ne surprit pas la comtesse. Les dames sont accoutumées à ce langage dès l'enfance; elles croissent en entendant prononcer le nom de l'amour, & elles ne connoissent point d'amusement plus solide que de se croire aimées.

Cependant la comtesse, qui trouvoit des charmes dans Lycaste, instruite de son papillonnage, voulut un peu l'intriguer & faire la cruelle. Sa feinte ne servit qu'à rendre Lycaste plus ardent. C'est l'effet ordinaire; les difficultés irritent les désirs. Lycaste, trouvant de la résistance à rendre la comtesse sensible, montra pour la première fois de sa vie qu'il étoit capable de constance. Il soupira, il gémit; mais plus il essaya de la toucher, plus elle fit paroître d'inflexibilité.

Lycaste fut étonné; & comme il avoit cette conquête à cœur, pour déterminer la comtesse à se rendre, il se servit d'une vieille ruse. Il fit semblant d'être épris d'Olimpe, nièce de la baronne, qui joignoit à des traits fins & réguliers, une taille charmante & un esprit des mieux cultivés.

Lorsque la comtesse s'aperçut que Lycaste ne lui parloit plus de ses feux, & qu'il s'attachoit à la jeune Olimpe, elle déméla qu'il n'en agissoit ainsi que pour lui donner de la jalousie. Pour lui rendre la pareille, elle prêta l'oreille aux fleurettes du marquis de * *. Il n'étoit pas des mieux faits, mais son caractère étoit des plus aimables ; cela réparoit en lui l'injustice que lui avoit faite la nature.

Le marquis avoit été charmé de la comtesse aussi-tôt qu'elle parut chez la baronne ; mais comme il étoit moins vif que Lycaste, il ne parla qu'après lui. Il le fit sur un autre ton. Le mot d'amour & celui de mariage sortirent en même temps de sa bouche. La comtesse ne fut point effrayée de sa proposition ; elle lui demanda seulement jusqu'au lendemain pour y songer.

Lycaste, de son côté, pressoit la belle Olimpe de répondre à ses désirs ; mais elle lui fit réponse finement qu'elle étoit à marier, & que s'il vouloit la demander à sa tante, il pouvoit se flatter de n'être pas refusé. Il lui promit d'en parler le jour même. Au lieu de s'acquitter de sa promesse, Lycaste chercha l'occasion d'entretenir la comtesse. Madame, lui dit-il, votre indifférence, votre cruauté me forcent à prendre un parti violent; n'ayant pu me faire aimer de vous, je vais épouser Olimpe; ne vous en prenez qu'au refus que vous avez fait d'écouter mon amour. Epousez, Monsieur, répondit la comtesse, épousez; vous ne pouvez mieux faire, le marquis me dédommagera de votre inconstance; il m'offre sa main, je l'accepte.

Ils se quittèrent tous deux, également surpris & piqués. Lycaste courut prier la baronne de lui accorder sa nièce; elle ne fit aucune difficulté de consentir à cette alliance. Le marquis pressa la comtesse de se déclarer; & dans la chaleur de son dépit elle sembla se donner à lui avec tous les transports que l'ardeur la plus vive inspire.

Ces deux mariages se firent peu de jours après, sans amour du côté de Lycaste pour Olimpe, & sans attachement, sans estime du côté de le comtesse pour le marquis. Mais depuis long-temps on ne se marie pas pour s'aimer.

La chronique scandaleuse publie que Lycaste & la comtesse se sont racommodés, & qu'ils sont plus souvent ensemble que s'ils étoient époux.

Peut-être que s'ils se fussent mariés, ils s'aimeroient moins : que le cœur humain est capricieux ! ce qu'il possède est sans charmes pour ses yeux, endort ses désirs : ce qu'il n'a pas, pique sa curiosité, anime ses esprits, les flatte, les éveille, & il met tout en usage pour en devenir le possesseur.

Tu nous as tenu parole, dit l'abbé, voyant que Bourville avoit fini ; ton histoire n'a pas été longue. Non, dit à son tour le curé, mais elle a fait plaisir, & Monsieur l'a bien fait valoir : ces sortes d'aventures n'ont de prix que celui que leur donne le conteur. Je suis sûr, ajouta t-'il, que mademoiselle Thérèse va nous faire prendre beaucoup d'intérêt à ce qu'elle nous dira, par les graces naturelles dont elle ornera son récit.

Vous êtes trop prévenu en ma faveur, monsieur le curé, répondit-elle, je crains de mal répondre aux idées avantageuses que vous donnez de moi, & cela m'intimide. Prends courage, Thérèse, s'écria le fermier, n'aie point de sotte honte ; une effronterie qui semble honnête, fait aujourd'hui le mérite de bian des parsonnes : stapandant je ne blâme point ta timidité, c'est morgué ce qu'on charche dans une fille, & c'est souvent ce qu'on n'y trouve pas.

Mon père m'enhardit, Messieurs, répliqua-t-elle; je vais tâcher de vous contenter. J'ai appris le conte que vous allez entendre, dans le couvent; une pensionnaire l'avoit manuscrit: je l'ai tant lu de fois, que je le sais par cœur. Ce n'est qu'un conte de fées; mais j'ai remarqué que c'est par de semblables contes que la jeunesse commence ordinairement à prendre du goût pour la lecture; je vous avoue que je dois à celui-ci la passion que j'ai pour elle. Je commence.

MERVEILLEUX ET ROSETTE,
Conte de fées.

Dans le plus riche, le plus peuplé, & le plus agréable royaume de l'univers, un seigneur rénommé avoit un superbe château à la campagne, situé dans le canton le plus fertile, le plus délicieux, & le plus charmant qui fut jamais.

Ce seigneur étoit presque toujours à la suite du roi, qui le considéroit beaucoup, tant par rapport à son mérite personnel, à sa naissance, qu'à cause des emplois considérables qu'il avoit, & qu'il remplissoit dignement.

Il se nommoit Ephérate, & avoit épousé la princesse Constance, qu'il aimoit tendrement,

& dont il étoit auſſi beaucoup aimé, parce qu'il étoit bien fait, gracieux, poli & complaiſant pour ſa femme; il ne lui refuſoit rien: c'eſt l'unique manière de régner ſouverainement ſur un ſexe aimable de qui les hommes doivent faire le bonheur: époux, que cela vous ſerve de leçon!

De ce couple rare naquit un garçon d'une beauté parfaite. La fée Généreuſe, qui habitoit alors ce pays enchanté, répandit ſur lui les dons les plus précieux. A quatorze ans, il avoit plus d'eſprit que les gens de condition n'en ont d'ordinaire à vingt-cinq. Il ſavoit lire, écrire, chanter, danſer, monter à cheval, deſſiner, peindre même; & tout cela ſans avoir preſque jamais rien appris. Enfin c'étoit un prodige de ſcience, de bonnes qualités, & de vertus. C'étoit pour cela qu'il avoit été nommé *Merveilleux*, de la bouche même du roi, qui avoit ſouhaité de le voir, & qui, charmé de ſon eſprit, l'avoit renvoyé chez ſon père comblé de careſſes & de préſens.

Ephérate avoit un concierge nommé Grillotin, vieux garçon, qui avoit toujours fui le mariage comme un lien pénible, & même inſupportable à ceux que la fortune n'a pas mis dans un état à ſe flatter de pouvoir vivre ſans être en proie aux affreux beſoins.

INTERROMPU.

Grillotin néanmoins avoit quelquefois offert des sacrifices au dieu de Cythère, & s'il ne lui en offroit plus, c'etoit que son âge avancé le mettoit dans l'impossibilité d'aller à Papos & à Amathonte; mais le désir lui en restoit encore, & ce désir charmant lui tenoit lieu de la félicité de servir l'amour & sa mère.

Grillotin, pour charmer ses ennuis, obtint d'Ephérate la permission d'avoir auprès de lui une filleule qu'il aimoit, & à qui il vouloit faire du bien; il la lui demanda, sous prétexte de s'en faire servir & d'avoir en elle une espèce de compagnie. Elle avoit douze ans accomplis; elle avoit nom Rosette, & à cet âge elle avoit déjà de l'esprit & de la beauté.

Dès qu'on vit cette jeune fille dans le château, comme on savoit que Grillotin avoit été un verd-galant, on ne balança pas à le taxer d'en être le père, & il l'étoit en effet: il n'appeloit Rosette sa filleule que pour cacher sa naissance.

La première fois que Merveilleux & Rosette se virent, ils marquèrent tant de joie à l'aspect l'un de l'autre, & ils furent entraînés par un penchant si fort, qu'ils s'embrassèrent tendrement, & se donnèrent mille marques d'une amitié vive & réciproque.

Ephérate & Constance, qui étoient présens,

furent très-scandalisés de ce qui venoit de se passer. Ils ordonnèrent qu'ils fussent séparés. Mais on n'en vint à bout qu'avec peine; ils ne pouvoient se quitter: ils y furent contraints; & en se disant adieu, ils versèrent des larmes qui attendrirent les cœurs de tous ceux qui furent témoins de leur séparation.

Ephérate défendit expressément à Grillotin de laisser voir sa filleule à son fils, & recommanda fortement aux gouverneurs & aux domestiques de Merveilleux d'avoir incessamment les yeux sur lui, pour l'empêcher de se trouver avec Rosette.

En particulier, Ephérate & Constance eurent soin d'interroger Merveilleux, & de lui demander pourquoi il avoit témoigné tant de joie à la vue de Rosette, qui n'étoit que la filleule de leur concierge, & la fille d'un paysan?

J'ignorois son nom & sa naissance, répondit Merveilleux; mais quand j'aurois été instruit de l'un & de l'autre, il ne m'eût pas été possible de la voir sans être agréablement troublé; ses beaux yeux, en rencontrant les miens, m'ont inspiré des mouvemens secrets que je ne puis vous exprimer: en ce moment encore mon cœur semble me dire de voler sur ses pas. Pourquoi, puisque Rosette me faisoit plaisir à voir, avez-vous ordonné qu'elle fut emmenée?

De

De grace permettez-moi de ne jamais la quitter; je sens que tout mon bonheur dépend d'elle: je ne serai tranquille que lorsque je la reverrai, que lorsque mes yeux seront attachés sur les siens. Il disoit tout cela en les embrassant.

Le père & la mère demeurèrent comme pétrifiés au discours de leur fils. Constance fut la première qui retrouva l'usage de la parole; cela n'est pas surprenant; dans le beau sexe, il semble que la vie ait son principe dans la langue. Ah! mon fils, s'écria-t-elle, que nous demandez-vous? Oubliez-vous de quel sang vous êtes né? Songez que vous seriez déshonoré, si vous aviez la foiblesse de nourrir de l'amour pour Rosette.... Est-ce de l'amour, interrompit-il, que de trouver mille charmes à voir une belle personne? Ce n'en est peut-être pas encore, dit Ephérate; mais Rosette vous plaît, l'amour n'est pas loin. Songez à bannir cette fille de votre esprit, ajouta-t-il d'un ton impérieux, je vous l'ordonne en père souverain, obéissez en fils soumis & respectueux.

Merveilleux se retira dans son appartement, où ses yeux, par des torrens de pleurs, firent connoître à tout son monde qu'il étoit véritablement amoureux.

Grillotin, de son côté, étoit tout surpris de ce qui venoit de se passer, il ne pouvoit comprendre comment deux jeunes gens qui ne s'étoient jamais vus, avoient pu se donner des preuves si convaincantes de la plus vive tendresse.

Ayant fait rentrer Rosette qui n'étoit pas moins émue que Merveilleux : Asseyez-vous, lui dit-il d'un ton absolu, & m'apprenez la cause des transports de joie que vous avez fait éclater à la vue de Merveilleux. Hélas! mon cher parrain, répondit-elle modestement, je n'ai pas été maîtresse de mes mouvemens; il me sembloit qu'une invincible main me poussoit vers Merveilleux, & me forçoit de l'embrasser: la pudeur faisoit son possible pour me retenir, mais l'inclination de mon cœur s'opposoit à ses desseins ; en voici la raison : j'avois du plaisir à ce que je faisois là ; d'ailleurs, ajouta-t-elle, la nuit dernière j'ai songé qu'on me marioit au plus beau de tous les hommes, je le voyois, c'étoit Merveilleux lui-même; à son aspect, mon songe s'est retracé à ma mémoire, & en l'embrassant, je croyois embrasser mon mari.

Comment, petite fille, s'écria Grillotin, à votre âge vous faites des songes de cette nature? Apprenez que vous n'êtes pas faite pour devenir la femme d'un seigneur; bannissez de votre petite cervelle cette chimère vaine, qui ne peut servir qu'à troubler votre repos. Vous vous imaginez apparemment valoir quelque chose; détrompez-vous; sachez que vous n'êtes que ma fille, & ma fille naturelle : votre mère est une paysanne des environs de ce château; elle est mariée depuis trois ans, & elle vit heureuse avec son époux, qui la regarde comme un modèle de sagesse & de vertu, parce qu'elle est discrète, & qu'il ignore qu'elle a eu des fruits des égaremens de sa jeunesse. L'ignorance fait le bonheur des maris. Vous êtes belle, ma fille, ajouta-t-il, vous ne manquez pas d'éducation; je n'ai rien épargné pour que vous fussiez ornée de tous les avantages extérieurs qui rendent votre sexe aimable; c'est beaucoup pour vous, mais ce n'est rien pour Merveilleux. Avec une haute naissance & de grands biens, il possède tous les agrémens du corps & de l'esprit. Il vous aime, à la vérité; vos graces naïves ont trouvé le chemin de son cœur : mais croyez que Merveilleux ne vous regarde que comme un enfant fait une fleur qui brille dans un jardin; il marque beaucoup d'empressement pour la cueillir, & si-tôt qu'il en est possesseur, il oublie qu'elle est belle, il ne s'en soucie plus; il la jette même loin de lui avec mépris.

H ij

Rosette ne répondit à son père que par des soupirs. C'est assez le langage ordinaire des amans que l'on contraint à renfermer leur tendresse.

Heureux siècle de l'âge d'or, où l'innocence étoit l'unique souveraine des cœurs, que je regrette que vous ne soyez plus! Aimoit-on? on étoit aimé; l'amour & la nature étoient les seules lois des mortels. Les rangs, les richesses, les honneurs n'étoient point connus; Pandore n'avoit point encore infecté l'univers des dangereux poisons de sa funeste boîte; on ignoroit qu'il fût de la haîne, de la jalousie, de la vanité, de l'ambition, de l'avarice & de l'amour propre; le sordide intérêt étoit encore au fond des abîmes; les huissiers, les procureurs, les greffiers, & mille autres loups ravissans qui mettent l'univers à contribution, n'existoient alors que dans l'idée vague du prince du ténébreux empire.

Après que Merveilleux & Rosette eurent été si bien repris d'avoir donné l'essor à leur flamme naissante, sans désespérer de se revoir, ils méditèrent dans leur cœur, que s'ils avoient le bonheur de se rencontrer à l'avenir, ils auroient plus de ménagement. Amour, tu es le père des ruses, tu fais penser une Agnès, tu la rends capable de tromper le plus habile surveillant, &

tu donnes de l'esprit au mortel à qui l'on en croit le moins.

Merveilleux étoit continuellement observé avec soin; Rosette ne sortoit plus de l'appartement de Grillotin, même il songeoit, pour prévenir tout accident, à la faire rentrer dans le couvent d'où il venoit de la retirer. Mais il ne faut qu'un moment à l'amour pour rendre inutile toute la prudence humaine.

Un jour qu'Ephérate traitoit un grand prince à dîner, tout le monde étoit occupé; c'étoit un bruit, un tintamarre, une confusion dans le château, qu'on ne s'entendoit pas. Un seul homme cependant occasionnoit un si grand mouvement.

Merveilleux profita aisément de ce tumulte pour se dérober à ses Argus. Au fort du service, il sortit du salon, & passa sur la terrasse.

De son côté, Rosette, se voyant seule, descendit dans le jardin. Merveilleux, en entrant sur la terrasse, l'aperçut dans un parterre qui cueilloit un bouquet: dans ce moment, on eût dit que l'amour venoit de lui prêter ses aîles; il ne fit qu'un saut de la terrasse pour joindre sa chère Rosette. Tout nous favorise, dit-il, charmante personne, suivez-moi; dérobons-nous quelques instans à la tyrannie, & jouissons du plaisir de nous entretenir sans témoins.

Rosette fut si émue & si agréablement surprise de voir son cher Merveilleux, qu'elle laissa tomber ses fleurs de ses mains, & le suivit dans une allée de charmille. En y entrant, ils aperçurent deux oiseaux extraordinaires, & du plus beau plumage du monde, qui, par des roucoulemens pareils à ceux du pigeon, mais beaucoup plus agréables, sembloient les inviter à s'enfoncer dans l'épaisseur du bois. Le premier dessein des deux amans fut de tâcher de prendre ces charmans oiseaux; mais ils fuyoient à proportion que Merveilleux & Rosette montroient de l'ardeur à mettre la main dessus.

Enfin, en faisant mille tours, ils conduisirent nos jeunes gens jusqu'à l'entrée d'une grotte obscure où ces oiseaux se précipitèrent, en continuant cependant de les appeler par leurs doux roucoulemens; mais Merveilleux & Rosette n'osoient les suivre dans la grotte, quoique l'entrée en parût agréable, par la mousse & les fleurs qui la bordoient.

Ils étoient incertains s'ils entreroient ou non, lorsqu'ils entendirent un bruit confus de voix qui appeloient *Merveilleux! Rosette!* La frayeur les obligea de vaincre la timidité qui les retenoit. Merveilleux prit la main de Rosette. Entrons, dit-il, échappons à la poursuite de nos persécuteurs qui viennent pour nous séparer.

Dès qu'ils furent entrés dans ce lieu sombre, les oiseaux ne les évitèrent plus ; au contraire, ils vinrent d'eux-mêmes s'offrir à leurs caresses; & plus ils les caressoient, plus la clarté se répandoit dans la grotte. Bientôt elle fut aussi éclairée que l'est la salle que l'art prépare tous les ans pour y donner le bal, en réjouissance de la fête du plus aimable & du plus grand monarque de la terre (1).

Tout à coup ces oiseaux cessèrent de paroître, Merveilleux & Rosette ne virent plus que deux amours attelés à un char magnifique, sur lequel ils furent invités de monter par ces mêmes amours. Dès qu'ils eurent obéi, un nuage épais enveloppa le char ; il se sentirent enlever dans les airs ; & la crainte de tomber leur inspira de s'embrasser étroitement, & de se dire, pour se rassurer, les choses du monde les plus tendres.

Laissons-les en cet état, où le plaisir les accompagne, & voyons ce qui se passe au château d'Ephérate.

---

(1) Le bal de l'opéra-comique, le jour de Saint-Louis.

On ne fut pas long-temps à s'apercevoir de l'absence de Merveilleux, & le premier endroit où on le chercha fut chez Grillotin ; mais l'on n'y trouva ni Merveilleux ni Rosette, ce qui jeta le trouble & l'alarme dans tous les cœurs. Ephérate, Constance, & le prince même que l'on traitoit, couroient d'appartement en appartement en appelant Merveilleux. Quand tout fut visité, on descendit au jardin, où les cris redoublèrent. Les noms de Merveilleux & de Rosette étoient dans la bouche de tout le monde. Enfin le désordre n'étoit pas plus grand à Troye quand la flamme & le fer détruisirent la ville & les habitans.

Ce seroit perdre le temps, que de vouloir dépeindre ici l'agitation, l'inquiétude, & la désolation où tout le château étoit plongé : cela s'imagine beaucoup mieux qu'on ne pourroit le décrire, & ce ne fut qu'après huit jours de recherches vaines que l'on perdit toute espérance de trouver Merveilleux & Rosette.

Cependant Ephérate envoya des courriers par-tout le royaume ; on consulta des gens savans & renommés en l'art de deviner, qui ne surent que répondre sur un événement si singulier. Ils dirent seulement que puisque l'on ne trouvoit point ces enfans, il falloit que des génies aériens les eussent enlevés dans leur empire. Ils furent écoutés comme des infenfés Nous ne croyons facilement que ce qui nous paroît vraifemblable ; c'eft le peu d'étendue de notre efprit qui nous prive du bonheur de pénétrer les chofes extraordinaires, de les croire poffibles.

Conftance attendriffoit tous les cœurs, fes larmes ne tariffoient point. Efpérez, belle Conftance ; un jour, la joie la plus vive diffipera vos chagrins, vous ne regretterez point d'avoir tant fouffert, puifque la confolation fera mille fois plus douce que l'affliction n'aura été rude.

Le bon-homme Grillotin ne favoit que penfer de l'évafion de fa fille ; il ne pouvoit s'imaginer que Merveilleux l'eût enlevée comme tout le monde le croyoit, & fans ceffe il cherchoit dans tous les coins du château & aux environs.

Nous avons laiffé nos amans dans un char tiré par deux amours, au moment qu'ils s'élevoient dans les airs, & que Merveilleux & Rofette fe tenoient embraffés, de peur de tomber. Allons les rejoindre, & écoutons leurs difcours.

Ah ! mon cher Merveilleux, difoit Rofette, nous allons périr ; les fecouffes & les bonds du char me font trembler. Raffurez-vous, répondoit Merveilleux. Mais où allons-nous ? Comment, si l'on ne nous ramène au château, continuoit-elle, pourrons-nous en retrouver le chemin ? De grace, retenez-le bien, cher Merveilleux; car pour moi j'ai les yeux fermés, afin d'avoir moins de peur. Hélas ! repartoit Merveilleux, je n'ose ouvrir les miens par la même raison.

En cet endroit, ils furent interrompus par une agréable symphonie qui se fit entendre sous leurs pieds ; ils ouvrirent les yeux, & ils se virent sur le plus beau jardin de l'univers. Le char descendit doucement, & se posa sur un tapis de gazons émaillés de fleurs qui répandoient les odeurs les plus délicieuses.

Le char & les amours disparurent, ce qui surprit beaucoup Merveilleux & Rosette ; mais leur étonnement augmenta bien davantage, quand ils virent venir à eux une dame aussi belle que majestueuse, suivie d'un nombre prodigieux de jeunes filles qui dansoient autour d'elle aux mélodieux ramages des serins, & des rossignols, dont plusieurs grenadiers fleuris étoient tout couverts.

Nos jeunes gens, à l'aspect d'une dame si brillante, se prosternèrent ; elle leur tendit la main, & les releva. Je suis, dit-elle, la fée Généreuse ; je possède toutes les richesses du monde entier, & tous les plaisirs ne reconnoissent point d'autres lois que les miennes. Je vous apprendrai, ajouta-t-elle, pourquoi je vous ai fait transporter dans mon empire. Prenez des rafraîchissemens, & dans un moment je me rendrai auprès de vous.

A l'instant, ils se trouvèrent dans un salon dont la grandeur & la beauté leur causèrent de l'étonnement & de l'admiration. Son plafond représentoit l'olympe, & tous les dieux de la fable peints au mieux, c'est-à-dire, tels qu'ils étoient, & tels que les fées sont capables de peindre, elles qui, sans se servir de couleurs ni de pinceaux, ont toujours effacé les Zeuxis, les Appelle, les Mignard & les le Brun. Le parquet étoit de bois de violette & d'olivier joints ensemble avec tant d'art, que tout sembloit n'être que d'un morceau. Les murs du salon étoient couverts de tapisseries si bien travaillées, qu'on doutoit si elles étoient l'ouvrage de l'aiguille ou celui du pinceau.

Quand ils eurent considéré ce superbe salon, qu'un clin d'œil de la fée avoit construit, ils virent sortir de dessous le parquet une table aussi bien garnie que si c'eût été celle du plus puissant monarque de la terre. Ils en approchèrent, & avant de toucher à rien, ils eurent à peu près cette conversation.

Tout ce que je vois, dit Rosette, me rend interdite; je ne sais si je dois m'affliger ou me réjouir: j'ai de l'effroi, mais il est calmé par le plaisir que je goûte à vous voir; votre présence me fait oublier que Grillotin est en peine de moi. Belle Rosette, répondit Merveilleux, je pense comme vous; les alarmes où doit être ma famille ne me touchent que foiblement, vos regards me consolent de tout. Cependant, ajouta-t-il, quand la fée se montrera, prions-la de faire savoir à nos parens où nous sommes. Oui, repartit Rosette, prions-la bien fort d'envoyer leur apprendre de nos nouvelles; sans leur faire savoir en quels lieux nous habitons; car ils viendroient nous y chercher, & nous serions si bien séparés, que nous ne pourrions peut-être jamais nous réunir. Que deviendrois-je, cher Merveilleux, s'il me falloit vivre sans vous ? La mort, toute barbare qu'elle est, me paroîtroit moins cruelle, que de respirer sans jouir continuellement du bonheur de vous voir.

A peine Rosette finissoit de parler, que la fée parut à table avec eux; ce qui empêcha Merveilleux de répondre à sa chère Rosette.

Soyez tranquilles, mes beaux enfans, leur dit-elle avec un souris gracieux; je ferai tous mes efforts pour que vous ne soyez point séparés. Je viens d'envoyer la fée Obligeante vers Ephérate & Constance, pour adoucir les ennuis & les chagrins qu'ils ont de votre absence, ou plutôt de votre perte; car ils commencent à désespérer de vous revoir.

Merveilleux & Rosette remercièrent la fée de ses attentions. Elle leur commanda de manger. Vous êtes surpris de tout ce que vous voyez, reprit-elle; mais ce n'est encore là qu'un foible échantillon de mon vaste pouvoir: je suis fille du destin, qui règne sur tous les autres dieux; il m'a formée parfaite, immortelle, & m'a donné la puissance de faire des heureux. C'est moi que l'on connoît sur la terre sous les noms de Thémis, de Minerve, & de toutes les divinités qui protègent la vertu & punissent le vice.

Je voulus présider à votre naissance, jeune Merveilleux, & je vous donnai toutes les perfections du corps & de l'esprit. Quelque temps après, je songeai à faire naître pour vous une compagne dont le cœur fût aussi pur que l'air que nous respirons; ce fut Rosette. Je lui ai fait prendre naissance dans une source vile & obscure, afin que son mérite pût un jour éclater davantage. Un lis qui croîtroit sur un rocher désert, seroit plus admirable que celui que l'on auroit cultivé avec soin. Rosette ne vous égale pas en noblesse ni en biens, mais elle ne vous cède point en sentimens & en vertu, & c'est la vertu qui fait la véritable noblesse; celle que l'on ne tient que de ses ancêtres n'est qu'une chimère, un fardeau inutile, qui rend méprisable celui qui le porte, quand, par sa valeur & son mérite personnel, il ne soutient pas l'éclat d'un nom glorieux.

Après ce discours, qu'elle prononça d'une manière insinuante, la fée quitta nos amans, en leur disant qu'ils n'avoient qu'à souhaiter pour obtenir; que les plaisirs suivroient leurs pas pour obéir à leur commandement, & qu'elle se faisoit une félicité de leur faire part de sa puissance.

Rosette dit à son cher Merveilleux: Je suis enchantée de mon bonheur; à ce que je vois, vous serez mon époux; mon songe est accompli. Là-dessus elle lui conta, comme elle avoit fait à Grillotin, ce qu'elle avoit songé. Merveilleux lui témoigna l'extrême contentement qu'il ressentoit de l'espoir qu'elle lui donnoit. Quand la fée Généreuse, dit-il, ne m'eût point prêté son secours, j'eusse tout mis en usage pour devenir possesseur de vos charmes. Rosette, ravie de son transport, lui présenta sa main, & Merveilleux la baisa délicieusement.

Laissons-les charmés de l'espoir flatteur d'être unis à jamais; voyons comment la fée Obligéante exécutera les ordres de sa souveraine.

Ephérate & Constance étoient seuls, & livrés tous deux aux soucis les plus cuisans, lorsque la fée entra invisiblement dans leur appartement. Leur contenance douloureuse l'obligea de garder le silence, & d'attendre un moment favorable pour s'expliquer. Ephérate étoit dans un fauteuil, la tête appuyée sur une de ses mains, & sembloit avoir rendu le dernier soupir. Constance, sur un canapé qu'elle arrosoit de ses pleurs, ne donnoit point de trève à ses regrets. Cependant Ephérate sortit tout à coup comme d'un profond assoupissement, & tournant la tête du côté de son épouse: Ma chère Constance, lui dit-il, vos larmes ne nous rendront point notre fils, c'est aux dieux que nous devons avoir recours, c'est eux seuls qui peuvent consoler les mortels dans leurs malheurs. Courons au temple de Vénus, ajouta-t-il, & sacrifions-y à cette déesse deux tourterelles & deux pigeons. Les dieux assurément, cher Ephérate, répondit Constance, vous ont inspiré cette pensée: partons, ne différons plus.

Aussi-tôt les ordres furent donnés pour le départ. Un char leste & pompeux fut attelé de six coursiers des plus rapides; les pigeons & les tourterelles furent trouvées sur le champ. Le pouvoir des grands & des riches ne diffère de celui des dieux que par un peu moins de promptitude. Les dieux souhaitent, ils sont satisfaits; les grands parlent, tout est en mouvement pour leur obéir.

La fée Obligeante les voyant dans une disposition si convenable à leur situation, songea qu'elle exécuteroit l'ordre de sa souveraine avec plus d'éclat, si elle le faisoit dans le temple de Vénus; en un clin d'œil elle s'y transporta.

Ephérate & Constance volèrent sur ses pas. Les peuples des environs sont instruits de l'accident arrivé à leur seigneur; ils savent qu'il va offrir un sacrifice : on s'empresse, on le suit au temple. La douleur est peinte sur tous les visages, les larmes coulent de tous les yeux ; la politique & la flatterie occasionnent tout cela. Les peines ne se partagent presque jamais sincèrement; il y a toujours un peu d'hypocrisie dans le cœur de ceux qui paroissent s'affliger avec nous. On ne participe réellement qu'à nos plaisirs.

Cependant le temple se trouve rempli, l'encens fume sur l'autel de la mère des amours, le sang des innocentes victimes coule à grand flots, les prières du peuple s'unissent avec celles des prêtresses & de nos époux consternés; on n'entend que des cris & des gémissemens.

La fée Obligeante, pour se faire entendre au milieu

milieu de ce tumulte zélé, fait partir de la voûte du temple un éclair prodigieux, qui est suivi d'un coup de tonnerre si terrible, qu'il fait trembler Pluton & Proserpine sur leur trône de fer. Un silence respectueux règne aussi-tôt dans le temple; la fée ouvre la bouche, & voici ses paroles.

« Merveilleux & Rosette vous seront rendus; » mais ce ne sera qu'après des événemens qui » vous seront aussi sensibles que vous l'a été leur » évasion; leur retour vous rendra votre pre- » mière splendeur. Tâchez de vivre tranquilles; » armez-vous de force; l'affliction ne sert qu'à » détruire la vigueur de l'ame; supportez vos » malheurs avec courage, & vous égalerez les » dieux ».

Ephérate & Constance furent satisfaits pendant quelques momens de cet oracle; mais venant à réfléchir sur les malheurs prochains dont ils sont menacés, ils oublient de s'armer de force, ou s'ils s'en souviennent, ils ne peuvent en faire usage. La nature humaine est si foible, que les plus grands héros ont quelquefois été abattus par les plus petits revers.

Ils retournèrent à leur château plus tristes que lorsqu'ils en étoient partis, parce qu'ils ne surent pas mettre à profit les conseils de la déesse; car ils crurent que Vénus elle-même avoit parlé, ce qui mit son temple dans une si grande réputation, qu'on venoit le visiter des lieux les plus reculés, & personne ne venoit les mains vides. La mère, pour apprendre si son fils retourneroit de la guerre pour épouser sa maîtresse, appendoit aux murailles du temple des étoffes précieuses; le mari sexagénaire, pour savoir si sa jeune épouse stérile deviendroit enfin féconde, faisoit don de quelque vase d'or propre à l'usage des sacrifices; la coquette y faisoit couler le sang des pigeons; la prude y sacrifioit des moineaux à gorge noire; la fille timide enrichissoit l'autel de quelque ornement qu'elle avoit brodé soigneusement avec l'or & la soie, afin que Vénus ne la laissât pas vieillir sans époux; la vieille décrépite, pour avoir des songes agréables & flatteurs, mettoit tous les jours dans les troncs beaucoup d'or monnoyé; & le petit-maître, en offrant quelques bijoux précieux, remercioit secrètement la déesse des faveurs qu'on lui avoit accordées.

La fée Obligeante riant en elle-même de ce qu'elle venoit de faire, après l'avoir appris à la fée Généreuse: Souveraine des fées, s'écrit-elle, que je plains les mortels! Rien n'est si facile que de les abuser; leurs yeux foibles ne voyent jamais bien les objets qui les frappent; leurs oreilles n'entendent point clairement; ce qu'ils touchent les trompe, & ils font si peu d'usage de leur raison, que je trouve en eux bien de l'égarement de se flatter de l'avoir en partage.

Ah! répondit la fée Généreuse, vous ne connoissez pas assez les hommes pour juger sainement de leur mérite & de leur pénétration. A la vérité, cette foule de peuple que l'on nomme le vulgaire, marche comme au hasard, sans approfondir les choses, & ses idées sont asservies & bornées par l'ignorance. Mais il y a des hommes dont l'esprit s'élève jusques dans les cieux; rien ne leur échappe; ils connoissent tous les ressorts de la nature; les vastes mers n'ont rien de caché pour eux; d'un tour de compas, ils mesurent l'immensité des cieux & des astres; ils savent le nombre des étoiles, leur grandeur & leur éloignement de la terre; ils savent renfermer avec justesse, dans des bornes étroites & cadencées, les pensées les plus brillantes, & leurs écrits font les délices des personnes raisonnables. D'autres génies non moins sublimes, mais plus respectables, gouvernent en paix des peuples innombrables; on les chante, on les bénit, on les adore; ils sont des dieux....

Mais, s'interrompit-elle, il est temps que j'aille visiter nos jeunes amans; ils doivent avoir assez dormi; la pudeur & l'innocence pourroient se lasser de les observer; je dois avoir l'œil à tout.

Merveilleux étoit déjà éveillé, quand la fée entra dans le salon; l'innocence, au travers d'un voile de gaze, lui laissoit voir un échantillon de la gorge naissante de la belle Rosette, malgré les attentions de la pudeur. Ciel! disoit-il, pourquoi suis-je ému? D'où vient qu'un feu secret se glisse dans mon cœur? Quels mouvemens! Je ne suis plus à moi-même, un doux penchant m'entraîne vers Rosette, un désir ardent naît dans mon ame, & me presse de me jeter à genoux, & de baiser respectueusement ce beau bras que le sommeil semble offrir à mes empressemens. Il se lève pour exécuter son projet. L'innocence disparoît, la pudeur pousse un cri, & Rosette s'éveille.

Aussi-tôt la fée se rendit visible. Merveilleux, à son aspect, sentit mourir ses innocens désirs, & Rosette fut rassurée.

La fée ne témoigna rien de ce qui venoit de se passer; mais elle résolut de prendre plus garde à ces amans, parce qu'elle vouloit qu'ils conservassent toute leur vertu, & que le jour de leur hymen fût le premier de leur félicité.

Pendant votre sommeil, leur dit la fée, j'ai fait savoir de vos nouvelles à vos parens, & je travaille actuellement à les remettre dans l'état où je les veux, pour les obliger à consentir à votre bonheur.

Merveilleux & Rosette, d'une voix unanime, rendirent graces à la fée de la généreuse protection qu'elle leur accordoit.

Promenez-vous, dit la fée en se levant pour sortir, voyez toutes les merveilles de mon palais & de mes jardins, & vous souvenez que tout ce que vous désirerez, vous sera dans le moment octroyé. Elle ne leur recommanda point d'être sages; elle étoit sûre qu'ils le seroient : d'ailleurs recommander la sagesse aux jeunes gens, souvent c'est piquer leur curiosité, c'est leur montrer le précipice, sans leur donner la force de s'en garantir.

Allons, ma belle Rosette, dit Merveilleux en lui donnant la main, allons rassasier nos yeux des belles choses qui sont dans ces lieux charmans. Ils passèrent dans le jardin; les allées, les parterres, les fleurs, les fruits, les jets d'eau, les statues, tout, en un mot, enchantoit les regards.

Merveilleux cueillit une rose, & la plaça lui-même sur le sein de Rosette. Cette brillante fleur, dit-il, n'efface point l'éclat des couleurs naturelles de votre visage; que n'ai-je, ajouta-t-il, les plus beaux diamans du monde, pour orner votre belle tête! Aussi-tôt un nombre infini de pierres précieuses brillèrent dans ses mains; il en mit dans les cheveux de sa maîtresse; il attacha un nœud superbe à son cou, & il décora ses doigts des plus belles bagues qui furent jamais. Avec ces bijoux, reprit-il, vous seriez éclatante comme le soleil, si vous aviez une robe d'étoffe d'or, parsemée de perles & de rubis. Rosette se trouva sur le champ parée comme il le souhaitoit.

Que je suis richement vêtue! s'écria-t-elle: mais quel souhait ferai-je pour vous, mon cher Merveilleux? Rien ne vous manque; les rois ne sont pas plus superbement habillés que vous. Je souhaite, dit-elle avec une aimable vivacité, que vous vous trouviez à l'instant sur un char tout d'or, tiré par deux chevaux nains, & conduits par un zéphir, pour vous éviter la peine de marcher.

Son souhait fut accompli; il tendit la main à Rosette, pour la placer à côté de lui. Elle monta, & le char, au gré de Merveilleux & du zéphyr léger, qui tenoit les rênes, vola dans les allées du jardin. Ils les eurent bientôt toutes parcourues, & examiné les statues qui les décoroient. Qu'un vaste canal, dit Rosette, se forme au bout de cette allée. A peine eut-elle achevé de parler, que le canal exista; l'eau en étoit claire comme de l'argent; mille poissons différens, de diverses couleurs, y nageoient ; le pavé du canal étoit de pierres blanches si artistement arrangées, qu'on n'en voyoit pas les jointures.

Merveilleux, pour n'être pas surpassé par Rosette, souhaita un bateau & des bateliers, pour goûter le plaisir de la promenade sur ce charmant canal. Une gondole toute dorée parut, & six amours, la rame prête, attendoient l'ordre pour agir. Nos amans descendirent du char, & entrèrent dans la gondole ; sur le champ les amours fendent l'onde, la gondole semble voler, & plusieurs naïades folâtrent autour sur des poissons.

Merveilleux dit à Rosette en lui serrant les mains, je veux vous donner une fête sur ce canal : que l'on trace ici l'image d'une galanterie navale ; six bateaux garnis de banderoles brillantes, pleins de tritons, paroissent à sa voix, & s'arrangent pour combattre l'un contre l'autre. Un nouveau bateau parut, plus grand, plus magnifique que les premiers ; il étoit rempli de joueurs d'instrumens militaires. Le signal est donné, l'air retentit du bruit éclatant des timbales & des trompettes, & le combat commence.

Les armes n'étoient point dangereuses, ce

n'étoient que des roseaux, avec lesquels les tritons s'entreculbutoient avec adresse dans l'eau.

Ce jeu dura un quart d'heure. Rosette, pour récompenser les combattans, désira une bourse pleine d'or; elle l'obtint, & la donna tout entière aux tritons, qui, pour marque de leur joie, poussèrent vers les cieux mille cris d'alégresse.

Merveilleux & Rosette sortirent de la gondole, très-satisfaits de la fête marine. Ils cherchèrent leur char, mais il ne s'offrit plus à leurs yeux. Le chagrin se peignit sur le visage de Rosettte. Quoi, lui dit Merveilleux, pouvez-vous vous alarmer de ne plus voir votre char? N'est-il pas en votre pouvoir d'en faire paroître un beaucoup plus magnifique? J'en conviens, répondit-elle, mais je crains de lasser enfin la fée qui nous protège. Les grands, ajouta-t-elle, se plaisent quelquefois à combler de bienfaits les personnes qu'ils prennent en affection; rien ne leur coûte pour les rendre riches & puissantes; mais quand ils viennent à s'imaginer qu'on abuse de leur générosité, ils retirent leurs faveurs, & l'on devient plus malheureux qu'auparavant.

Cela est vrai, repartit Merveilleux; les grands en usent de la sorte, parce qu'ils font des heureux par caprice, & des infortunés sans raison.

Mais une fée, un être parfait n'eſt point ſuſceptible des foibleſſes des hommes ; elle nous tiendra tout ce qu'elle nous a promis ; & pour vous le prouver, je ſouhaite qu'il s'élève ici tout à l'heure un château ſemblable à celui de mon père.

Ils ſe trouvèrent, ou crurent ſe trouver ſur la terraſſe du jardin d'Ephérate. Eh bien, dit Merveilleux, voyez, belle Roſette, ſi la fée ſe laſſe de répondre à nos vœux. Elle étoit ſi troublée, qu'elle ne put lui rien dire. D'où naît, s'écria Merveilleux, d'où naît le déſordre que vous faites paroître ? Hélas ! répondit-elle en tremblant, voulez-vous me perdre, & vous perdre avec moi ? En nous ramenant au château de votre père, ſongez-vous à quoi vous nous expoſez ? Raſſurez-vous, divine Roſette, repartit Merveilleux ; ne craignez rien, nous ſommes toujours ſous la protection de la fée Généreuſe ; ce que vous voyez n'eſt qu'une image fantaſtique & trompeuſe du château de mon père. Entrons, pourſuivit-il, & vos propres yeux vous convaincront de la vérité.

Elle eut beaucoup de peine à ſe laiſſer conduire dans le ſalon d'Ephérate ; enfin, y étant entrée, elle trouva ce lieu tout autre que ce qu'il paroiſſoit.

La fée Généreuſe étoit nonchalamment couchée sur un lit de repos, environnée de fées qui jouoient de diverses sortes d'instrumens d'une harmonie douce & convenable à exciter le sommeil. Elle se leva dès qu'elle aperçut nos amans, & les reçut très-gracieusement. Elle prit Rosette par la main, & la fit asseoir à côté d'elle. Pourquoi donc, belle enfant, lui demanda-t-elle en souriant, pourquoi craignez-vous que je me lasse de répandre sur vous toutes les faveurs dont je suis capable ? Ce que j'ai fait pour vous jusqu'ici, n'est rien, comparé à ce que je médite pour votre élévation.

Rosette & Merveilleux voulurent se jeter à genoux, pour marquer à la fée leur vive reconnoissance ; mais elle les en empêcha, en leur disant que les fées laissoient ces marques vaines & extérieures aux foibles mortels, qui, ne pouvant lire dans les cœurs, se contentent de ces soumissions affectées avec lesquelles ils sont trompés tous les jours.

Une table couverte de mets les plus délicats parut dans le salon. La fée se mit à la place d'honneur, & fit asseoir Rosette & Merveilleux à ses côtés. Partie des fées suivantes ou subalternes chantoient des airs badins & comiques; les autres versoient à boire d'un vin aussi délicieux que brillant, & qui n'enivroit jamais.

Pourquoi le vin que boivent les hommes n'a-t-il pas la même vertu ? Ils en boiroient sans crainte ; leur bouche ne trahiroit point les secrets de leur cœur ; la pudeur & la bienséance ne seroient jamais blessées publiquement. Mille accidens, mille désordres seroient arrêtés, si les cruelles fumées du vin ne provoquoient point les mortels à l'ivresse. En vain les plus raisonnables font vœu d'en user avec modération, cette liqueur traîtresse les flatte, les anime de telle sorte, qu'ils vont jusqu'à oublier que la raison doit être leur partage. O déplorable sort ! ce breuvage fatal va troubler le cerveau de l'homme le plus prudent, va faire trébucher le héros le plus recommandable.

Après le repas, le salon s'obscurcit un moment, & il parut ensuite éclairé d'un nombre prodigieux de bougies dans des lustres de diamans & des girandoles de topazes. Sur une estrade des musiciens firent retentir le salon d'une symphonie noble & majestueuse. Peu après ils jouerent des menuets, & la fée commanda à Merveilleux d'ouvrir le bal avec Rosette. C'étoit un charme de les voir danser : Venus & le dieu Mars ne dansèrent par mieux aux nôces de Vulcain.

Quand Merveilleux & Rosette eurent fini leur menuet, la fée dansa seule un tambourin :

que d'élégance! que de grace! que de légereté! On croyoit voir Terpsycore elle-même.

Une troupe de génies bizarrement habillés exécutèrent une pantomime ; voici de quelle façon.

Un théatre s'éleva dans le fond du salon. Il représentoit un bocage agréable, où paroissoient des statues grossièrement sculptées. Prométhée descendoit du Ciel avec un flambeau allumé ; c'étoit le feu céleste qu'il venoit de dérober par le secours de la déesse Pallas. Il animoit toutes les statues par le moyen de son flambeau, puis il se cachoit derrière un arbre, pour voir l'effet que cela alloit produire. C'étoit quelque chose de singulier de voir l'étonnement que marquoient ces génies. Ils commencèrent par s'entreregarder avec admiration ; ensuite ils jetèrent les yeux sur eux-mêmes : ils remuèrent les bras, les jambes, & tout cela étoit accompagné de gestes naturels qui ravissoient les spectateurs. Enfin ils se mirent tous à danser ensemble.

Prométhée, pendant ce temps-là, n'étoit pas demeuré oisif; il avoit formé autans de femmes qu'il y avoit d'hommes, & tout d'un coup elles parurent au milieu d'eux. Grand étonnement de part & d'autre ; mais peu à peu la joie se peignit sur tous les visages. On s'approche, on se donne la main, on s'embrasse, on danse ensemble; & la fête finit par un ballet général.

Tout disparut, & nos amans demeurèrent seuls dans le salon qui ne ressembloit plus qu'à celui d'Ephérate. Que souhaiterons-nous? dit Merveilleux? Voulez-vous, belle Rosette, que j'aye le plaisir d'embrasser mon père & ma mère, & que je vous rende témoin de la joie que ma vue leur causera? Gardez-vous en bien, cher Merveilleux, s'écria Rosette; je souhaite au contraire que nous nous trouvions dans le salon de la fée; le sommeil m'accable. Ils se trouvèrent effectivement où Rosette avoit souhaité d'être; une agréable symphonie de flûtes & de musettes eut bientôt aidé leurs paupières à se fermer.

Image de la mort, doux sommeil, pourquoi as-tu tant de charmes pour la jeunesse heureuse? pourquoi les vieillards sont-ils si souvent privés de tes douceurs? Hélas! je pense que c'est qu'ils craignent de trouver dans tes bras le tombeau qu'ils redoutent, & que la jeunesse, ne commençant qu'à naître, ne sait point encore s'affliger des maux à venir; elle ne connoît point les peines, & n'imagine que des plaisirs.

Rosette s'éveilla la première, & son premier

soin fut de jeter les yeux du côté de Merveilleux: il se débattoit comme s'il eût été tourmenté par les furies. Qu'avez vous, cher amant? cria-t-elle. Il s'éveille tout troublé. Que je vous ai d'obligation ! répondit-t-il, j'allois mourir de douleur. Il faut, ma chère Rosette, ajouta-t-il, que je vous raconte le songe que je faisois.

Vous savez que mon père est un des plus riches seigneurs du royaume, & qu'il en possède les plus beaux emplois: je rêvois que le roi, mécontent de sa conduite, le dépouilloit de tous les honneurs dont il est revêtu, qu'il confisquoit tout son bien au profit de ses délateurs, & que, triste & désolé, mêlant ses soupirs aux larmes de ma mère, sans autre suite qu'un domestique fidèle, ils alloient se confiner dans le fond d'une province éloignée. Pardon, chère Rosette, ajouta-t-il, mais je ne puis retenir mes pleurs. Calmez-vous, lui dit-elle tendrement; pouvez-vous ainsi vous alarmer d'un songe? Laissez aux ames timides...

La fée Généreuse parut. Ce n'est point un songe, interrompit-elle; Ephérate est disgracié, & c'est mon ouvrage; j'ai mes desseins. Rosette réparera ses malheurs, & remettra sa maison dans un éclat si brillant, que les rois mêmes lui porteront envie. Montez sur un char que je vous ai fait préparer; il vous conduira dans le lieu qu'habitent Ephérate & Constance; vous paroîtrez à leurs yeux sous des traits différens des vôtres, & Rosette sera vêtue en cavalier; vous vous annoncerez à eux comme des envoyés de Merveilleux & de Rosette; & lorsque vous les aurez disposés à permettre votre union, vous reviendrez dans mon palais, & vous verrez l'effet de mes promesses.

Mais, charmante fée, dit Merveilleux, ce que vous m'apprenez a lieu de m'étonner; il n'y a tout au plus que deux jours que nous sommes dans votre empire, & vous voulez que je croye que mon père soit disgracié, que ses biens lui sont ôtés, & qu'exilé loin de la cour, il regrette avec ma mère sa grandeur passée.

Quelle erreur est la vôtre, cher Merveilleux, répondit la fée; il y a plus de trois ans que vous êtes dans ces lieux! Trois ans! s'écria-t-il. Rosette ne fut pas moins surprise que lui; mais ils ignoroient que le temps s'écoule avec bien de la rapidité quand on le passe dans les plaisirs.

Le char se présenta; ils y montèrent. Allez, dit la fée. Le char vole; il est déjà rendu devant la porte d'Ephérate.

Il avoit été exilé dans un lieu désert, à trois

milles d'une petite ville maritime, où le domestique qui partageoit ses malheurs & ceux de Constance, alloit toutes les semaines chercher une frugale provision.

La maison d'Ephérate, ou plutôt sa cabane, étoit bâtie sur le bord d'un ruisseau qui couloit avec un doux murmure devant la porte; une vaste prairie s'étendoit au delà de ce ruisseau, où partie de ses eaux serpentoit agréablement parmi la verdure & les fleurs. Derrière la cabane, il y avoit un petit jardin qu'Ephérate & Constance cultivoient eux-mêmes; il leur produisoit des légumes pour leurs besoins: un verger étoit à côté, dont les fruits étoient bons sans être délicieux.

Que ce lieu champêtre auroit eu de charmes pour nos exilés, si l'ambition eût été bannie de leurs cœurs! Mais quand une fois l'homme a goûté les délices du grand monde, il ne peut les oublier; leur charme le suit par-tout; il ne respire que cette société brillante qui peut seule satisfaire un cœur magnanime; & d'ailleurs les mortels, qui, par leur naissance, approchent le plus des dieux, ne doivent pas être ensevelis dans une solitude. Semblables au soleil, il ne sont nés que pour briller.

Quand le char où étoit Merveilleux & Rosette s'arrêta devant la porte d'Ephérate, il étoit
avec

avec Constance au bord du ruisseau dont je viens de parler; ils y prenoient le frais, en déplorant leurs malheurs. Hélas! ma chère Constance, disoit Ephérate, quelle différence de notre situation présente à celle qui n'est plus! Verrons-nous finir nos jours sans rentrer dans les honneurs dont nous avons été privés par la malice & la jalousie? Et la promesse de Vénus que nous reverrions Merveilleux, & qu'il nous rétabliroit dans notre premier éclat, ne s'accomplira-t-elle jamais?

Espérez, cher Ephérate, répondoit Constance: les dieux nous éprouvent; quand ils seront satisfaits, ils nous dédommageront des maux que nous aurons soufferts. Je compte revoir mon fils, ajouta-t-elle, & c'est cette douce espérance qui me fait vivre... Mais que vois-je, s'écria-t-elle en appercevant le char? sont-ce des divinités qui viennent nous visiter?

Merveilleux descendit, & présenta la main à Rosette, pour descendre aussi, quoiqu'elle fût sous les habits d'un jeune cavalier. Ephérate & Constance accoururent à eux, & les firent entrer dans leur cabane. Je suis surpris, dit Ephérate, de voir chez moi deux personnages aussi brillans que vous l'êtes; sans doute que c'est le hasard qui vous a conduits ici, & que vous êtes des dieux qui venez soulager la misère de deux illustres malheureux.

Merveilleux en ce moment sentit toute la tendresse d'un fils digne de l'être du plus grand roi du monde. Si les larmes n'inondèrent pas son visage, son cœur n'en eut que davantage à souffrir. Non, répondit-il, vous ne devez point notre venue au hasard, & nous sommes bien éloignés d'être des dieux : on nous a seulement choisis pour venir vous saluer de la part d'un jeune seigneur, nommé Merveilleux. A ce nom, Ephérate & Constance pensèrent expirer de plaisir. Quoi, dit Constance, vous venez de la part de mon fils ? Le reverrons-nous bientôt ? Incessamment, répondit Rosette ; car Merveilleux étoit si fort attendri, qu'il ne pouvoit répondre. Montez, ajouta-t-elle, sur ce char avec nous, & nous vous conduirons dans un superbe château appartenant à votre fils.

Ils ne se firent pas beaucoup presser ; leur fidèle domestique les suivit ; & quoiqu'en moins d'une minute ils fussent rendus à ce château, la fée fascina si bien leurs yeux & leur imagination, qu'ils crurent avoir été plusieurs jours en marche.

Rosette souhaita tout bas, en remontant sur le char, que la cabane d'Ephérate fût changée en un château magnifique. La fée répondit aussi-tôt à son souhait. Le char sembla arriver à la porte de ce château ; les portes s'entrouvrirent, un nombre infini de domestiques se trouva sur le passage, & conduisit Ephérate & Constance dans un appartement aussi commode que superbe.

Ils demandèrent avec empressement à voir Merveilleux; mais Rosette leur dit qu'ils ne le verroient qu'après qu'ils seroient convenus qu'il épouseroit la fille de Grillotin.

A cette proposition, Ephérate entra en fureur. Quoi, s'écria-t-il, on veut que mon sang s'allie à celui de mon concierge! Non, c'est en vain qu'on me le propose. Merveilleux, prenant une voix insinuante, lui dit: Il est vrai, seigneur, que Rosette n'a point de naissance; mais elle possède des richesses immenses.

Où, demanda Ephérate, Rosette a-t-elle acquis des biens si considérables ? N'en soyez point en peine, lui dit Merveilleux, toutes les richesses viennent de la même source; mais ne regardez que l'or, laissez à votre fils le soin de sa personne. Rosette fera pleuvoir les trésors dans votre maison. Ne balancez point à consentir à son alliance, sinon vous serez sur l'heure renvoyés dans votre solitude ; je ne vous laisse que le temps de répondre, déterminez-vous.

Constance, qui avoit toujours écouté, prit

enfin la parole, & dit à Ephérate, avec une douceur charmante : Mon cher époux, par ce nom si tendre, laissez-vous vaincre. Nous avons été élevés dans le faste & l'abondance, le grand monde est notre élément, & nous ne pouvons nous flatter d'y rentrer qu'à la faveur de ce mariage. Le remède est violent ; mais le mal est terrible. Quelque chose qu'il en coûte, il vaut mieux être riche que malheureux. Consentez que Merveilleux épouse Rosette ; il ne sera pas le premier que la nécessité aura contraint à se mésallier.

Quoi ! répliqua Ephérate un peu adouci, vous-même, chère Constance, vous vous armez contre ma gloire ! Pouvez-vous m'exciter à couvrir notre maison d'une éternelle infamie ? Bannissez vos chimères, dit tendrement Constance, cédez sans répugnance ; ne différez pas de commettre une faute qui porte avec soi une si belle excuse ; votre situation sera votre apologie. Merveilleux & Rosette voyant Ephérate ébranlé, le pressèrent avec tout l'art dont ils étoient capables, & ce fut Rosette qui eut la gloire de le déterminer. Qu'une belle est aimable ! Sous quelque habit qu'elle soit cachée, ses yeux ont toujours le même pouvoir, sa bouche les mêmes graces, & ses paroles la même douceur ; une belle enfin vient à bout de tout ce qu'elle entreprend.

Aussi-tôt les articles furent signés, & nos amans, transportés de joie, sortirent du château, montèrent sur leur char, & volèrent auprès de la fée Généreuse. A leur arrivée, les fées subalternes, chantant & dansant, vinrent au devant d'eux jusques dans la première cour du palais, où ils entrèrent comme en triomphe au bruit des fanfares.

Généreuse étoit sur un trône tout éclatant d'or & de pierreries; Rosette & Merveilleux ne purent se défendre, excités par de vifs mouvemens de reconnoissance & de respect, de se prosterner, pour rendre compte à leur bienfaitrice du succès de leurs affaires. Levez-vous, leur dit-elle; je sais mieux que vous ce qui s'est passé. Vous avez le consentement d'Ephérate; mais quand vous ne l'auriez pas, mon pouvoir peut vous unir; il suffit que vous vous aimiez. Les personnes ordinaires, poursuivit-elle, ont besoin d'écrit, de témoins & de sermens; mais aux ames bien nées la volonté seule est nécessaire; leurs actions valent mieux que les engagemens les plus authentiques: ainsi, mes enfans, donnez-vous la main, je vous marie; pour un nœud si solennel, c'est assez de votre amour pour sermens, & de vos cœurs pour autel.

Après cette courte cérémonie, un repas magnifique parut. Il est inutile d'en faire la descrip tion ; qu'on s'imagine feulement que les fées feules font en état de bien donner à manger ; pour avoir ce qu'il y a dans l'univers de plus délicat & de plus rare, il ne leur en coûte qu'un coup de baguette.

Un bal fuperbe fuivit le feftin, où toutes les fées du monde fe rendirent. Pour varier le coup-d'œil, & le rendre fingulier & amufant, chaque fée avoit pris la figure d'un roi ou d'une impératrice ; de forte que l'on voyoit raffemblées dans le même lieu toutes les têtes couronnées de la terre ; ce qui formoit un fpectacle digne des regards de Jupiter même.

Il n'y eut pas une fée qui ne fît un préfent à la mariée, en lui fouhaitant une fortune égale à fa beauté, & chaque préfent étoit digne de celle qui le faifoit.

Quand la fête fut finie, Généreufe demeura feule avec nos jeunes époux. Vous voilà mariés, dit-elle en les embraffant ; vous voilà au point où je vous fouhaitois ; les jeux, les plaifirs, les amours vont s'empreffer fans ceffe à combler vos défirs ; vous vivrez long-temps au milieu de l'abondance & des honneurs ; une nombreufe poftérité rendra votre maifon une des plus renommées de l'univers. Un équipage pompeux, ajouta Genéreufe, une livrée brillante, tout ce qui rend les mortels recommandables, le faste & la magnificence vont annoncer à la terre étonnée votre puissance & vos richesses. Pour unique présent, je vous laisse à l'un & à l'autre le pouvoir que vous avez de ne manquer de rien. Un souhait vous suffira pour avoir les sommes dont vous aurez besoin. Allez, mes enfans, rétablissez Ephérate dans ses emplois, rendez à Constance sa première splendeur; &, pour me récompenser de mes bienfaits, n'oubliez jamais la fée Généreuse, c'est le prix que je mets à votre reconnoissance.

Ils baisèrent respectueusement la main de la fée, qu'ils arrosèrent de larmes de tendresse. Ils avoient le cœur si serré, qu'ils ne purent prononcer une parole; mais la fée leur sut bon gré d'un silence qui étoit causé par l'extrême douleur de la quitter.

Ils arrivent au château où ils avoient laissé Ephérate & Constance; ils sont reçus à bras ouverts; car ils étoient entrés dans la cour avec deux carrosses à six chevaux, & une nombreuse suite de cavaliers. Les hommes se laissent éblouir par l'apparence fastueuse, le plus sage n'en est pas exempt.

Rosette, qui étoit brillante comme le soleil, fut trouvée belle comme Vénus, & on lui fit l'accueil le plus gracieux du monde; on oublia qu'elle étoit fille de Grillotin; elle-même bientôt ne s'en souvint plus.

Ils contèrent à Ephérate & à Conſtance tout ce qui leur étoit arrivé, ce qui les ſurprit beaucoup. Ils allèrent à la cour, où chacun admira leur magnificence. Ils ne tardèrent pas à faire rappeler Ephérate & Conſtance; ils demandèrent avec tant d'inſtance cette grace au roi, qu'il ne put ſe diſpenſer de rétablir cet illuſtre malheureux dans ſes biens & dans les honneurs qu'il avoit perdus.

Merveilleux & Roſette ne s'occupèrent qu'à bâtir des palais ſomptueux, & à faire des heureux. Le pouvoir qu'ils avoient de trouver de l'or à ſouhait, les fit regarder comme des prodiges, & honorer comme des dieux.

Thérèſe reçut mille applaudiſſemens; on trouva qu'elle avoit lu avec tant de grace, qu'elle avoit fait valoir les moindres choſes. Une belle perſonne a un grand avantage; ſes attraits font ſouvent plus que ſes talens.

Climont étoit enchanté: vos premiers regards, dit-il à Thérèſe, ont porté une vive atteinte à mon cœur; mais vous venez de le captiver de la façon du monde la plus puiſſante: je voudrois en vain ſortir de vos chaînes, je les porterai toute ma vie; ſi je n'ai pas le bonheur de devenir votre époux, je me ſouviendrai du moins, tant que je respirerai, que vous seule m'avez inspiré une véritable passion.

Pargué, dit le fermier, vous serez son mari, vous en avez notre parole, & quand je l'avons donnée, c'est tout comme si tous les notaires y avoint passé; je ne savons ce que c'est que de nous dédire. Je n'avons pas, ajouta-t-il, tant de pouvoir que la fée Généreuse; mais j'avons autant d'honneur: je ne pouvons pas vous marier nous-mêmes, comme alle a fait Marveilleux & Rosette; mais vlà notre curé qui entend cela aussi bien qu'un archevêque; il feroit votre mariage tout à l'heure, s'il n'y falloit point d'autres carimonies.

Bourville offrit de faire les noces chez lui, & promit de ne point quitter sa campagne que cette charmante affaire ne fût terminée au gré des parties. Climont, ajouta-t-il, partira au plus tard dans trois jours, pour aller prévenir sa famille, & faire publier les bans; il reviendra ensuite nous rejoindre, & il ne rentrera dans Paris que l'heureux époux de la belle Thérèse.

On consentit unanimement à ce généreux projet. Le curé demanda qu'on voulût bien lui promettre qu'il marieroit les deux amans, ce qui lui fut accordé avec plaisir.

Pour moi, s'écria Valsaint, je promets de

boire largement à la santé des mariés, c'est tout ce que je suis en état de faire pour leur service ; & moi, dit Charlot, je danserai à la noce comme un perdu, pour me consoler de n'avoir pas mademoiselle Thérèse pour femme. A merveille, mon neveu, dit le curé, vous prenez votre parti en galant homme.

Oh ! répondit-il, j'ai toujours su le prendre en tout de même. Du temps que j'étois à l'école, quand le magister m'avoit promis le fouet, révérence parler, je m'y attendois, jusqu'à ce qu'il me l'eût donné ; & quand il en venoit à l'effet, je le recevois tranquillement.

Comment donc, M. Charlot, s'écria Bourville, vous êtes philosophe ! C'est un mérite que je suis charmé de vous savoir. En attendant ce jour, ajouta-t-il, ne sauriez-vous point quelque bon conte à nous débiter ; je suis sûr que la compagnie se feroit un grand plaisir de vous entendre. Tout le monde fut de l'avis de Bourville, & chacun pressa Charlot d'entrer en matière. Après qu'il s'en fut long-temps défendu, il fit le récit suivant, qui perdra beaucoup dans toute autre bouche que la sienne.

Il y a dans notre village une jeune veuve âgée de vingt ans, & presque tout du moins aussi jolie que mademoiselle Thérèse ; mais elle ne passe pas pour être scrupuleuse, attendu qu'on dit qu'elle aime un peu à se réjouir ; c'est-à-dire, que du temps de son défunt mari, avant qu'il fût mort, elle ne s'en tenoit pas à lui tout à fait; elle écoutoit, sans se fâcher, les douceurs des hommes & des garçons ; elle folâtroit avec eux, & cela faisoit jaser le village.

Dès que son mari l'eut fait veuve en trépassant, elle en prit le deuil ; mais son cœur ne le porta pas ; car elle n'en rioit pas moins avec Gautier & Garguille, quand l'occasion s'en présentoit ; & quand elle ne s'en présentoit pas assez souvent à son gré, elle savoit bien la faire venir, en agaçant les hommes & les garçons.

Un jeune homme de ma connoissance, puisqu'il est de mes amis, alloit parfois chez elle, mais sans songer ni à bien, ni à mal ; il alloit la voir seulement parce qu'il faut voir quelqu'un, car s'il n'avoit fallu voir personne, il ne l'auroit pas vue. Il alloit donc la voir quelquefois ; elle le recevoit avec politesse, comme elle recevoit tout le monde ; car, avec sa beauté, elle avoit cela, qu'elle étoit courtoise & honnête on ne pouvoit pas davantage. On aime assez à voir ces gens-là.

Un jour, mon ami la trouva toute fine seule, ce qui n'étoit pas ordinaire, attendu qu'elle avoit ordinairement du monde chez elle à revendre. Ce jour-là, elle pensa manger mon ami de caresses; on eût dit qu'elle lui prodiguoit les amitiés qu'elle avoit coutume de faire à cinq ou six vivans à la fois, qui tous étoient à toute heure toujours fourrés chez elle.

Je suis, charmé, dit-elle, que vous me soyez venu voir aujourd'hui; il y a long-temps que je désirois le bonheur qui m'arrive. Vous êtes beau garçon, & votre esprit répond aux charmes de votre personne; tout cela m'a fait concevoir pour vous toute l'estime que vous méritez.

Vous vous moquez de moi, répondit le jeune homme qui étoit modeste; je ne suis point beau, & j'ai encore moins d'esprit; c'est vous, Isabeau, qui avez tout cela à foison. Elle s'appeloit Isabeau de son nom de fille, & je le lui donne, n'étant pas nécessaire de dire le nom de son défunt mari, de peur que cela ne la fasse connoître, & ne la déshonore.

Vous me charmez, mon neveu, dit le curé, continuez. Il continua. C'est vous, répondit donc mon ami modestement, c'est vous, madame Dubois, qui avez esprit & beauté.

Vous êtes un grand benêt, mon neveu, interrompit le curé, qui voyoit rire la compagnie de la méprise de Charlot; vous venez de dire que vous ne vouliez point, par prudence, nommer la veuve par le nom de son mari, & l'instant d'après vous le faites. Excusez, monsieur mon oncle, répondit Charlot, ce maudit nom m'est échappé; & il poursuivit son histoire.

Enfin ils firent quantité de beaux complimens que j'ai oubliés; après quoi Isabeau pria mon ami de vouloir bien l'accompagner à un bourg qui est éloigné de chez nous d'une petite lieue, où elle avoit, disoit-elle, affaire. Sans en avoir envie, mon ami y consentit. Les voilà donc par voie & par chemin.

Isabeau, à la mode des dames, tenoit le garçon joliment par dessous le bras, & par-ci, par-là, sans faire semblant de rien, elle le pinçoit doucement; & voyant que le garçon ne s'en plaignoit pas, elle le pinça plus fort. Alors mon ami, qui n'étoit pas de bois, fit un cri, & la gronda de sa méchanceté. Elle lui dit en riant, qu'il n'avoit qu'à la pincer à son tour, & qu'elle ne s'en fâcheroit pas. Mais il n'en fit rien, ne voulant point pincer, de peur d'être pincé plus fort qu'il n'avoit déjà été pincé; car si une fille vous pince, & que vous la pinciez, elle vous repincera, & ce seront des pincemens sans fin.

Il ne voulut donc pas la pincer. C'étoit

peut-être faute d'ongles, dit Valsaint. Oh! point, répondit Charlot; je vous réponds que mon ami en a toujours eu de fort bons & de fort longs. Mais voici le bon de l'aventure, continua-t-il; pour aller au bourg où ils alloient, quand on y va de notre village, il faut passer à travers un petit bois; & comme c'étoit au commencement de l'été, ce bois étoit tout-à-fait agréable. Que voilà, dit madame Dubois à son compagnon, un bois de bonne mine! Je suis lasse; entrons-y pour nous reposer un peu. Volontiers, répondit mon ami, pourvu que vous me promettiez de ne plus me pincer. Tu es fou, lui repartit-elle en le tutoyant comme vous voyez; mais je t'assure que je ne te pincerai plus. En disant cela, elle s'enfonçoit avec lui dans le bois.

Quand ils furent éloignés du chemin d'une portée de pistolet, ils s'assirent l'un à côté de l'autre, à l'ombre d'une touffe de feuillage d'arbres.

Approche-toi davantage de moi, mon ami, dit Isabeau à mon ami, & me dis quelque chose de joli qui me fasse rire. Parbleu, madame Dubois, répondit le garçon, choqué de sa proposition, suis-je un bateleur pour vous faire rire comme cela à bouche que veux-tu ? Non, repartit-elle d'une voix douce ; non, mon ami, je ne te prends pas pour un bateleur, mais bien pour un garçon très-aimable, & qui feroit charmant, s'il vouloit : & là-dessus, elle commença bravement à lui demander s'il étoit chatouilleux ; &, fans attendre fa réponfe, elle le chatouilla, & lui dit de la chatouiller en revanche. Oh ! ma foi, s'écria le jeune homme, je ne veux chatouiller, ni être chatouillé ; fi vous êtes chatouilleufe, & que vous ayez envie d'être chatouillée, allez chercher vos chatouilleurs.

Le garçon, tout fâché, avec raifon, fe leva pour s'en aller ; mais Ifabeau le retint par la bafque de fon jufte-au-corps, fi fort, qu'elle lui en arracha une partie. Plus grande fâcherie qu'auparavant de la part du garçon ; mais Ifabeau fit fi bien, qu'elle appaifa fa colère, & l'obligea de fe raffeoir à côté d'elle. Je ne te croyois pas fi méchant, lui dit-elle ; tu as une phyfionomie fi douce, qui fait tant de plaifir à voir, que je ne puis me laffer de te regarder.

Quoique mon ami fût jeune, & n'eût guère que dix-huit ans, il eut affez de pénétration dans ce moment-là pour s'apercevoir qu'Ifabeau le regardoit d'un œil amoureux. A l'inftant qu'il réfléchiffoit à cela, voilà un petit oiseau qui vient se percher sur un arbre vis-à-vis d'eux, & voilà qu'il se met à chanter très-mélodieusement, & aussi-tôt voilà un autre oiseau qui vient, & tout de suite voilà les deux oiseaux à se caresser fort joliment. Vois, dit Isabeau à mon ami, vois ces oiseaux ; ils s'aiment, & s'en donnent des marques innocentes. En disant cela, elle tenoit la main du garçon, & la serroit bien fort sans l'écraser. A cette signifiance, le garçon sentit remuer son cœur dans sa poitrine ; il étoit tout ému. Mais il lui vint une inspiration de fuir le danger. Voilà donc qu'il se met à courir à toutes jambes ; & en moins de rien je me rendis droit à notre village.

Cette conclusion fut accompagnée d'un éclat de rire unanime, qui rendit le pauvre Charlot tout stupéfait. Laissez-vous railler de bonne grace, lui dit Valsaint ; vous le méritez en conscience de plus d'une façon. Je gage, ajouta-t-il, que madame Dubois ne vous a pas pincé ni chatouillé depuis l'aventure du bois. Vous l'avez dit, Monsieur, répondit bonnement Charlot ; quand elle me voit d'un côté, elle tourne de l'autre, & je n'en suis pas fâché ; car monsieur mon oncle, qui la connoît bien, m'a dit en venant ici, que c'est une... Paix, mon neveu, interrompit le curé ; quelle indiscrétion ! Je

vous

vous protefte que de long-temps je ne vous menerai en compagnie, ni ne chercherai à vous établir: quand même, ajouta-t-il, mademoifelle Thérèfe ne feroit pas promife à Monfieur, en montrant Climont, je ferois bien fâché que vous l'euffiez.

Il eft jeune, dit le fermier, il fe corrigera : j'étions dans notre jeuneffe prefque auffi fot que lui; je parlions a tort & à travars, fans rime ni raifon: dame à préfent ce n'eft pus ça, j'ons de la prudence, & je favons nous taire quand il ne faut pas parler. Mais, continua-t-il par réflexion, il m'eft avis qu'il eft déjà grand jour : oui, morgué, & j'entends rouler queuque chofe ; ne feroit-ce point le carroffe de ces Meffieurs ?

On ouvrit la porte; c'étoit effectivement lui. Pardonnez, dit Bourville au fermier, fi nous allons vous quitter; j'ai, fans favoir pourquoi, un empreffement fecret de me rendre chez moi ; mais je compte que nous nous reverrons au plutôt, demain même, fi vous voulez, je vous enverrai mon carroffe, & vous amenerez mademoifelle Thérèfe & fa mère, & nous conviendrons de toutes chofes pour le mariage projeté. Le fermier y confentit. Climont demanda la permiffion d'embraffer fa maîtreffe, ce qui lui fut accordé par fon père & fa mère, & de très-bon cœur par elle-même. Le curé promit qu'il seroit de la partie du lendemain: on applaudit à sa proposition. On se dit adieu, on monta en carosse, & nos quatre amis continuèrent leur voyage.

Fin du voyage interrompu.

LA VOITURE EMBOURBÉE.

Par MARIVAUX.

PRÉFACE
DE L'AUTEUR.

Les premières lignes que j'adresse à mon ami en commençant cette histoire, devroient m'épargner une préface; mais il en faut une. Un livre imprimé, relié, sans préface, est-il un livre? Non, sans doute, il ne mérite point encore ce nom; c'est une manière de livre, livre sans brevet, ouvrage de l'espèce de ceux qui sont livres, ouvrage candidat, aspirant à le devenir, & qui n'est digne de porter véritablement ce nom, que revêtu de cette dernière formalité; alors le voilà complet : qu'il soit plat, médiocre, bon ou mauvais; il porte, avec sa préface, le nom de livre dans tous les endroits où il court; une seule épithète le différencie de ses pareils, *bon* ou *mauvais*. A l'égard de l'épître dédicatoire, c'est une formalité qu'il est libre de retrancher ou d'ajouter. Or donc, lecteur, puisqu'il faut une préface, en voici une.

Je ne sais si ce roman plaira; la tournure m'en paroît plaisante, le comique divertissant, le merveilleux assez nouveau, les transitions assez naturelles, & le mélange bizarre de tous ces différens goûts lui donne totalement un air extraordinaire, qui doit faire espérer qu'il divertira plus qu'il n'ennuiera, &.... Mais il me semble que je commence bien mal ma préface. Il n'y a qu'à suivre mes conclusions; c'est un livre dont le comique est plaisant, les transitions naturelles, le merveilleux nouveau; si cela est, l'ouvrage est beau : mais qui le dit? C'est moi, c'est l'auteur. Ah! dira-t-on, que ces auteurs sont comiques avec leurs préfaces, qu'ils remplissent de l'éloge de leurs livres ! Mais vous-même, lecteur, que vous êtes bizarre! Vous voulez une préface absolument, & vous vous révoltez parce que l'auteur dit de son livre ce qu'il pense. Vous devez concevoir que si ce livre ne lui paroissoit *bon*, il ne le produiroit pas. Je conviens, direz-vous, qu'il ne le met au jour que parce qu'il l'en croit digne; mais un sentiment de modestie, d'humilité même, doit, quand il annonce son livre, jeter, pour ainsi dire, un rideau sur l'opinion bien ou mal fondée qu'il a que son livre est *bon*. Qu'il soit vain, téméraire, je le veux; penser mal de ce qu'on a fait, & le produire, sont deux choses impossibles, à moins que d'un dérangement de cerveau ; mais penser bien de son ouvrage, l'annoncer modestement, voilà la conduite d'un prudent auteur, qui, ne pouvant s'empêcher d'être vain sur son livre, se sauve, par un masque adroit de modestie, du ridicule de le paroître.

Eh bien oui, je conviens que j'ai tort ; j'ai dit trop naturellemens ce que je pensois ; je vais donc me masquer.

Or, lecteur, sachez donc qu'en vous donnant cette histoire, je n'ai point la vanité de penser que je vous offre rien de beau ; quelques amis, sans doute flatteurs, m'ont, par leurs importunités, obligé de le produire : mais.... mais finissez, s'écriera peut-être un chagrin misanthrope ; si vous savez qu'en offrant votre livre, vous n'offrez rien de beau, pourquoi le produire ? Des amis flatteurs vous y ont forcé, dites-vous ? Eh bien, il falloit rompre avec eux, ce font vos ennemis ; ou bien, puifqu'ils vous preffoient tant, n'aviez-vous pas le fecours du feu, qui pouvoit faire évanouir le mauvais fujet de leurs importunités ? Belle excufe que ces inftances ! Je ne puis fouffrir cette humilité fardée, ce mélange ridicule d'hypocrifie & d'orgueil de prefque tous meffieurs les auteurs ; j'aimerois mieux un fentiment de préfomption déclaré, que les détours de mauvaife foi.

Et moi, monfieur le mifanthrope, j'aime mieux faire un livre fans préface, que de fuer pour ne contenter perfonne. Sans l'embarraffant deffein de faire cette préface, j'aurois parlé de mon livre en termes plus naturels, plus juftes, ni humbles, ni vains ; j'aurois dit qu'il y avoit de l'imagination ; que je n'osois décider si elle étoit bonne ; qu'au reste, je m'étois véritablement diverti à le composer, & que je souhaitois qu'il divertît aussi les autres ; mais le dessein de préface est venu guinder mon esprit, de manière que j'ai brisé aux deux écueils ordinaires.

Dieu soit béni, me voilà délivré d'un grand fardeau, & j'avoue que je ris du personnage que j'allois faire, si j'avois été obligé de soutenir ma préface. Adieu, j'aime mieux mille fois couper court, que d'ennuyer par trop de longueur. Passons à l'ouvrage.

LA VOITURE
EMBOURBÉE.

Enfin, mon cher, je vous tiens parole; voici le récit de la petite histoire que je vous avois promise. Ce récit sera fidèle, & je vous le donne tel que je l'ai entendu faire, & tel que je l'ai fait moi-même ; car vous savez que j'étois du nombre de ceux qui l'ont récité : mais pour vous mettre encore mieux au fait, & pour donner à ceux qui liront ceci, raison des goûts différens dont cette histoire sera écrite, je vais commencer par les choses qui l'ont occasionnée.

Je partis de Paris, il y a quinze jours, par le carrosse de voiture, pour me rendre à Nemours, où j'avois affaire. Comme je faisois ce petit voyage deux jours après la fin du carnaval, la fatigue des veilles & des plaisirs étoit encore si récente, que je m'endormis dans le carrosse la première matinée, sans avoir eu la curiosité de regarder mes compagnons de voyage. Je me réveillai une demi-heure avant d'arriver à la dînée, & après m'etre bien frotté les yeux, m'etre étendu entre cuir & chair, bâillé sous ma main trois ou quatre fois, je tirai ma tabatière de ma poche, pour chasser, par un peu de tabac, les restes importuns de mon assoupissement. Je la refermois, quand une dame, passablement belle, ni jeune, ni âgée, mais assez raisonnablement l'un & l'autre (pour justifier l'amour ou l'indifference qu'on auroit eu pour elle); quand cette dame, dis-je, d'un air doux & d'un geste de main assorti, y puisa une prise de tabac; je lui demandai assez inutilement excuse de ne lui en avoir point presenté. A peine achevois-je mon compliment, qu'un cavalier de notre voiture me pria de lui en donner. Celui-ci donna aux autres l'envie d'en prendre aussi ; chacun puisa. Notre cocher, qui marchoit auprès de la portière, avanca sa main pour en recevoir, le postillon le suivit; de sorte qu'à mon réveil je régalai tous les nez de la voiture. Le tabac, comme on sait, met en train, dans l'occasion, aussi bien que le vin; on se parla, l'on s'envisagea, & nous arrivâmes à la dînée les meilleurs amis du monde, au moyen d'une petite demi-heure de connoissance.

Nous étions au nombre de cinq ; la dame dont j'ai parlé, un cavalier d'environ trente-cinq ans, qui me parut bel-esprit ; un veillard réjoui, de bonne complexion, &, autant qu'il m'a paru, encore assez vert d'esprit & de cœur ; une jeune demoiselle de quinze ans, très vive ; & moi, qui ne suis point endormi.

Je vous ferai bientôt le petit portrait de tous nos voyageurs ; passons au dîner, que j'attendois avec impatience. On servit ; nous nous mîmes à table, où chacun mangea comme à l'envi l'un de l'autre. En route, les repas que l'on prend & la conversation ne se mêlent guère ensemble ; le premier soin est de manger ; on ne s'en distrait que pour demander à boire, ce qui pour quelques-uns est une occupation pour le moins aussi sérieuse.

Après le dîner, on s'approcha d'un grand feu : quand on n'a plus de faim, qu'il fait froid, & qu'au sortir de table on trouve un bon feu, on aime à causer ; nous l'aurions bien fait aussi, mais un impitoyable fouet que le cocher fit entendre dans la cour, & qu'il accompagna d'un *allons, Messieurs*, ressemblant à un mugissement, nous obligea tous de nous arracher d'un endroit où nous commencions à goûter la douce volupté de causer & de nous chauffer à notre aise : je dis volupté, car c'en est une, ou du moins je le sentis de même.

Notre hôtesse, femme d'assez bonne mine, vint pour compter; nous lui demandâmes ce qu'il lui falloit: *ce qu'il vous plaira*, répondit elle : nous offrîmes tant... Dispute alors de part & d'autre. Bref le *ce qu'il vous plaira* se termina, pour nous, à vouloir ce qu'il lui plut; chacun après, chargé de son petit paquet, monta dans la fatigante voiture.

Je ne vous ferai point un détail exact de la conversation de notre après-dînée; tout cela ne fait rien à notre histoire; qu'il vous suffise de savoir que la tendresse & l'amour furent les sujets que nous traitâmes; que la dame en parla en héroïne de roman; que le bel-esprit pointilla successivement, & enjamba son discours de mille fins de vers ; qu'il prit souvent l'imagination pour le cœur; que le vieillard radota, cependant avec un sentiment que lui inspiroit le voisinage de la fille de quinze ans, auprès de laquelle il étoit assis; & qu'enfin la jeune fille, par des saillies vives & naïves, fit de ces passions le portrait le plus juste & le plus naturel: pour moi, je brochai sur le tout, & sans contredire personne, je parus favoriser les sentimens de chacun en particulier, avec cette exception pour les deux dames, que je jetois de temps en temps des regards obligeans fur elles, d'une manière affez coquette pour qu'aucune des deux ne s'aperçût du partage adroit que j'en faifois. Voilà l'homme; vous me reconnoiffez à ce trait fans doute, & je fouhaite que vous m'y reconnoiffiez toujours.

J'examinai dans cette converfation les différens caractères de nos voyageurs; car il faut mettre tout à profit. Il me parut que la dame étoit de ces femmes, qui, naturellement tendres jufqu'à l'excès, je dis de cette belle tendreffe, le partage des héros & des héroïnes, avoit aidé fa difpofition naturelle de la lecture des romans les plus touchans; toutes fes expreffions fentoient l'aventure, elle y mêloit, par-ci par-là, des exclamations foutenues de regards élevés; joignez à cela toute l'attitude d'une amante de haut goût, & digne, pour le moins, de tous les travaux de *Coriolan*; fa bouche, fes yeux, fon gefte de tête, enfin la moindre de fes actions étoit une image vivante de la figure qu'amour prenoit autrefois dans ces fameufes aventurières.

A l'égard de la jeune demoifelle qui étoit fa fille, fon cœur & fes fentimens avoient plus de proportion avec le goût du fiècle; il me paroiſſoit, à vue de pays, qu'elle n'eût point été tendre ſans être amoureuſe, & voilà juſtement la véritable tendreſſe ; &, n'en déplaiſe aux hęritières du ſentiment des antiques héroïnes, le reſte eſt ſimple imagination. Pour le cavalier de trente-cinq ans, que j'ai déjà appelé bel-eſprit, il eſt inutile de vous en faire le portrait; vous ſavez mieux que moi ce que ſont la plupart de ces originaux : c'étoit un homme qui parloit beaucoup, qui s'admiroit à chaque fin de phraſe, dont le geſte brilloit d'une vivacité plus préſomptueuſe que raiſonnable, qui pouſſoit la délicateſſe juſqu'aux eſpaces imaginaires, qui la perdoit de vue, & la faiſoit perdre aux autres, & qui, malgré le néant ſur lequel il parloit, trouvoit le ſecret de ne point tarir ſon diſcours.

Notre vieillard étoit un bon-homme, que la ſuite de la converſation nous fit connoître pour financier ; le grand commerce qu'il avoit avec l'argent, lui donnoit des idées communes, mais aiſées & familières ; il badinoit beaucoup avec la jeune fille, ſon diſcours étoit goguenard ; un peu d'amour que lui inſpiroit ſa voiſine, y répandoit un air de tendreſſe ſurannée, mais riſible & divertiſſante.

A mon égard, j'étois tel que vous ſavez;

je ne ferai point mon portrait, il seroit ou trop beau ou trop laid; car les hommes sur eux-mêmes, graces à l'amour-propre, ne savent pas saisir le point de justesse; l'on aime bien mieux en dire infiniment moins, que de n'en pas dire trop, ou bien en dire trop, que de n'en pas dire assez. Revenons à nos personnages.

La conversation sur l'amour étoit fort échauffée, quand, par l'imprudence des cochers qui vuidoient derrière nous une bouteille de grès, nos chevaux, sans guides, enfilèrent un chemin plein d'un limon gras, où les malheureux animaux s'enfoncèrent, aussi bien que les roues de la pesante voiture, qui resta comme immobile. Les cochers s'aperçurent de l'arrêt des chevaux; ils s'approchèrent avec des *dia*, *hue*, & maints claquemens de fouet; les chevaux avertis s'efforcent, suent, & se renfoncent davantage; les cochers épuisent, enrouent leur altéré gosier, fouettent comme des charretiers: inutiles efforts; déjà les chevaux soufflent, renifflent; nos phaétons jurent, & rien ne s'avance. Nous descendons de carrosse; ils redoublent & les coups & les juremens, & la bastille n'est pas plus ferme sur ses fondemens, que nos roues le sont sur la funeste boue.

Cependant la nuit chasse le jour; il nous reste

encore deux lieues à faire, bientôt nous ne voyons plus goutte ; les cochers n'ont plus de reſſource que le ciel, qu'ils implorent trop tard, & qui ne les écoute pas, à cauſe du mélange affreux qu'ils font de vœux & de juremens ; enfin tout eſpoir eſt perdu de déraciner la machine immobile. Quel parti prendre ? Il s'en préſente deux ; le premier eſt de ſe coucher ſur l'herbe ſans ſouper ; le ſecond, de gagner à travers champs, buiſſons, foſſés, marais & boues, un petit village compoſé de quatre ou cinq chaumières, dont on entend les cloches percer modeſtement les airs : ce dernier parti ſemble le moins mauvais. Quelle chûte, grands dieux, de la converſation la plus aimable à cette triſte extrémité ! Amour, amour, voilà ton portrait ; tu nous ſéduis par de doux commencemens, mais toujours d'affreuſes cataſtrophes ſont le nœud des appas flatteurs dont tu nous a trompés.

Pardon, mon cher, ſi j'interromps ma narration par cette parenthèſe ; mais notre ſituation alors étoit ſi triſte, que le ſimple portrait que j'en fais m'en inſpire encore des réflexions mélancoliques.

Nous nous déterminons donc à gagner le petit village ; le poſtillon reſte ſeul pour garder le carroſſe, & le cocher nous ſuit, pour amener des chevaux qui devoient aider les nôtres à se débarrasser des boues.

Cette aventure inspira à la dame, dont le hasard alors me donna la conduite, mille imprécations contre le sort ; mais il me sembloit qu'elle étoit ravie d'avoir occasion de placer ces imprécations. Comme j'avois pénétré son caractère, vous pouvez vous imaginer que je m'y conformai, & que je lui répondis d'un langage assortissant au sien. Nous marchions avec peine, les ronces & les épines nous accrochoient de temps en temps ; quelquefois l'eau des fossés nous surprenoit jusqu'aux jambes : pour guide, nous avions le bel-esprit, qui, par un enthousiasme d'imagination, né de la fatalité de notre situation, tâchoit de nous dérober la fatigante attention que chacun de nous donnoit à ses maux. A mon égard, j'entretenois, comme je vous ai dit, la dame d'un style tendre, merveilleux tout ensemble & grand, & cette conformité, dont j'usois avec ses idées, lui arrachoit, malgré elle, les réponses les plus comiques, par le tour doux & fier qu'elle leur donnoit. C'étoit dommage que cette petite teinture romanesque se répandît dans tout ce qu'elle disoit ; car je lui remarquai beaucoup d'esprit.

Pour notre vieillard, il donnoit la main à la

jeune demoiselle, qui rioit de tout son cœur de l'embarras où nous étions tous. Plus il s'offroit de difficultés pour parvenir jusqu'au village, plus la friponne avoit de joie, & sa malice s'accordoit fort bien avec celle du hasard ; le vieux financier, par complaisance, tâchoit de rire aussi ; mais nous l'entendions souffler de vingt pas, & faire un hélas à chaque pied qu'il tiroit de la boue. A force de marcher, enfin nous arrivâmes au petit village ; un cabaret, dont l'enseigne étoit un guenillon, nous servit de retraite : notre hôtesse, car il n'y avoit qu'une veuve, ne savoit que penser en nous voyant ; si elle avoit su la fable, peut-être nous eût-elle pris pour des immortels qui voyageoient. Notre cocher la mit au fait au moment que son étonnement la rendoit comme immobile. *Auriez-vous, par un bon souper, de quoi nous consoler de nos malheurs ?* lui dit le bel-esprit d'un ton bruyant. *Hélas ! Messieurs,* répondit la bonne femme, *j'ai du lard, du lait caillé, & des pommes cuites au four, avec une demi-douzaine d'œufs.* Quoi, répliqua-t-il, *point de poulets ? point de dindons ? Non, Monsieur ; il y a dans le pré voisin une demi-douzaine de petits poussins, qui sont avec la poule & le coq : voilà tout,* dit-elle ; *mais je vous donnerai de l'excellent vin de Brie.* Il ne manquoit plus que cette liqueur, s'écria notre bel-esprit, *pour achever le tableau de notre misère.*

Après ces mots, la bonne femme, assistée de huit ou dix enfans & de sa vachere, nous conduisit dans une chambre à deux lits, tapissée d'images roussies, meublée de bancs & d'escabeaux : on y voyoit une grande cheminée décarelée ; on se hâta de nous faire du feu, qui s'alluma au vent des enfans, de la mère & de la vachere, qui, tous les genoux à terre, tâchoient, à force de s'enfler les joues, de suppléer au défaut des soufflets. A vous dire le vrai, mon cher, ils allumèrent le feu, & le vent fut si prodigué, que toute la compagnie en eut une part dont nous nous serions fort bien passés.

Après quoi, tous huchés sur des bancs ou escabeaux, nous commençâmes des plaintes contre le sort, qu'un service de lard jaune dans un plat de terre ébréché, interrompit ; ce service étoit suivi de cinq assiettes de bois, dont on nous distribua à chacun une ; deux enfans morveux & échevelés nous apportoient ce mets. *Mangez, mangez toujours, Messieurs,* nous dirent-ils après ; *notre mère vous frit des œufs avec de la ciboule ; Jacob va vous apporter du caillé & des pommes cuites, avec un pot plein de vin.*

A peine avoient-ils promis ce second service, qu'effectivement Jacob arriva, chargé de caillé, des pommes, & du pot de vin ; il succomboit presque sous sa charge. Il roula une pomme à terre du plat où elles étoient ; les enfans la ramassèrent avec vitesse, & la remirent dans le plat avec les autres, barbouillée de cendre & de poussière.

La dame auprès de qui j'étois mouroit de soif, & demanda un verre ; aussi-tôt un de nos valets partit, qui revint chargé de trois gobelets de terre, à qui le vin avoit fait une tartre au dedans. Ah! dit alors la dame, *je ne boirai jamais là-dedans, le cœur me bondit. Ma foi, Madame*, lui dis-je, *je vous offre mon chapeau, si vous le trouvez moins rebutant*. Ah! répondit-elle, *Monsieur, je vous avoue que je le préfère*. Aussi-tôt dit, aussi-tôt fait. J'allai d'abord rincer mon chapeau, & lui faisant prendre la figure qu'il falloit pour le faire servir de tasse, je le présentai plein d'eau à la dame. Cette manière originale de boire fit rire la compagnie : la dame, après avoir bu, en rit elle-même, & la bonne humeur enfin succéda à la tristesse où nous avoit mis la pauvreté du gîte.

J'oublie de vous dire que les œufs frits avec de la ciboule arrivèrent ; mais ce mets succulent fut réservé pour les dames ; elles en soupèrent. Notre repas ne fut pas long ; les enfans vinrent servir, & mangèrent en chemin le reste

des mêts que notre appétit avoit respecté.
Nous nous approchâmes auprès du feu ; le cocher entra, qui nous apprit que deux de ses chevaux étoient malades, qu'une des roues du malheureux carrosse étoit rompue, & que nous ne devions nous attendre à partir qu'à quatre heures du matin, parce que le postillon qu'il avoit envoyé à la ville prochaine, pour remédier à tous ces accidens, ne devoit arriver qu'à cette heure. Il étoit alors approchant onze heures du soir : c'étoit encore cinq grandes heures qui nous restoient à attendre. L'aspect des lits étoit un vrai remède contre le sommeil ; il ne tenta pas un de nous. Notre aventure étoit si plaisante, qu'elle nous avoit égayés ; notre vieillard financier étoit auprès de la jeune demoiselle, qui n'avoit pu l'éviter. J'étois entre elle & sa mère, & notre bel-esprit faisoit le coin. L'amoureux vieillard se tuoit d'inventer des complimens glacés pour la jeune demoiselle. A l'entendre parler, eût-il été dans le fumier jusqu'au cou, son bonheur auroit encore été trop grand, s'il avoit eu cette jeune fille auprès de lui. Son amoureux & burlesque langage nous remit insensiblement à la conversation que nous faisions dans le carrosse ; & le peu d'apparence que nous pussions dormir, me fit imaginer une sorte d'amusement qui pouvoit nous conduire

jusqu'au moment du départ. Je proposai à la compagnie, pour nous divertir, d'inventer un roman que chacun de nous continueroit à son tour. Je le commencerai, dis-je, si l'on veut, madame continuera, mademoiselle sa fille après, & les deux autres cavaliers acheveront. Mon imagination réveilla celle du bel-esprit, qui, charmé d'avoir de quoi briller, applaudit à ma proposition; la dame y consentit d'autant plus volontiers, qu'elle étoit assez conforme à son goût; la jeune demoiselle dit en riant, qu'elle tiendroit bien sa partie, & qu'elle s'attendoit à nous bien faire rire, & le vieillard amoureux, en se tournant de son côté, lui dit que l'amour faisant le sujet d'un roman, il ne pouvoit manquer de réussir, puisqu'on étoit auprès d'elle. Au reste, dis-je, comme il ne s'agit ici que de nous réjouir, rendons l'histoire divertissante; & pour cela, j'imagine un sujet qui pourra fournir des traits plaisans. Cependant il ne faut gêner personne, & chacun à son tour pourra continuer le roman, suivant son goût; il sera susceptible de comique, de tendre, de merveilleux, & même, si l'on veut, de tragique. C'est bien dit, répondit la dame; car chacun a son caractère. Morbleu, répliqua le financier, il est bien fâcheux que le plaisir de nous réjouir par une invention plaisante, ne soit point joint à celui d'avoir du moins de quoi nous rafraîchir agréablement. Monsieur, me dit-il en continuant, vous avez imaginé le roman pour vous amuser, & moi j'imagine quelque chose pour boire & pour manger; car franchement il y a loin d'ici à quatre heures du matin: nous avons besoin d'esprit & d'attention, & l'un & l'autre nous manqueroient peut-être, faute d'avoir de quoi faire digestion. Oh! c'est à quoi j'ai songé. Ah! monsieur le financier, dit alors le bel-esprit, vos pareils ne connoissent pas la diète. Ils ont raison, répondis-je, & tous les hommes, généralement parlant, ne se remuent que pour ne la point connoître. Je conviens, dit le financier, que nous ne l'aimons guère; & en revanche, nous connoissons bien son contraire: mais il ne s'agit pas de cela; revenons à ce que j'avois imaginé.

Or, Messieurs, je pense, pour l'honneur du village, que dans ces lieux il y a une église, & par conséquent un curé; peut-être ce curé a-t-il quelque chose de bon, & que son vin est meilleur que le nôtre: mon sentiment est donc que nous allions le trouver, un de ces messieurs & moi, que nous lui exposions l'extrémité fâcheuse dans laquelle nous sommes, & que... Ah! c'est bien dit, s'écria le bel-esprit en l'interrompant; nous irons quêter ensemble;

je lui parlerai de ces dames, des boues & des crottes qu'elles ont été obligées de traverser, du pitoyable état de leurs bas & de leurs souliers ; après quoi je citerai notre repas ; je mettrai la nappe sur une table soutenue de quatre tréteaux ; j'y exposerai les tristes mets dont notre mortelle fatigue a été allégée, & je lui peindrai notre consternation d'une manière si touchante, que les larmes en viendront aux yeux du bon curé & de sa ménagère : & , fiez-vous à moi, je promets de mettre à profit la compassion pour nous.

Là-dessus le bel-esprit, sans attendre qu'on lui répondît, prit le financier par le bras, & ils descendirent ensemble, éclairés d'un peu de paille, qu'un fils de l'hôtesse leur portoit devant eux. La saillie du bel-esprit nous parut inutile ; il étoit onze heures du soir, & il n'y avoit point d'apparence que le curé d'un petit village ne fût pas à ces heures à ronfler dans son lit, à moins que, contre l'ordinaire, la lecture ou l'étude ne fît veiller celui-ci : mais le hasard, qui nous avoit maltraités, en cette occasion nous fut favorable ; le financier & le bel esprit trouvèrent M. le curé encore à table, avec deux bourgeois de son village. Le nombre des bouteilles qu'ils avoient déjà vidées, les avoient mis dans une situation d'esprit très-réjouie ; ils se divertiſſoient en honnêtes gens, éclairés d'un chandelier de deux pieds de haut, dont ils mouchoient de temps en temps la chandelle avec leurs doigts; ils étoient au deſſert, compoſé d'un gros morceau de fromage, dont l'odeur un peu forte avertiſſoit de loin de quelle ſorte de mets on ſe régaloit dans la chambre. Nos deux députés ſurprirent la gouvernante de M. le curé, qui, dans ſa cuiſine, frottoit ſon pain d'une grande couéne de lard qu'elle tenoit entre ſes mains. C'étoit une fille d'environ ſoixante ans, qui s'étoit miſe, depuis dix années, chez M. le curé, pour trouver, dans la règle de ſa maiſon, un port aſſuré contre les tentations du mariage; à droite elle avoit un eſcabeau qui lui ſervoit de table, où elle mettoit ſon lard & ſon pain, quand elle avoit mordu une bouchée de l'un & de l'autre; à gauche étoit un banc d'environ trois pieds, chargé de l'attirail de ſon humble toilette, attirail compoſé de deux gros peignes, dont l'antiquité & les cheveux avoient entièrement changé la couleur jaune en noire.

Ce fut là l'état où la ſurprirent nos députés; elle mangeoit ſucceſſivement, & ſe peignoit pour ſe coiffer de nuit; ſes cheveux étoient alors épars. Au bruit qu'ils firent en frappant à la porte, elle les raſſembla tous avec un lien moitié ruban, moitié corde: trois ou quatre épingles de fer ou de laiton qu'elle tenoit entre ses dents, autant à ses doigts, furent perdues, par la frayeur que lui causèrent nos indiscrets frappards, qui venoient à heure indue effaroucher sa modestie. *Qui est-ce ?* s'écria-t-elle d'une voix embarrassée. *Ce sont d'honnêtes gens*, lui répondit le bel-esprit, *qui voudroient bien parler à M. le curé. Si c'est d'honnêtes gens*, répliqua-t-elle, *dieu le veuille ; eh ! que lui voulez-vous ? Nous le dirons mieux*, dit-il, *quand vous nous aurez ouvert. Oh ! vraiment*, repondit-elle, *on n'entre point ici comme dans une grange ; attendez à la porte, je m'en vais faire descendre M. le curé.*

Elle partit après ces mots, pour monter à la salle des conviés ; elle entre. Un des buveurs, sans attendre qu'elle parlât, en se hâtant de rincer son verre avec un coin de sa serviette, le lui présenta plein de vin, & lui dit : *Dame Nanon, tenez, morbleu, mettez-vous cela sur la conscience, cela vaut mieux qu'une médecine.* Dame Nanon ouvroit la bouche pour informer M. le curé de ce qui se passoit, quand le verre de vin présenté si galamment la lui referma pour boire. *Grand bien me fasse, & à vous aussi*, dit-elle en le rendant à M. Mathurin, qui étoit le nom de celui qui lui avoit donné à boire. Quand le verre fut rendu, dame Nanon prononçoit les premiers mots de son discours, lorsqu'un morceau de pain & de fromage lui fit encore tendre la main, & l'arrêta. *Ce n'est pas le tout que de l'huile,* lui dit un certain maître Blaise qui lui faisoit ce présent, *il faut du coton aussi, madame Nanon.* Cependant notre bel-esprit & le financier attendoient impatiemment l'arrivée de M. le curé; personne ne venoit: ils frappent à tour de bras, & si violemment, que l'alarme est portée jusqu'à la salle des conviés. *Que signifie cela, Nanon?* dit M. le curé. *Ah! par ma foi,* répondit la gourmande, *j'avois oublié mon message; ce sont des gens qui ont une voix d'homme, & qui veulent vous parler, M. le curé. Que veux-tu dire qui ont une voix d'homme?* répliqua le pasteur, qui ne comprenoit rien à cette façon de parler. *Eh! oui,* répondit Nanon; *dame, je ne puis dire que ce que je sais : je ne sais pas au vrai si ce sont des hommes, mais ils parlent de même. Parguenne c'est peut-être des esprits,* dit maître Blaise; *descendons pour les entendre; mais ne leur parlons pas. C'est bien pensé,* répliqua le curé. *Marchons par prévoyance,* dit Mathurin, *où est le bénetier, pour à celle fin que je m'en ceigne. Allez, allez,* répondit le pasteur d'une voix que le bon vin rouge rendoit animée & courageuse: *je ne crois pas aux esprits, & j'ai là-haut des livres dans mon grenier qui disent de belles choses là-dessus, dont je ne me souviens pas;*

mais n'ayez point de peur avec moi; quand il y en auroit vingt régimens à ma porte, je saurai bien leur tenir tête; ils ne se jouent pas à nous.

Après ces mots, on entendit frapper encore. Palsangué, dit Mathurin, il y a queuque chose là-dessus qui n'est pas naturel, les livres de votre grénier ne savent pas tout, M. le curé; car marguenne nous allons voir queuque chose de surprenant. Chut, maître Mathurin, dit le pasteur, ne babillez pas tant, & suivez Nanon, qui va prendre le chandelier pour nous éclairer; maître Blaise ira après vous, & je marcherai derrière. Oh! dit Blaise, ce n'est marguenne pas ici la procession, c'est bien une autre histoire: montrez-nous le chemin, puisque vous êtes si hardi. Voyez donc, dit alors dame Nanon, vous êtes tous deux bien drôles; quand les esprits vous emporteroient avec eux, il n'y auroit pas grand mal, le village n'en seroit pas plus malade; mais la personne de M. le curé est de conséquence. Oh! de conséquence tant qu'il vous plaira, dit brusquement Blaise; il n'y a conséquence qui tienne. Pargué la peau de M. le curé n'est pas d'une autre étoffe que la mienne, sauve qui peut. Et là là, dit bénignement maître Mathurin, ne vous fâchez point tous deux; je m'en vais vous accorder. Descendons tous à la fois; & quand nous serons en bas, dame Nanon ira toute seule parler à ceux qui frappent, au travers de la porte; cela est raisonnable.

Dame Nanon, vous êtes vieille, on n'aura pas tant de regret à votre vie qu'à la nôtre, qui sommes plus jeunes : à cette heure, on doit aimer son prochain, & faire quelque chose pour lui, quand on n'est plus bon à rien. Par saint Jean & son chef, répliqua dame Nanon courroucée, je suis bonne encore à vous torcher le musiau du chandelier que je tiens. Voyez donc l'impertinent, je ne suis plus bonne à rien ; vous n'avez qu'à y revenir, comme à ce matin, nous conter des sornettes d'amour, pour me mettre à mal, si je ne prends un manche à ballet pour vous rabattre votre caquet, je veux n'être bonne qu'à pendre au plancher, comme un lard. Oh ! par la sanguenne la comparaison n'est pas mauvaise, dit Mathurin ; vous n'êtes pas aussi grasse qu'un lard, mais vous êtes bien aussi rance. M. le curé, s'écria dame Nanon qui se piquoit de beauté, tenez, si vous ne mettez dehors ce cocu-là, je m'en vais ouvrir la porte aux esprits, en arrive ce qui pourra. Tout beau, tout beau, dit alors gravement le curé, qui avoit toutes les envies du monde de prendre feu pour sa gouvernante, mais que l'argent qu'il vouloit emprunter de Mathurin retenoit dans le respect ; tout beau, nous voilà proche Paques, ne faites point de scandale ; je m'en vais descendre le premier, & vous me suivrez si vous voulez.

A peine eut-il prononcé ces mots, que le bruit recommença à la porte, mais bien plus fort qu'on ne l'avoit encore entendu. On se hâta donc de descendre dans la cuisine. Le curé approcha de la porte, & les autres se tinrent un peu éloignés. *A qui en voulez-vous*, dit le curé au travers de la serrure. *Eh ! morbleu*, dit le bel-esprit, que le retardement de dame Nanon avoit impatienté, *à qui nous en voulons ! On devroit du moins congédier les gens ou leur ouvrir, sans les faire attendre aussi long-temps ; faites-nous parler à M. le curé. Qu'est-ce que vous lui voulez ?* répliqua le pasteur, toujours au travers de la serrure. *Nous lui voulons dire un mot*, répondit le financier ; *ouvrez. Parlez, parlez toujours*, dit le curé; *pour un mot, ce n'est pas la peine d'ouvrir la porte. Parbleu*, s'écria le bel-esprit, *voilà un obstiné portier. Dis-nous où est le curé ? Qu'en voulez vous faire ?* répliqua le pasteur. *Qui êtes-vous ? êtes-vous d'ici ? voyagez vous ? demandez-vous l'aumône ? On va vous jeter du pain par la fenêtre. Il n'y a pas moyen*, dit le financier, *de satisfaire à tant de questions à la fois. Mais, M. le portier, connoissez-vous tous les petits enfans de votre village ? Belle demande ! Je les connois tous par leur nom de baptême*, dit le curé. *M. le curé connoît tous les paroissiens*, s'écria là-dessus dame Nanon de loin, *les grands-pères, les oncles, les cousins, les filles, les neveux, les femmes grosses, voire même celles qui ne le sont pas, les enfans ; il n'y n'y a que ceux qui ne sont pas encore venus au monde dont il ne sait pas le nom. Cela n'est pas difficile à croire, répondit le financier qui avoit donné occasion à des réponses aussi originales ; *vous allez bientôt savoir qui nous sommes. Approchez, notre conducteur*, dit il au petit garçon de leur hôtesse, qui les avoit éclairés ; *dites aussi au travers de la serrure, qui nous sommes, vous aurez plus de crédit que nous pour faire ouvrir la porte.* Le petit garçon s'approcha ; il avoit fort bien reconnu la voix du curé. *Oh! oh! parlez donc, M. le curé*, dit-il. *Quoi, c'est toi, Jacob*, lui répondit le pasteur. *Eh! oui, c'est moi-même, M. le curé*, dit Jacob. *Ces Messieurs sont de braves gens au moins ; dame, ils sont venus souper chez nous, c'est que leur carrosse est tombé dans la boue, leurs chevaux sont estropiés itou ; il y a encore deux femmes de leur compagnie qui sont restées chez nous, & qui se chauffent auprès du feu ; les dames sont bien jolies & bien habillées, & les messieurs sont dorés comme une chasuble ; ils ont mangé une omelette, du lard, des pommes cuites, & un pot de notre vin qu'ils ont bu ; & vous n'avez qu'à leur parler, ils vous diront bien eux-mêmes ce qu'ils veulent, car ils ne verront bientôt plus clair : je les conduis avec de la paille que j'ai pris sous le lit de notre mère, & la voilà qui finit ; je m'en vais la jeter par terre quand elle commencera à me brûler les doigts. Eh! tenez, tout* en parlant, je ne l'ai plus : ouvrez, M. le curé. Es-tu bien sûr de ce que tu dis, répondit le curé. Tenez, M. le curé, répliqua Jacob, j'en suis aussi sûr que je suis sûr d'avoir vu ce matin le renard qui emportoit une de vos poules dans votre verger ; je lui ai jeté des pierres, mais il étoit bien loin. La peste soit de la poule & du renard ; le loup nous croquera, nous, dit le bel-esprit, si M. le curé nous laisse là. Je m'en vais ouvrir, répondit le curé ; & puis, s'a-dressant à dame Nanon : Voilà ce que c'est, lui dit-il, que de n'avoir point de soin ; je vous rabat-trai cette poule-là sur vos gages. Allez, allez, M. le curé, dit Nanon, c'est un petit menteur, le compte de vos poules y est ; s'il en manque une, je veux de-venir coq : mais c'est que l'autre jour je donnai trois ou quatre taloches à ce petit fripon-là, parce qu'il jetoit des pierres sur les tuiles de notre maison. Vous en avez menti, respect M. le curé, dit Jacob ; c'é-toit votre petit neveu qui avoit cassé une de vos vîtres, & vous me battîtes à sa place.

Par charité, dit alors le bel-esprit, M. le curé, veuillez nous ouvrir la porte ; & puis après, dame Nanon & Jacob auront tout le loisir de vider leur procès. Allons, allons, dépêchez-vous de donner la clef, dit alors le curé à dame Nanon. La voilà, répondit-elle ; ôtez-vous que j'ouvre, pour que je donne un soufflet ou deux à ce pe-tit bâtard-là. A ces mots, que le petit bâtard entendit, elle ouvrit ; mais il s'enfuit. Le bel-esprit & le financier embrassèrent M. le curé, qui leur tendoit les bras, pour leur demander pardon du long temps qu'on avoit été à leur ouvrir. Nous sommes trop bien traités, *dit le bel-esprit*, pour des gens qui viennent demander des graces, l'argent à la main. Cependant là-dessus il fit le détail de notre aventure, exposa le maigre repas que nous avions fait, & sut si bien persuader M. le curé & sa gouvernante, que son discours, soutenu d'un écu qu'il tenoit en main, & dont on voyoit bien qu'il alloit payer ce qu'on lui donneroit, que son discours, dis-je, eut tout l'effet qui fut possible.

Monsieur le curé redoubla ses honnêtetés, & l'on étoit encore dans la cuisine à se gracieuser de part & d'autre, lorsqu'un neveu du pasteur (car ils ont tous ou neveu ou nièce) arriva ; ce neveu venoit de souper de chez un des confrères de son oncle, dont la paroisse étoit à un quart de lieue de la sienne ; c'étoit un jeune homme d'environ vingt-deux ans ; il avoit assez bien fait ses études ; & malgré l'éducation champêtre qu'on lui avoit donnée, au travers de la grossiereté qu'elle avoit pu lui inspirer, on remarquoit briller en lui une disposition d'esprit excellente, que n'avoit pu étouffer l'habitude de vivre avec des paysans : entre autres choses, il avoit lu des romans & assez d'autres livres. Il fut surpris, à ces heures, de trouver des étrangers chez son oncle. Ce bon curé le mit au fait, en bredouillant trois ou quatre mots ; le bel-esprit & le financier achevèrent le discours que le curé n'avoit fait qu'ébaucher. Ce jeune homme, qui avoit bu suffisamment pour être gaillard, anima davantage encore son oncle à donner à ces Messieurs ce qu'il avoit chez lui de meilleur ; il accabla nos députés de complimens d'un tour original, & cependant spirituel ; il se convia même de son chef pour les aider à manger ce qu'ils alloient emporter.

Déjà lui-même il court remplir deux bouteilles de vin exquis ; je dis exquis, car c'est la vérité ; & si les mets en bonté avoient égalé le vin, notre chère eût été excellente ; mais un morceau de beurre très-frais, de la *stokfiche*, aussi bonne que de la *stokfiche* le peut être, & cinq harengs sorets furent toute la ressource que nous trouvâmes dans l'inaction dont n'avoient pu nous tirer les mets de notre auberge. Cette petite provision fut donc apportée dans la chaumière où nous étions : le financier en rendit en argent la valeur à dame Nanon, malgré la noble défense de rien prendre que lui faisoit à grands cris M. le curé, & qui, dans les convulsions obligeantes qu'il se donnoit pour

EMBOURBÉE.

empêcher sa gouvernante de prendre cet argent, eut le bonheur ou l'adresse de se tourner si souvent, de manière que le financier donna ce qu'il voulut à dame Nanon, sans que le généreux curé pût en être le témoin.

L'argent donné, l'obligeante contestation fut pacifiée. Ne querellons plus, M. le curé, *lui dit le bel-esprit*; allons, il ne s'agit plus de cela, faites-nous seulement l'honneur de venir manger votre part de ce que nous emportons chez notre hôtesse; vous y trouverez deux très-aimables femmes, à qui certainement vous vous saurez bon gré d'avoir procuré de quoi se dédommager du mauvais repas qu'elles ont fait. Venez. Non, Messieurs, *repartit le modeste pasteur*; je suis ravi d'avoir pu vous obliger en quelque chose; vous ferez encore bien mauvaise chère, mais je vous donne ce que j'ai chez moi de meilleur; à mon égard, il est trop tard; je dois un bon exemple à mes paroissiens, & il ne seroit pas séant de sortir à l'heure qu'il est pour boire & aller voir de belles dames: nous devons nous autres avoir l'honneur & la religion en recommandation; mais je vous laisse mon neveu, que je charge d'assurer ces dames que c'est bien malgré moi que je ne vais pas les saluer. Nous ne vous presserons pas davantage, *répliqua le bel-esprit*, puisque M. votre neveu vient avec nous, & nous vous quittons, pour vous donner la liberté de vous coucher. Adieu, Monsieur. Après ces mots, le financier & le bel-esprit prirent fort honnêtement congé de M. le curé (qui se ressouvint, quand ils furent éloignés de quelques pas, qu'il avoit aperçu le financier présentant quelque chose à dame Nanon). Apparemment qu'ils vous ont donné de l'argent, *dit-il* à la gouvernante, qui s'attendoit peut-être à prendre ce que la générosité d'un de nos députés leur avoit fait donner de trop dessus la marchandise acceptée. Donnez, donnez, *ajouta-t il*, puisque le voilà, le voilà. Dame Nanon, que ce compliment précipité surprit, rendit en rechignant le prix de la marchandise. Tenez, vous êtes aussi pressé qu'une femme qui accouche, *lui dit elle*; & après ces mots, elle ferma la porte avec une rudesse & une méchante humeur que lui inspiroit le petit gain manqué.

Cependant déjà nos gens arrivent à l'auberge, le neveu du curé leur accourcit le chemin par mille chansons burlesques, dont il les amusa; son chant, que nous entendîmes d'en-haut, & la voix de nos messieurs, qu'il avoit priés de faire chorus, nous annoncèrent de bonnes nouvelles. *Allégresse, Allégresse*, dit le bel-esprit en entrant & en nous présentant le neveu du pasteur; *Mesdames, je vous apporte du nectar pour boire, &*

de la marée pour manger. Vîte, vîte, alerte, notre hôtesse, une poële pour frire notre marée, un plat pour mettre les harengs sorets & l'huile de Provence que je possède. Heureuse idée, saillie impayable, qui a fait penser au digne curé de ce village; c'est un homme vraiment charmant; il donne son bien pour rien; il faut que dame Nanon sa servante en prenne l'argent pour lui. Mesdames, à propos de monsieur le curé, je vous en amène le neveu; nous devons tous le regarder comme de l'or, son oncle, lui, ses neveux à lui, ses fils, quand il en aura, les fils de ses fils, & toute sa race; car c'est à un personnage de cette race que nous devons ce soir la joie où nous voilà, le plaisir que nous aurons, & la fin de notre appétit, que je vous souhaite, Mesdames, toutes les fois que vous aurez faim. La peste, dis-je alors au bel-esprit, la saillie qui vous a conduit chez ce curé, n'est pas un coup de hasard, vous y excellez.

A peine achevois-je ces mots, que *le neveu du curé* s'approchant des dames avec une perruque de côté & des révérences dont la longueur recula & fit tomber toutes les chaises ou escabeaux qui se trouvèrent à son chemin: C'est une occasion bien fortunée pour moi, *leur dit-il*, que d'avoir le bonheur, mes charmantes dames, de vous marquer combien je me réjouis de ce que mon oncle vous envoie à souper. Si l'on pouvoit vous faire aussi bonne chère que le méritent votre beauté & vos charmes, au lieu de harengs & de *stokfiches* que j'ai l'honneur de vous prier de vouloir bien que je vous présente, vous verriez des lièvres, des perdrix, des canards sauvages, & des bécasses, si c'étoit la saison ; mais au défaut de tout ce gibier, dont la bonté ne seroit pas encore aussi excellente que vos attraits sont charmans au superlatif, veuillez, belles & agréables dames, accepter ce que je vous offre, non comme une chose digne de vous, mais comme une chose enfin... Si elle n'est digne de nous, *dit la jeune demoiselle en l'interrompant*, elle est digne de notre appétit. Sans doute, *continua la mère*, nous vous avons toute l'obligation possible, Monsieur, & à M. le curé, & c'est obliger infiniment que de donner tout ce qu'on a. Ah ! ma belle dame, *répliqua le neveu formaliste*, l'obligation dont vous parlez n'est pas une obligation. Oh ! mon cher Monsieur, *dit le bel-esprit en lui coupant le sifflet*, vous avez soupé, vous ne demandez qu'à jaser ; mais que nous vous ayons l'obligation de vous mettre à table avec nous sans façon, pour que nous mangions ; car la *stokfiche* est frite, & les harengs sorets sont prêts. Puisque vous voulez bien, Monsieur, & les dames aussi, *dit-il*, que j'aye l'honneur de boire avec vous, je m'en vais prendre place. *Je souhaiterois que ce que j'ai mangé fût sur la table, vous feriez bonne chère, & l'honneur*.... Trève, trève d'honneur, *dit la jeune demoiselle*; nous vous sommes obligés des mets que vous nous souhaitez; mais ils sont mieux où ils sont que sur la table; mangeons toujours. Notre campagnard voulut répliquer; mais le *bel-esprit*, en s'asseyant lui-même sur le coin d'un banc, lui ferma la bouche; tout le monde se mit à manger. Je ne vous dirai point tous les discours plaisans dont notre campagnard nous entretint pendant le repas; tout ce que nous remarquâmes de plus en lui, ce fut l'attention qu'il se donnoit pour avoir une propreté qui lui déroba la moitié des morceaux qu'il auroit pu manger; la symétrie guindée dont il régloit tous les mouvemens de ses mains, & même de sa bouche, me donna plus d'une fois envie de rire; je lui servis sur son assiette un morceau de *stokfiche*, qu'il prit bien proprement, & remit dans le plat, en ajoutant que son assiette n'avoit point la galle, & qu'il étoit saoul; un moment ensuite, il demanda à boire; & après avoir salué toute la compagnie l'un après l'autre, avec un salut de tête & de chapeau qu'il adressoit à chacun de nous, il but, son chapeau toujours à la main ; & après avoir bu, il fringua son verre, qu'il fit remplir de vin, & me le présenta, *disoit-il*, en revanche du morceau que je lui avois servi. Je ne suis que de la campagne, *ajouta-t-il* ; mais je sais la civilité du monde ; je vas tous les ans à la foire de notre ville.

Malgré tous ces complimens originaux, on ne laissoit pas de voir dans la suite des discours de cet homme, qu'il avoit de l'esprit. Bref, le repas fini, l'excellent vin du curé étouffa le souvenir de nos malheurs ; le bois ne manquoit point au foyer ; il régnoit dans l'air un degré de froid assez raisonnable pour sentir toute la douceur du feu ; & pour n'être point incommodés, nous nous mîmes dans une situation d'esprit gaillarde. Le bel-esprit n'oublia point la proposition que j'avois faite d'inventer un *roman in-promptu* ; nous convînmes de commencer dès le moment même. Notre campagnard loua fort l'invention que j'avois trouvée, & fit là-dessus un discours long & embrouillé, où il amena, le mieux qu'il put, de quoi prouver qu'il avoit du goût, & que nous aurions en lui un bon juge. Je crus, dans ce verbiage, remarquer qu'il avoit envie d'être de la partie ; & comme il ne pouvoit que la rendre encore plus divertissante, par l'originalité avec laquelle il traiteroit son sujet, je lui proposai d'être des nôtres; il rejeta mon compliment d'abord avec beaucoup d'humilité: je repartis; il se rendit enfin avec un air de confiance pour lui-même, qui caractérise ordinairement les ignorans. Je compris que notre petite compagnie se promettoit un plaisir bien nouveau, de l'addition que le campagnard feroit à notre histoire. Nous ne perdîmes point notre sujet de vue; c'étoit l'amour, & chacun, après avoir à son tour pris un gros bâton qui nous servoit de pincettes, & remué des tisons qui étoient bien, je commençai ainsi, de l'aveu de tout le monde; & par droit d'avis, peut-être, mon cher, aurez-vous trouvé trop long le sujet qui conduit à notre histoire; mais le sujet est une petite histoire aussi; & comme je n'ai eu dessein que de vous divertir, peu m'a dû importer que ce soit, ou par le sujet, ou par l'histoire. Revenons au fait; car le bel-esprit pétille de m'entendre entamer matière, & d'envie de la continuer; le campagnard ouvre de grands yeux avec un silence respectueux pour la partie spirituelle à laquelle il est associé; la dame, par des yeux languissans, m'annonce qu'elle est impatiente de sentir quelque situation touchante; la jeune demoiselle montre un empressement vif & naturel, excité sans doute par le nom d'amour, dont l'idée la réjouit, & le vieillard....., & le vieillard tient un verre de vin qui s'échauffe entre ses mains : commençons, de peur qu'il ne s'aigrisse.

LE ROMAN
IN-PROMPTU,
OU
LES AVENTURES

Du fameux Amandor, & de la belle & intrépide Ariobarsane.

Il y avoit à quelques lieues de Paris un gentilhomme d'environ trente-cinq ou quarante ans, qui demeuroit dans son château ; près de ce château, sa demeure, étoit celui d'une veuve à-peu-près du même âge : ces deux voisins étoient amoureux l'un de l'autre. Le voisinage avoit fait l'union de leurs cœurs ; ajoutez à cela une certaine conformité de sentimens & de caractère. Le gentilhomme, que je nommerai Amandor, avoit été près de trois mois passionné de la veuve, sans qu'il eût osé hasarder l'aveu de sa tendresse; un air fier, une délicatesse infinie qu'il avoit remarquée dans la dame, l'avoient toujours retenu.

Il en étoit donc au troisième mois de son secret amoureux, quand un matin s'en allant voir cet objet respectable de ses amours, il le rencontra dans une espèce de petit bois ou garenne, près de son château. Cette dame sembloit chercher les sentiers les plus sombres & les plus épais, pour lire un livre qu'elle tenoit à la main, & dont la lecture sembloit l'affecter de beaucoup de plaisir. Amandor l'aborda d'un air tendre & craintif. Puis-je me flatter, lui dit-il d'une voix humble, que vous voudrez bien un moment vous distraire de l'occupation où vous êtes, pour me donner la douceur de votre conversation. Ce compliment étoit trop respectueux pour être rebuté, aussi n'eut-il pas un si mauvais sort. Quelque agrément que je trouve à lire, j'y renonce avec plaisir, pour avoir celui de m'entretenir avec vous, répondit elle. Après ces mots, Amandor lui demanda quel étoit le livre qu'elle lisoit? C'est un roman, dit-elle, dont les amans ont des sentimens qui me charment. Ah! que l'amour est aimable, de la manière dont ils le faisoient! J'avoue qu'une femme seroit trop heureuse, si elle inspiroit une tendresse du caractère de celle dont ils étoient remplis. Que de précautions pour éviter de manquer de respect ! que d'aveux arrachés par un excès de langueur ! que de timidité ! Ils n'ont pas plutôt dit qu'ils aiment, qu'ils se croyent perdus & coupables ; ils se condamnent à la mort ; ils vont la chercher dans un exil éternel, si l'on ne les retient : mais ce sont de nobles criminels, qui, au milieu de la crainte, conservent une juste fierté, digne d'accompagner leur crime, si leur aveu ne déplaît absolument pas : s'il touche, que de ravissemens, que d'extases, d'innocentes caresses ! Ah ! Monsieur, vous m'en voyez encore toute pénétrée. Le siècle est corrompu ; on ne vit plus comme autrefois; la plus noble passion aujourd'hui n'est qu'un bagatelle ; les amans sont effrontés ; les dames ont perdu leur pouvoir, & elles n'ont conservé que le droit d'enflammer, sans avoir, comme autrefois, celui de commander aux cœurs, & d'être l'arbitre de la fortune & de la destinée de leurs amans. Non, non, Madame, lui répondit vivement Amandor, il en est encore à qui la corruption du siècle n'a point ravi ce droit. Ce que vous me dites est-il bien possible, repartit la dame, d'un air embarrassé (car j'ai oublié de vous dire qu'elle avoit un secret penchant pour le gentilhomme)? Quoi ! vous connoissez des dames dont le pouvoir égale celui de ces fameuses amantes sur leurs amans ? seriez-vous vous-même au nombre de ceux qui leur sont sujets ? Parlez, Monsieur. Je n'ai point dit, Madame, repartit Amandor, que j'ai connu plusieurs de ces maîtresses absolues ; mais vous vous connoissez bien peu, si vous doutez qu'il y en ait encore. Il rougit en disant ces mots, & ne continua pas. La dame, que j'appellerai Félicie, fut quelque temps sans répondre ; & puis, prononçant ces mots avec une lenteur grave & sage, elle repartit : Je ne souhaite d'être telle que vous dites à l'égard de personne ; & quand, par un accident où ma volonté n'auroit aucune part, il se trouveroit effectivement quelqu'un d'assez hardi pour le sentir, & me le dire, je saurois, par une juste fierté, lui faire comprendre que je n'admire la passion de l'amant le plus aimable, que quand son respect l'ensevelit dans le silence. Voilà le trait qui me touche le plus dans ceux dont je lis les aventures. Leurs maîtresses, répondit Amandor, ont-elles toujours ignoré leur amour, & le silence le plus respectueux n'a-t-il pas son terme ? Non, dit-elle, c'est à l'excès de l'amour à n'en point mettre. Hélas ! puisque cela est ainsi, repartit tristement Amandor, je n'aurai jamais l'avantage de me condamner à un exil éternel, & de m'avouer envers vous coupable du plus beau &

plus noble crime qu'ait jamais commis le cœur d'un amant.

Que Félicie fut intérieurement charmée d'entendre parler ainsi Amandor! Son cœur, depuis long-temps, se nourrissoit de sentimens puisés dans le roman; le timide Amandor même ne lui avoit plu que par la conformité de son goût au sien. Félicie n'avoit point ignoré qu'il l'aimoit, & elle avoit cédé au penchant qui lui parloit pour lui, d'autant plus volontiers, que la peinture qu'elle s'étoit toujours faite de l'amour, étoit d'accord avec celui de ce gentilhomme; intérieurement même elle s'étoit souvent flattée de ressembler, dans les effets de la passion qu'elle avoit inspirée, à ces antiques beautés dont elle dévoroit les aventures. La manière dont Amandor venoit de lui déclarer son amour, lui paroissoit si belle, si proportionnée à toutes les idées de respect, de timidité, de noble hardiesse aventurière, qu'elle regarda secrètement ce moment comme un présage d'aventures pour le moins aussi intéressantes que toutes celles qu'elle lisoit. Dès l'instant, son âge, le goût du siècle, sa fortune bornée, tout disparut à ses yeux; elle ne vit dans Amandor qu'un amant de la plus haute espèce, & dans elle-même que le noble sujet désormais d'une

passion

passion d'éclat, dont les commencemens annonçoient quelle en devoit être la fin.

Vous attendez sans doute impatiemment la réponse qu'elle fit à la déclaration d'amour d'Amandor; mais il falloit vous mettre au fait du caractère de son esprit, pour que vous goûtassiez dans la suite toutes ses réparties.

Je ne sais, répondit-elle au discours d'Amandor, ce qui a pu m'attirer de votre part un compliment aussi hardi. Sans doute l'exil dont vous parlez devroit être le prix dont il faudroit payer votre témérité; mais, croyez-moi, condamnez-vous-y le premier, sans attendre que ma colère vous y engage. Eh bien, Madame, dit l'amant, qui n'espéroit pas plus douce réponse; eh bien, vous serez contente. Je mérite sans doute le mépris que vous faites de ma flamme, en ne daignant seulement pas la punir de votre colère; mais vous avouerez, par la manière dont je m'en punirai moi-même, que jamais un cœur ne fut plus digne d'aimer que le mien, puisque je n'oublierai rien pour me rendre aussi malheureux que je mérite de l'être, après vous avoir déplu.

Après ces mots, Amandor quitta brusquement Félicie, qui n'attendoit plus que cette répartie, pour avoir le plaisir de comparer le goût de cet aveu à celui des romans qu'elle

O

avoit lus. Rien n'y manquoit effectivement; Céfarion reffufcité n'eût pas mieux déclaré fon feu; la déclaration étoit fuivie du banniffement. Amandor ne s'étoit point démenti; il avoit foutenu le malheur d'être mal reçu, en homme digne de tenir place parmi les héros d'amour les plus célèbres, & d'orénavant Félicie pouvoit marcher de pair avec l'illuftre Cléopatre même. Cependant Amandor s'étoit retiré, pour apparemment ne pas revenir fi-tôt. Ce gentilhomme étoit mille fois plus enchanté de la cruauté de Félicie, qu'un amant ordinaire ne l'eft de la douceur de fa maîtreffe. Il y avoit plus de dix ans, auffi bien que cette veuve, qu'il paffoit fon temps à chercher des romans, & à les lire. La conformité du caractère de Félicie avec le fien, l'avoit tout d'un coup déterminé à l'aimer. Il s'étoit fort bien aperçu qu'elle avoit démêlé fon amour dans fes actions, & l'indifférence qu'elle avoit affectée là-deffus, n'avoit fervi qu'à l'engager davantage, par le plaifir qu'il fentoit d'aimer une perfonne dont les manières avoient tant de rapport à celles des héroïnes de fes romans.

Cependant le voilà difgracié, le voilà dans une fituation égale à celle de tant d'illuftres criminels, dont la tendre audace avoit été punie comme la fienne. Félicie eft irritée, & ce courroux de fierté est pour ce gentilhomme une source de plaisirs inexprimables.

Félicie, de son côté, l'aimable Félicie gémit en secret de la cruauté d'un devoir qui l'oblige à désespérer un amant qu'elle adore ; son cœur, gonflé de soupirs, se reproche une barbarie qui cependant a des charmes pour elle. Il fuit, disoit-elle, Amandor est résolu de m'éviter. Cruel devoir ! pourquoi t'opposes-tu au doux penchant dont mon cœur est prévenu pour lui ? Hélas ! ce devoir, tout cruel qu'il est, est pour elle un tyran charmant.

Amandor médite déjà d'abandonner son château, les commodités de sa basse-cour, son labourage, la chasse; les lièvres, les perdrix, ces aimables mets n'ont plus pour lui d'appas ; Amandor désormais n'est plus qu'un misérable chevalier, qui va devenir le jouet du sort le plus affreux. Il manquoit à la régularité de sa flamme un confident, dans le sein duquel il pût répandre les larmes que ses yeux verseront. Il jette la vue sur le fils d'un riche paysan du village prochain. Ce jeune homme étoit âgé de vingt-deux ans; il avoit assisté à toutes les lectures des romans d'Amandor, & son cerveau, disposé à recevoir le poison contagieux de ces lectures, étoit monté à un degré de folie suffisant pour le rendre digne du choix qu'on va faire de lui. Cette folie n'étoit pas auſſi raffinée que celle d'Amandor ; l'impreſſion qu'il en avoit reçue, étoit proportionnée à la groſſiereté de ſon éducation ; il en avoit l'extravagance, ſans en avoir la délicateſſe : mais qu'importe dans un ſiècle auſſi ingrat que le nôtre pour ces ſortes de ſujets ? Amandor étoit encore trop heureux d'en rencontrer un tel que Pierrot, qui étoit le nom du payſan.

Pierrot arriva dans le temps que ce gentilhomme alloit l'envoyer chercher ; quelques larmes qui couloient des yeux d'Amandor, quelques ſoupirs qui lui échappoient, annoncèrent à Pierrot que ce gentilhomme avoit du chagrin. Hélas ! Monſieur, qu'avez-vous donc, dit ce payſan en l'abordant, & d'un air à demi digne des anciens confidens, vous pleurez comme Artame ; il me ſemble le voir : je liſois tantôt le livre qui parle de lui. Pendant que vous pleurez, venez vous mettre au pied d'un chêne, je m'aſſiérai auprès de vous, & vous me conterez vos chagrins ; car voilà comme il étoit, & ſon confident auſſi. Amandor, ſans lui répondre que par un profond ſoupir, marche nonchalamment, traverſe ſa baſſe-cour, & va s'aſſeoir aux pieds d'un noyer qui étoit auprès du château. Pierrot le ſuit ſans rien dire, & ſe met à ſes pieds quand il eſt aſſis.

Le malheur de cet amant pouvoit-il être

mieux allégé que par de pareilles circonstances? En cette posture, il redouble ses soupirs; il lève souvent les yeux au ciel; & Pierrot, pour lui marquer la part qu'il prend à ses chagrins, l'imite dans ses gémissemens, par des plaintes de gosier les plus touchantes.

Cependant ce confident exact s'aperçoit que c'est assez soupirer. Trop est trop, dit-il au triste Amandor; il est heure de parler maintenant; racontez moi votre histoire. O ciel! que je suis à plaindre: s'écrie Amandor à ce discours. Je suis persuadé, répliqua Pierrot, que vous ne l'êtes point encore autant qu'Artame; car quand il pleuroit aux pieds du chêne, il est dit qu'il y avoit deux jours qu'il n'avoit mis bien de dieu entre ses dents, & c'est encore une grande consolation pour vous que d'être auprès d'une basse-cour bien fournie, qui vous appartient. O ciel! que me dis-tu là? répondit Amandor. Oh! Monsieur, je n'avance rien qui ne soit vrai, dit Pierrot, & j'ai le livre sur moi. Ce n'est point là ce dont je parle, repartit Amandor; je ne songe plus à soutenir une vie infortunée que la cruauté de Félicie me condamne à finir. Ah! l'ingrate, s'écria Pierrot; j'aurois toujours juré qu'elle vous joueroit d'un tour: elle ressemble à Cléopatre comme deux gouttes d'eau. J'ai deviné que vous en teniez pour elle, &

j'ai prévu dès-lors que quelque jour vous seriez obligé de courir le pays pour elle : mais contez-moi comment votre malheur est arrivé.

Après ces mots, Amandor fit un récit exact de la manière dont il avoit rencontré Félicie, & du jour qu'il avoit pris pour lui déclarer sa flamme. Oh ! oh ! dit alors Pierrot, je ne m'étonne plus de vous voir si contristé ; elle a lu les romans comme nous, & je gagerois que vous avez été reçu comme un mâtin dans un jeu de quilles ; vous n'avez plus qu'à graisser vos bottes, & moi les miennes aussi, car j'aime Perrette, sa fille de chambre. La malicieuse le voit bien ; mais elle a toujours été plus fière avec moi qu'un coq, & j'attendois que nous allassions ensemble abattre des pommes, pour lui déclarer ma maladie. Cela vaut fait cependant ; & puisque vous avez votre congé, je m'en vais chercher le mien : attendez-moi là ; je brûle d'avoir le plaisir de pouvoir pleurer aussi bien que vous. Ah ! Pierrot, Pierrot, qu'as-tu fait ? Il faudra quitter nos dindons.

Quand Pierrot eut prononcé ce discours : Viens, suis-moi, lui dit Amandor en se relevant ; ta résolution m'en inspire une que rien n'est capable d'arrêter ; je m'en vais trouver Félicie, lui jurer encore un amour éternel, & lui dire un dernier adieu. Oh ! Monsieur, vous allez trop vite, repartit Pierrot ; il faut lui laisser le temps d'oublier le mal que vous lui avez fait: vous gâteriez tout si vous la revoyiez pendant qu'elle est toute fraîche fâchée ; elle ne pourroit pas en conscience vous pardonner votre arrogance ; car vous savez que cela va comme cela, si vous voulez vous en ressouvenir. Il y a amour & amour. Tu as raison, mon cher Brésis, répondit Amandor; la vivacité de mon amour m'éloignoit du respect que je dois au courroux de Félicie. Oh ! parguienne que vous me mettez de joie au cœur, répliqua Pierrot, quand vous me changez mon nom: mon cher Bréfis! Ah ! Monsieur, que ne sommes-nous tous deux à courir les forêts comme des sauvages ! Que j'aurois de plaisir à m'entendre dire : Viens ici, Brésis ! Mais à propos, puisque vous me débaptisez, il ne vous en coûtera pas davantage de me donner un autre nom. Brésis, ce nom-là ne me plaît pas, cela est trop sec ; outre cela, Brésis étoit indifférent, & je suis amoureux ; appelez-moi plutôt Timane ; j'ai toujours eu de l'inclination pour l'honnête écuyer qui a porté ce nom. Eh bien, mon cher Timane, remettons donc à demain, dit Amandor, & laisse-moi maintenant m'abandonner à mes inquiétudes. C'est bien dit, répliqua Timane, vous agissez en honnête chevalier ; il semble morbleu que vous ayez sucé le lait de leur nourrice : mais vous n'êtes pas assis à l'ombre au pied de cet arbre ; entrez dans la garenne, & allez vous asseoir auprès du grand hêtre, je vais vous y joindre en posture décente ; & quand j'aurai mangé mon écuellée de soupe, j'irai vîtement fâcher Perrette contre moi : mais parguenne je la débaptiserai comme vous venez de me faire.

Après ces mots, Pierrot, métamorphosé en Timane, s'en alla dans le château du gentilhomme ; il n'y avoit point chez Amandor assez de domestiques pour lui crier des qui va là, ni pour lui demander raison de ce qu'il vouloit : outre cela, on étoit accoutumé à le voir avec le maître. Il entra dans l'écurie, en détacha deux maigres chevaux, dont l'un étoit une jument qu'un petit poulain suivoit en cabriolant, & l'autre un petit cheval étique, qui figuroit fort bien celui de l'apocalypse. Il monta sur le dernier, & mena la jument par la bride dans la garenne où rêvoit Amandor. Le poulain qui suivoit sa mère, lui parut cependant de trop ; il ne se souvenoit pas d'avoir lu nulle part que jamais poulain eût été de moitié dans les aventures des Chevaliers amoureux ; mais il passa pardessus cette réflexion, dans la pensée qu'apparemment l'historien n'avoit point été s'amuser à remarquer une si petite bagatelle.

EMBOURBÉE.

Amandor étoit si profondément enfoncé dans la rêverie, qu'il ne vit point son écuyer monté sur son cheval; mais le petit poulain, qui ruoit & qui sautoit autour de sa mère, le tira de sa mélancolie, en venant le flairer auprès de l'oreille. Amandor, pensif & distrait, eut peur, & fit un cri en se levant avec précipitation. Le prévoyant écuyer descendit de cheval alors, & présenta la jument à son maître, qui ne pouvoit deviner où tendoit cette saillie. Voilà votre jument que je vous amène, lui dit-il, son petit poulain l'a voulu suivre; mais n'importe, allez, allez; Ariobarsane, Coriolan, & tant d'autres avoient peut-être, aussi bien que vous, des poulains à leurs trousses; car où il y a des jumens il y a des poulains; où il y a des mères il y a des enfans. Mais Timane, répondit Amandor, qui se ressouvenoit avec chagrin du cri qu'il avoit fait, & qui étoit fâché d'être sorti, par une indigne frayeur, de l'intrépidité de ceux qu'il imitoit; mais que prétendez-vous faire de ces chevaux? Seigneur Amandor, lui répondit Timane, je les ai amenés ici, afin que vous rêviez comme il faut qu'un homme comme vous rêve dans une forêt. S'il passoit ici quelque chevalier amoureux, il vous prendroit pour un vrai roturier d'être auprès d'un arbre, démonté; il croiroit peut-être que vous allez à pied comme un chat maigre, & cela feroit tort à votre maîtresse. Attachez donc bien proprement la bride de votre cheval à l'arbre auprès duquel vous reposez, afin que vous gémissiez dans les formes. Il fait beau voir un cordonnier sans cuir, un chevalier sans sa jument ou son cheval ; & moi, je m'en vais me mettre un peu loin de vous, par respect, comme je le dois dà, & je vous regarderai faire.

Cette imagination de Timane parut assez sage à Amandor ; il s'étonna même de n'y avoir pas songé comme lui ; & prenant la bride de la jument, il se préparoit à l'attacher à l'arbre, quand Timane l'arrêtant tout d'un coup par le bras : Attendez, attendez, seigneur, dit-il, il me vient un scrupule pour vous, c'est que vous attachez votre cheval à l'arbre, sans avoir monté dessus : marguenne, s'il m'en souvient, les autres descendoient de cheval, & puis l'attachoient après. Voyez-vous, une charrette ne va pas sans roue ; quand on fait un ragoût, il faut y mettre de tout. Çà montez, que je vous tienne l'étrier (car c'est là ma charge) ; je ne la voudrois pas changer pour la charge de notre maltotier. O ciel ! dit alors Amandor, sans répliquer à son écuyer, charmante, mais cruelle Félicie, que vous jetez mon esprit dans un grand désordre ! Oh ! dame, si elle savoit que son amoureux attache sa jument à un arbre, sans avoir monté dessus, dit Timane, elle ne le regarderoit pas plus que ses vieux souliers.

Cela dit, Amandor monta à cheval; Timane, le chapeau à la main, tenoit l'étrier. Dès qu'il fut sur la selle: Descendez à cette heure, lui dit-il; vous pouvez rêver dix mille ans, sans qu'on puisse vous dire le moindre mot. Laisse-moi, Timane, dit Amandor, & éloigne-toi un peu. Après ces mots, Amandor enfonça son chapeau, & prit une route qui conduisoit dans le plus épais de la garenne. Timane, voyant son maître marcher, courut vîtement délier la bride de son cheval pour le suivre; son maître cependant s'éloignoit toujours. Oh! morbleu le voilà qui marche, dit-il en grondant, & je ne suis pas derrière lui. En prononçant ces mots, il tâchoit de monter à cheval; mais le coursier quinteux, secouant la tête de chagrin de ce qu'on l'arrachoit à des feuilles qu'il mangeoit, se tournoit toujours de manière que l'empressé Timane ne pouvoit parvenir à mettre le cul sur la selle. Peste soit de la chienne de bête, disoit-il, cela n'a pas l'esprit de savoir, comme moi, qu'il faut suivre la jument de mon maître. Pourquoi les écuyers n'ont-ils pas laissé le secret d'apprendre aux chevaux tout le manège nécessaire à l'amour. Morbleu, je ne vois plus Amandor.

Ah! m'y voilà à moitié. En disant ces mots, il étoit effectivement monté à moitié; mais il ne pouvoit entièrement passer sa jambe par-dessus la selle; le cheval marchoit toujours d'un pas de trot, qui secouoit fortement le malheureux écuyer, bien mal nommé dans cette occasion.

Cependant il avoit peur de tomber. Ahi! ahi! s'écria-t-il. Oh! seigneur Amandor! au secours, attendez un moment: mais Amandor étoit bien occupé d'un autre aventure. Dans l'épaisseur de la garenne où son chemin l'avoit conduit, Félicie elle-même s'offrit à ses yeux, prévenue de l'amour le plus tendre pour Amandor, qui venoit de lui déclarer le sien il n'y avoit que deux heures; elle avoit, en se promenant, rencontré Perrette sa femme de chambre, à qui elle avoit raconté toute son aventure avec Amandor, la fierté cruelle dont elle avoit mortifié l'aveu de sa passion, & la contrainte barbare qu'elle s'étoit toujours imposée à elle-même, pour cacher à son vainqueur la victoire qu'il remportoit sur son cœur. Cette confidente (je veux dire Perrette, à qui le commerce actuel qu'elle avoit avec sa maîtresse, & la lecture fréquente des romans avoient inspiré des impressions à peu près du genre de celles de Timane, mais un peu plus adoucies), avoit calmé l'agitation de Félicie le mieux qu'elle avoit pu. Hélas ! lui avoit-elle dit, notre demoiselle, c'est un cruel mal que d'aimer ; mais il ne falloit pas tant désespérer votre chevalier : espérez cependant ; il ne sera pas assez benêt pour partir comme un muet, sans rien dire, & peut-être alors votre cœur se laissera-t-il aller. De pareils discours avoient été long-temps l'allégement que Perrette avoit apporté à la désolation de la triste Félicie.

Elles avoient toutes deux traversé l'endroit où elles étoient, & leur chemin insensiblement les avoit conduites dans le lieu le plus touffu de la garenne d'Amandor.

La douleur de Félicie, à la vue de ces lieux sombres, n'avoit fait que croître ; la solitude réveille l'amour & l'augmente. Cet endroit étoit trop convenable à la passion d'une dame de l'espèce de Félicie, pour en sortir sans l'honorer de quelque marque de la situation de son esprit.

Perrette, sur qui ce lieu faisoit à peu près le même effet, conseilla à Félicie de s'y reposer : on choisit un gros arbre, & épais, au pied duquel Félicie se plaça. Perrette, cette confidente digne de remplacer celle de Clélie même (s'il eût été possible), s'assit auprès de sa maîtresse, à qui les soupirs coupoient l'usage de la voix ; elle lui fait reposer sa tête sur elle, & d'un mouchoir, qui peut-être ne se trouva pas assorti à la noblesse de la situation, essuya les larmes qui couloient des beaux yeux de Félicie; beaux yeux dont quelques années de trop diminuoient à la vérité l'éclat & la vivacité, mais à qui l'avantage de pleurer si noblement remplaçoit bien tous les appas qu'un âge envieux & un peu trop avancé s'efforçoit d'effacer.

La posture de Félicie fut mise à profit, comme la moindre de ses démarches : il falloit que tout entrât dans le caractère de sa passion. Après avoir bien soupiré, & que la confidente eut suffisamment essuyé ses beaux yeux, elle crut qu'il étoit temps, pour consommer la situation, de s'abandonner à un sommeil que son abattement devoit exciter.

Je ne vous dirai pas au juste si ce sommeil fut naturel; peut-être que les yeux d'une héroïne d'amour sont stylés à concourir à tout ce qui peut composer un goût complet de noble tendresse.

C'étoit dans cet état que reposoit Félicie, quand Amandor, que son cheval & son inquiétude, de concert, conduisoient à l'aventure, rencontra cette aimable personne. Est-ce bien la souveraine de mon ame qui m'apparoît ici ? s'écria-t-il alors. O ciel! que tu sais, d'une manière toute extraordinaire, enchaîner les plaisirs aux malheurs! Après ce peu de mots dignes de l'agréable surprise où il se trouvoit, il avança, après avoir mis pied à terre. Perrette, sur les genoux de laquelle reposoit Félicie, fit un cri qui réveilla sa maîtresse assoupie. Amandor étoit déjà aux genoux de cette cruelle dame, quand elle ouvrit les yeux. Grands dieux! je vous rencontre, adorable Félicie, quand mon désespoir m'éloigne des lieux où vous êtes, dit-il (car le petit trajet qu'il avoit fait à cheval se présenta dès-lors à son esprit comme une fuite méditée). Hélas! que vous me punissez bien sévèrement de l'innocent accident qui fait que je trouble votre repos! Ah! seigneur, répondit Félicie à demi-pâmée d'une émotion que lui inspiroit une situation si bien & si naturellement amenée, ne cherchez point à le troubler davantage ce repos que je ne dois peut-être qu'à mille inquiétudes. Que venez-vous chercher ici? J'ai cru qu'un silence éternel & que votre éloignement m'épargneroient le trouble où vous me jetez à présent : laissez-moi. Oui, ma princesse, je vous fuirai, puisque vous me l'ordonnez, répondit Amandor; mais avant cette funeste fuite, laissez-moi la douceur de vous montrer encore une fois combien mon cœur vous adore, ou plutôt, sans vous en fier à une suite que mon cœur peut rétracter à tout moment, percez vous-même de ce fer (car il avoit son épée) ce cœur dont l'amour vous déplaît & vous outrage. Ah! seigneur, tant de tendresse m'épouvante, repartit Félicie; je ne hais point assez ce cœur pour..... Elle s'arrêta après ces mots; une rougeur qui se répandit sur son visage, acheva le sens de ce qu'elle vouloit dire, mieux que ses paroles ne l'auroient fait.

Pendant cette conversation si tendre, Timane, ce mal-adroit écuyer, galoppoit au travers de la garenne, sans avoir pu réussir à passer tout-à-fait sa jambe par-dessus la croupe de son cheval. Ce coursier mal mené (car Timane tenoit la bride) reniffloit, ruoit en secouant la tête, & dans son galop cahotant, offroit aux branches d'arbres les cheveux de l'écuyer à démêler; son chapeau étoit tombé de dessus sa tête; ses cheveux hérissés ajoutoient encore une certaine horreur comique à la laideur de son visage, dont la bouche ouverte aux cris faisoit un portrait effrayant. Après avoir bien couru deçà & delà, enfin le cheval conduisit le malheureux Timane dans l'endroit où se passoit la scène amoureuse. Timane aperçut son maître le premier, à qui il cria d'arrêter son maudit cheval; mais à la vue de celui d'Amandor, il s'arrêta de lui-même, & fit cesser les hurlemens de l'écuyer. Il descendit donc, &
s'apercevant

s'apercevant que Félicie & Perrette étoient avec son maître. Oh! oh! leur dit-il d'un grand sang-froid : & vous voilà toutes deux ; allez-vous comme nous vous mettre en route ? Mon cheval a bien fait de s'arrêter ici, cela m'épargnera la peine de vous aller trouver, demoiselle Perrette, qui maintenant aurez nom Dina, de même que j'ai changé le nom de Pierrot en celui de Timane, & le tout pour vous plaire. C'est ce que je vous apprends, & ce que vous avez eu la malice de ne vouloir pas deviner ; car mes yeux, depuis trois mois, vous ont dit de quoi remplir une main de papier. Je m'attendois bien que vous ne feriez semblant de rien ; & c'est fort bien à vous ; mais enfin l'occasion rend larron ; me voilà dans vos mauvaises graces : mais parguenne tout coup vaille, je m'en moque, puisque je vous aime, & que vous le savez tout comme moi. S'il ne faut que pleurer, courir la pretentaine avec Monseigneur Amandor, vous n'avez qu'à dire, nous partirons tous deux pour le bout du monde ; & quand nous ne pourrons plus passer, nous reviendrons vous voir : dame, viendra la rose après l'épine ! Mademoiselle Perrette, surnommée Dina, alloit répondre au tendre aveu de Timane, quand Amandor regardant cet écuyer d'un air de mépris : Apprenez Timane, lui dit-il,

P

que vous choisissez mal votre temps & le lieu pour déclarer votre passion à Dina, cette prudente confidente en conviendra ; songez à vous corriger. Je vous demande excuse, repartit Timane : Venez çà, continua-t-il en tirant assez durement Dina par la manche ; allons nous mettre auprès des chevaux, pour me prononcer ma sentence. Marguienne je trépigne de joie d'être banni de votre présence, agréable Dina, tant je vous aime. O que je vais pousser de soupirs en votre honneur & gloire ! que je vais faire trotter mon peste de cheval ! Allons vîte, répondez, pour me couper le chifflet. Dame, repartit Dina, je vous trouve bien effronté, Timane, puisqu'ainsi est, d'oser, à ma barbe, à mon nez, me dire que vous m'aimez ? Bon, s'écria l'écuyer, voilà qui va bon train, je verrai le bout du monde. Sachez, Timane, continua Dina, que vous m'offensez. Je le fais exprès, repartit l'écuyer ; dame je serois fâché de vous faire plaisir ; continuez. C'est donc pour vous dire, répliqua Dina, que vous alliez ailleurs porter votre face, que je ne la veux plus voir. Oh ! palsanguienne, répondit l'écuyer, il faudra que vous ayez de bonnes lunettes d'approche, si vous la voyez d'où elle sera ; mais quelque jour.... Sortez de ma présence, & ne me répliquez pas, ajouta la confidente. Cela n'en est pas, dit Timane, je dois toujours parler, & vous vous taire, & vous en aller, & puis après cela, je fuirai comme si j'avois le feu, je ne veux pas dire où. Puisque cela est comme cela, répondit Dina, je m'en vais donc rejoindre Félicie; j'ai cru que c'étoit à toi de te retirer: mais, Timane, écoute donc, ne va pas faire le sot, & t'en aller sans m'en avertir; car je t'aime dans le fond, & tout ce que nous faisons là, tu sais bien que ce n'est que pour la frime. Je te hais à présent; & lorsque tu viendras me dire adieu, tu verras comme je pâmerai d'amour. Adieu, bon voyage.

Quand Dina eut fini ce discours, elle retourna vers sa maîtresse, dont le cœur se distilloit en tendresse avec celui d'Amandor. Rien est-il plus doux que de s'entendre dire qu'on nous aime, quand ce plaisir succède à la crainte d'être haï? Jamais amant ne le ressentit plus vivement qu'Amandor; il étoit transporté d'une joie que tout son cœur à peine pouvoit contenir. Félicie, d'une langueur modeste, modéroit de temps en temps la vivacité de ses mouvemens. Cet amant quelquefois lui saisissoit ses belles mains, dont il ne détachoit sa bouche amoureuse que quand une exacte pudeur avertissoit Félicie de la retirer. Ces tendres caresses étatèrent apparemment un peu le respect, & notre amant osa porter la main au vénérable corset de Félicie, & le baiser d'une ardeur indiscrète.

Quel attentat! ô ciel! malheureux Amandor! Hélas! cette action doit être la source d'une infinité de malheurs. A cette audace, Félicie rougit de honte & de courroux, ses yeux se couvrirent d'un nuage qui présage le tonnerre dont elle va accabler son malheureux, mais coupable amant. Les roses un peu fouettées de son teint, l'incarnat de sa bouche, dont la beauté n'est altérée que par un peu de grandeur, se fanent, & font place à l'air pâle qu'amène la colère, quand une extrême rougeur a eu son tour. Elle se lève, & jetant sur son Amandor des regards capables de porter la terreur jusques dans le cœur de Mars même: Impudent, lui dit-elle, éloignez-vous pour jamais de moi, puisque ma bonté a enhardi votre ame jusqu'à me faire une insulte. Cette facile bonté se change désormais en haîne éternelle contre vous; & pour te prouver, téméraire, combien l'action que tu viens de faire irrite mon cœur, c'est que, sans m'en fier, comme tu m'as dit, à un éloignement de ta part, que ton impudence & ton peu de respect interromproient bientôt, je fuirai moi-même des lieux où tu seras. Adieu, tu n'as que faire de me répondre.

Que devint l'audacieux Amandor, après ces paroles ? Jamais la femme du pot au lait ne fut plus étonnée du maudit accident qui renversoit les projets de sa fortune ; jamais plaideur ne fut plus surpris de trouver sa bourse vide, après dix ans de procès, dont le dernier jour est égal au premier ; jamais enfin fondeur de cloches ne resta plus sot de voir couler & répandre sa fonte. Il n'eut pas la force de répliquer d'abord, Félicie marchoit déjà pour s'en aller ; mais quand il vit qu'il alloit la perdre, cette pensée lui rendit un peu sa présence d'esprit ; il courut, tremblant, arrêter la fuyarde par sa robe ; mais Félicie, se retournant encore avec plus de courroux qu'elle n'en avoit jamais montré : N'augmente point ton crime, lui dit-elle, par une importunité que j'abhorre ; & si ton cœur, après ce que tu viens de faire, est capable de m'aimer encore, épargne-moi, par amour, la honte & le chagrin de te voir.

Après ces mots, elle lui tourna rigoureusement le dos. Amandor s'étoit jeté à genoux ; il y demeura comme immobile ; ses yeux seuls jouoient de la prunelle, mais d'une manière qui prouvoit qu'ils n'avoient de mouvement que pour se donner à l'étonnement affreux de voir Félicie fuyante, avec des résolutions aussi funestes que celles qu'elle prenoit. Timane, qui effectivement étoit resté auprès des chevaux, pour observer dès ce moment le congé que lui avoit donné Dina, entendit cependant tout le démêlé d'Amandor & de Félicie; il avoit même aperçu l'action de ce chevalier; & dès-lors il avoit condamné son audace, se ressouvenant fort bien que les livres ne marquoient pas que jamais amant eût osé toucher au corset de sa maîtresse.

La seconde reprise de courroux de Félicie l'affligea beaucoup; il eut de la compassion pour son malheureux maître, parce qu'à vue de pays, il voyoit naître de cela mille tourmens qui ne finiroient peut-être pas si-tôt; mais quand il s'aperçut que Dina s'évadoit de son côté avec Félicie, & qu'il ne trouveroit sans doute plus l'occasion de revenir lui parler, comme il étoit nécessaire, pour que leur tendresse fût dans l'ordre, il courut à elle, & l'arrêta. Eh! eh! Dina, parlez donc; avant que vous vous en alliez, dit-il, sachez donc, cruelle opiniâtre, que je me tuerai peut-être de chagrin de vous avoir déplu par la signification de mon amour. Ce n'est pas le tout que de mourir ; apprenez que je ferai autant de bruit par monts & par vaux, qu'en feroit un millier de chats qui font à leur fabbat ; je retrancherai la moitié de ma pitance à chaque repas, pour devenir maigre & pâle comme un étique, tant qu'à la fin trépas s'en fuive, & vous ferez contente, & moi aussi. Ah! que me dites-vous, petit fripon d'écuyer, répondit Dina; vraiment vous mettez mon cœur dans un grand tracas ; je ne fais que dire ni que faire : mais ne voyez-vous pas bien que je rougis, & que ma chienne de langue va plus vîte que je ne voudrois. Vous pouvez vous en aller quand il vous plaira ; mais si vous m'en croyez, notre amant, rien ne vous presse. Adieu, Timane ; je ne puis plus soutenir le regard de vos amoureuses prunelles : j'en ai trop dit ; mais on ne peut pas ôter de cela comme d'un morceau de gâteau. Ah! ma reine, s'écria alors Timane ; je ne me sens pas de plaisir : morbleu ! que cela est bien ! quel charme d'être aimé d'une fille qui parle sans qu'elle sache ce qu'elle dit! Mais, Dina, voilà mon maître, que votre maîtresse ne veut plus voir. Félicie s'en va peut-être sortir de ces lieux en charrette, ou sur une mule ; Amandor, de son côté, va se désespérer parmi les loups dans les forêts, en attendant que le coup de couteau qu'il a baillé au cœur de Félicie soit refermé. Eh! dame, que ferai-je avec lui, si nous n'avions pas aussi quelle ensemble. Approchez, Dina, que je vous tâte itou votre gentil corset, & puis après cela, plus fière qu'un capitaine aux gardes, vous vous carrerez, pour me regarder du haut en bas; vous me direz que je suis un coquin, un insolent, un dévargondé; après, vous me tournerez itou le dos, comme Félicie: je serai étonné, les esprits me reviendront; je courrai après vous; je me jetterai à terre; vous vous retournerez pour me traiter encore comme une voirie, & puis j'aurai ma part aussi bien qu'Amandor; & pendant qu'il gémira de son côté, je crierai comme un chat qu'on écorche, de l'autre; & voilà le plaisir de l'amour, quand on veut se distinguer.

A peine Timane eut-il prononcé ce grotesque discours, qu'il approcha de Dina, & fit ce qu'il venoit de projeter, sans qu'elle eût le temps de s'en défendre; Dina, en se reculant lui donna un coup de poing dans l'estomac, qui fit reculer l'audacieux de quatre pas. Ah! ah! notre écuyer de chat, comme vous y allez! marguenne, je ne sai à quoi y tient que je ne vous arrache les yeux: en galères, malheureux, & retire-toi, car je t'étranglerai avec ma jarretière. Par la sanguienne, quand tu le ferois, je ne serois pas plus aise que je le suis, dit Timane. Dina, là-dessus, s'en alla; Timane se mit dans la posture d'un homme étonné, & puis quita ses sabots (car c'étoit sa chaussure) pour courir après elle; il l'attrapa par son cotillon, qu'il tira comme s'il avoit voulu le déchirer, & puis se jetant à genoux : Hélas ! Dina, ne soyez point tant furieuse, considerez la misère où je suis. Housse, insolent, repartit Dina en se retournant, vous n'êtes qu'un âne d'écuyer; & après ce peu de mots expressifs, elle continua son chemin.

Mais je m'apercois, dis-je à la compagnie, qu'il y a bien assez long-temps que je parle; l'histoire est maintenant assez en train; vous avez ri dans quelques endroits, peut-être vous a-t-elle fait un peu de plaisir : à vous le déz à présent, Madame. Oh, mon Dieu ! répondit-elle, mais vraiment l'entreprise me paroît plus sérieuse que je ne pensois, & je vous avoue qu'il faut que vous optiez, ou du comique, ou du grand; car franchement je n'ai point assez de capacité pour soutenir la critique que vous venez de faire des amours apparemment romanesques. Cette critique est mêlée successivement de sérieux & de burlesque, n'espérez point les deux avec moi. Nous prendrons ce que vous nous donnerez, lui dit le bel-esprit, & je suis persuadé que vous inventerez avec assez de sentiment, pour nous faire pleurer aussi agréablement que Monsieur nous a fait rire. Allons, Madame, du beau, du merveilleux, & sur-tout de ces situations tragiques, étonnantes & tendres. Vous ne dites point cela d'un air, dit-elle, à me faire espérer que vous les sentirez; mais n'importe, puisque c'est mon tour, commencons: votre histoire en est à la suite de Dina, qui rejoint apparemment sa maîtresse irritée; Amandor & Timane sont restés tous deux dans la garenne.

Félicie, justement irritée contre Amandor, éxecuta ce dont elle l'avoit menacé; à peine eut-elle quitté ce téméraire amant, qu'elle songea à s'éloigner d'un lieu où, sans doute, elle seroit toujours exposée aux importuns empressemens d'un homme qu'elle ne pouvoit absolument haïr, mais que sa pudeur & les lois de respect qu'il avoit violées devoient lui rendre haïssable. Elle arriva chez elle: là, ses soupirs retardent d'abord les soins qu'elle va prendre pour s'éloigner. O Ciel! s'écria-t-elle cent fois, à quelle sorte de chagrin suis-je donc reservée? j'aimois l'audacieux Amandor; le perfide, à force de respects artificieux, a su toucher mon ame, & j'ai la honte d'avoir marqué que j'aime, à qui a bien pu s'en tendre indigne. Quoi ! ma tendresse & son respect n'ont pu me garantir de l'insulte la plus grande que jamais malheureuse amante ait soufferte ? Ah Ciel ! après cette action, étouffe du moins dans mon cœur ce qui me reste encore de flamme. Ce sont-là, pour quelques momens, les tristes réflexions qui l'occupent : en vain Dina s'efforce de calmer sa douleur ; Amandor est un criminel que rien ne peut justifier ; il faut le fuir : partons, dit-elle, éloignons-nous ; je le dois ; ma colère l'exige ; allons l'entretenir par le secours de l'absence : c'est la haine à présent qui doit être à la place des tendres sentimens que j'eus pour l'ingrat. Mais ce n'est pas assez que de m'éloigner ; je renonce aux habits d'un sexe qui pourroit encore allumer de téméraires flammes ; je veux priver ma funeste beauté du droit de plaire aux hommes. Non, né t'expose plus, malheureuse Félicie, à donner des impressions qui ne tournent qu'à ta confusion ; crains d'exciter un amour dont tes amans te punissent si cruellement. C'en est fait, Dina, qu'on m'apporte des habits d'homme, il en est ici plusieurs ; prends-en un pour toi ; il me tarde de quitter les miens, dont la vue excite encore mes douleurs. Or, Messieurs, je suppose ici que Félicie eut des habits tout prêts ; & comme Monsieur a dit qu'elle étoit veuve, on peut présumer qu'elle avoit encore toute la défroque du défunt, sans compter des habits à l'antique, dont, de père en fils, pouvoit avoir herité son mari. Au reste, dans le goût du roman que je traite, les actions doivent se faire avec cette commodité charmante qui se présentoit aux héros de roman, dans tout ce dont ils avoient besoin. Revenons.

Dina obéit; elle apporta nombre d'habits, dont Félicie choisit celui qu'elle crut lui convenir le mieux. Dina s'habilla comme elle; deux chevaux après furent tirés des écuries: elles partirent toutes deux dans ce déguisement.

Félicie, d'un air pensif, enfoncée dans la rêverie la plus mélancolique, suivit le premier chemin qui s'offrit. Je laisse la situation d'Amandor à traiter à un autre; ce que je puis dire, c'est qu'il se douta bien que Felicie fuiroit, & qu'il la perdoit pour jamais, ou du moins pour long-temps: J'ai dit qu'un autre après moi nous apprendra ce qu'il devint.

Félicie traversa d'abord, pendant trois ou quatre heures de marche, un pays assez désert; quelques bergers, jouant sur leurs chalumeaux des airs sauvages, furent les seuls qui interrompirent ses inquiétudes.

Félicie, dans les raisons de son déguisement & dans ce déguisement même, ressembloit trop à nombre d'amantes dont elle avoit lu les histoires, pour ne pas ressentir tout le plaisir d'une situation qui avoit l'air d'une si grande aventure : d'une seule vue, elle se représenta tout ce qu'elle avoit lu de pareil; la force & le courage passèrent dans son cœur; & jalouse d'ajouter un exemple de ce que peut quelquefois une femme, à tous ceux que ses semblables nous ont laissés, elle attendit, pour ainsi dire, avec quelque sorte d'impatience, l'occasion de signaler un cœur que les hommes ordinairement ne croyent propre qu'à l'amour.

Ces pensées l'occupoient assez agréablement, pour balancer, par un motif de gloire, le chagrin que la hardiesse de son amant lui inspiroit, quand, fatiguée du voyage & d'inquiétude, il lui prend envie de descendre de cheval, pour se reposer un moment. Déjà le soleil couché alloit faire place à l'obscurité de la nuit; elle se trouvoit alors dans une espèce de vallon bordé de deux rochers: en avançant au pied d'un de ces rochers, l'entrée d'une caverne se présenta à ses yeux; cette entrée vaste faisoit présumer que la caverne étoit spacieuse : en examinant de plus près, elle aperçut des pas d'homme, à la faveur d'un reste de jour.

Il est aisé de s'imaginer que, dans sa situation d'esprit, courageuse, affamée d'aventures, Félicie ne pouvoit rien rencontrer qui lui parût plus charmant ; aussi le hasard qui l'avoit conduite à cette caverne, sembloit-il présager quelque chose de rare & de singulier.

Elle examina long-temps les avenues de cette caverne ; la manière dont l'entrée étoit formée ne lui parut point un simple effet de la nature, & elle conclut qu'absolument des bêtes féroces n'étoient point les hôtes de ce sombre réduit.

Ce jugement qu'elle porta ne servit qu'à l'exciter davantage à savoir par elle-même ce que ce pouvoit être ; elle ordonna à Dina qui avoit changé de nom, pour prendre celui de Mérin ; elle ordonna, dis-je, à Mérin, d'attacher leurs chevaux à quelque arbre, & de se tenir à l'entrée de la caverne, pendant qu'elle pénétreroit dedans pour mettre à fin une aventure qui lui sembloit digne d'être le coup d'essai de son courage. Vous ne manquerez pas de penser, continua la dame en souriant, que cette intrépidité ne pouvoit être que l'effet de ses folles impressions : je ne chercherai point à justifier son action ; mais souvenez-vous que des impressions qui n'inspirent que des vertus, ne devroient passer pour folles dans l'opinion de personne, & que les siècles passés ne les estimoient vertus, que parce que la noblesse, la grandeur d'ame, & le courage étoient parmi les hommes aussi ordinaires que le sont à présent l'intéret, l'avarice, & la volupté, qui ont insinué dans les sentimens des hommes un caractère petit & borné, qui ne ridiculise les antiques vertus, que parce qu'elles ne sont pas ajustées à leur petitesse. Je suis femme, & vous me pardonnerez d'avoir pris le parti de Félicie dans une action qui ne me paroît blâmable, que parce qu'elle n'est plus d'usage. Félicie se détermine donc à pénétrer dans la caverne ; Mérin en occupe l'entrée le sabre à la main, & avec une fermeté digne du genre de vie qu'il embrassoit. Félicie marche, ayant aussi le sabre à la main ; une affreuse obscurité l'empêche assez long-temps d'examiner quel est l'endroit où il avance ; des cris perçans qu'il entend après (car je le traite en homme dans l'idée du nom *Ariobarsane*, qu'il m'est échappé de vous dire qu'il doit porter à present) ; des cris perçans, dis-je, qu'il entend, rallentissent un peu son ardeur ; il frémit, & son intrépidité cède pour quelques momens à toute l'horreur d'une pareille aventure ; il sent chanceler son courage, & s'animant alors par la noble satisfaction de n'avoir rien à se reprocher, il marche en frappant de son sabre à droite & à gauche.

A mesure qu'il avance, les cris qu'il entend augmentent; mais ce sont des cris affreux, à qui les voûtes ou la profondeur de la caverne prêtent un son qui les rend encore plus épouvantables & plus funestes. Un bruit de chaînes frappe aussi ses oreilles ; l'obscurité dans laquelle il marche dure toujours, & rien ne se présente à lui.

Cependant, après avoir marché long-temps, une porte qu'il crut d'airain arrête ses pas & son sabre ; le bruit qu'il fait en le frappant, est suivi d'une voix horrible qui s'écrie : Malheureux, qui que tu sois, que viens-tu chercher dans ces lieux ? J'y viens, répondit Ariobarsane, éprouver mon courage, & contre toi, si tu mérites par tes forfaits ma noble fureur, & contre tous tes infames compagnons qui causent apparemment les malheurs & tous les gémissemens de ceux dont les cris pitoyables se font entendre.

A ces mots qu'Ariobarsane prononce, son courage devient plus ferme que jamais; l'horreur de l'aventure est pour son cœur une raison de plus d'intrepidité ; sa réponse même à l'inconnu

connu qui lui parle, porte avec elle un caractère de merveilleux qui réfléchit sur son ame: ouvre cette porte que la cruauté tient fermée, ajouta-t-il, ouvre, ou crains mes efforts. *Va, malheureux*, répond l'inconnu, *tremble & profite de la terreur que ce lieu, cette même porte, & les cris que tu as entendus, doivent t'inspirer; recule, pour fuir à des maux affreux qui t'attendent, si tu t'obstines à demeurer.* Je crains peu les maux dont tu me menaces, repartit Ariobarsane; j'en veux bien courir les risques: mais que mon intrépidité & le mépris que je fais de ce que tu viens de dire, soient pour toi un sujet de crainte aussi grand que le doit être pour moi l'aventure que je vais tenter.

Après ce peu de mots, Ariobarsane, sans attendre la réponse du fier inconnu, donne à la porte un coup du pommeau de son sabre avec une force & une vigueur qui montrent qu'il n'a plus rien de la foiblesse de son sexe; Bradamante, dans ses plus terribles faits d'armes, ne fit peut-être aucune action qui pût aller de pair avec ce coup d'essai de notre nouvel Ariobarsane. Au coup furieux dont il frappe la porte, elle s'ouvre avec un bruit épouvantable; mille hurlemens affreux accompagnent ce bruit, un cliquetis d'armes est mêlé parmi eux. Ariobarsane s'anime par

Q

la nouveauté de l'aventure : il entre ; mais l'obscurité trompe sa valeur, & lui dérobe un péril dans lequel il va succomber. A peine a-t-il avancé un pas, que ses pieds rencontrant des degrés à descendre, il chancelle, il tombe, & après avoir roulé très-long-temps sans quitter son sabre, sa chûte le porte enfin dans un lieu sombre; une petite lampe au haut du plancher est l'unique clarté que reçoit ce lieu qui lui paroît comme une cave; il ne peut distinguer les objets, une odeur infectée, comme de cadavres, le saisit; il marche pour trouver une issue par où il puisse sortir de ce funeste lieu.

A peine a-t-il avancé deux pas, que deux cadavres l'arrêtent. Quelle horreur, grands dieux ! & peut-on dire après que l'impression des romans est folie, puisqu'elle rend une femme capable de soutenir avec courage une aventure dont le simple récit doit vous épouvanter ? Ariobarsane, avec une assurance intrépide, écarte de ses pieds les cadavres qui l'empêchent de traverser.

Il entrevoit une porte extrêmement basse; il n'hésite point à y passer, rien ne l'arrête : une galerie assez longue, plus éclairée que la cave, se présente à ses yeux; il n'y rencontre personne; de là, il passe dans une autre galerie, d'une longueur à perte de vue, éclairée d'une infinité de lustres. Mais, ô ciel ! quel nouveau spectacle frappe alors ses yeux ! Il voit un nombre prodigieux de femmes extrêmement belles: les unes se promènent avec une langueur & une pâleur mortelle sur le visage; les autres, assises dans des fauteuils, lèvent au ciel des yeux baignés de larmes, & semblent l'implorer, pour les tirer de l'état où elles sont; il en voit qui, couchées sur des lits, paroissent assoupies d'un sommeil que des chagrins mortels ont provoqué.

Celles qui se promènent, font un cri de surprise en voyant entrer Ariobarsane, son sabre nu. L'air martial & même affreux que ses actions ont imprimé sur son visage, épouvante d'abord cette triste troupe. Ariobarsane remarque leur crainte; il baisse alors son sabre, & s'avançant avec douceur, il leur témoigne qu'il n'est point dans ces lieux pour leur nuire.

Ces femmes se rassurent; un étonnement de joie même succède à la craintive surprise que d'abord il leur avoit inspirée. Ne craignez rien de moi, leur dit-il, ces armes que je porte ne doivent servir qu'à vous tirer des malheurs où vous me paroissez plongées. A ces mots, il ajoute tout ce qui peut éloigner la crainte de leur cœur; & joint à son discours le récit de la manière dont il est arrivé dans ces lieux. Ah! Seigneur, s'écrie une de ces femmes à qui il parle, hélas! vous êtes perdu, vous ne reverrez plus la lumière du soleil; & quelle que soit votre valeur, vous aurez ici le sort que nous avons toutes. Ne craignez rien pour moi, répondit Ariobarsane, le ciel veut sans doute que je vous affranchisse de l'état où vous êtes, & que je juge malheureux par ce que vous venez de me dire: mais hâtez-vous de m'expliquer ce que signifie tout ce que je vois; dites-moi dans quels lieux je suis, & la raison enfin de tout ce que j'ai rencontré.

HISTOIRE DU MAGICIEN.

SACHEZ donc, seigneur, lui répondit cette dame, que c'est ici la retraite d'un fameux magicien & de sa sœur; il y a près de deux cents ans qu'ils sont tous deux retirés dans ces lieux affreux que leur art a rendus comme inaccessibles: tous ceux qui sont ici vivans, y sont du même temps que lui; & malgré la jeunesse que vous voyez peinte sur les visages de ces dames infortunées, qui languissent dans cette salle, & sur le mien même, nous y sommes toutes entrées au même moment que nos deux magiciens.

Mais, pour apprendre l'origine de nos malheurs, sachez qu'il y a près de deux cents ans que régnoit un sophi de Perse; il étoit dans le printemps de son âge; il avoit une extrême passion pour les femmes: mille émissaires, dispersés en differens lieux, lui en envoyoient tous les jours; jamais sérail ne fut plus rempli de beautés que l'étoit le sien. Hélas! ce malheureux prince avoit bien de quoi contenter son humeur amoureuse, si ce qui est en notre pouvoir, quelque beau, quelque précieux qu'il soit, ne perdoit de son prix dès que nous le possédons. Il chassoit un jour, & s'étoit écarté tout seul de la bande des chasseurs; en traversant un petit chemin, il aperçut une petite maison, auprès de laquelle étoit une jeune fille d'environ quinze ans, dont la beauté frappa ses yeux (jamais objet aussi ne fut plus digne de son admiration); elle avoit de ces charmes naïfs, & cependant majestueux tout ensemble; la douceur & la fierté ajoutoient aux traits de son visage tout ce que ces deux différens airs peuvent avoir de plus noble & de plus enchanteur. A cette vue, le Prince surpris s'arrête; il s'enflamme; il soupire : la jeune fille, qui remarque son étonnement, rentre dans la maison, & se dérobe promptement aux regards amoureux du prince. Ce jour-là, son habit de chasse étoit magnifique, & l'assurance qu'inspire ordinairement le rang qu'il tenoit, lui fait prendre la résolution d'entrer dans cette maison, pour savoir à qui elle appartient, & quels sont les parens de la belle personne qui vient de frapper ses yeux. Son dessein n'étoit pas de se déclarer; il descend de cheval, il entre; une vieille femme paroît, & lui demande ce qu'il désire. Je suis, répondit-il, un chasseur égaré de la troupe de mes camarades; l'agitation & la fatigue m'ont donné une soif insupportable, & je viens vous prier de vouloir bien me faire donner de l'eau pour me désaltérer. Vous allez être satisfait, repartit cette vieille femme, & je m'en vais vous en apporter moi-même.

Après ces mots, elle quitte le prince pour un moment, & revint avec un gobelet & une cruche pleine d'eau de source. Quoique le prince n'eût aucune envie de boire, il ne laissa pas de le faire avec autant d'avidité que s'il eût été très-altéré. Pendant que la vieille femme lui versoit à boire, la jeune fille, qui s'étoit retirée dans la chambre prochaine, approcha, par une curiosité naturelle à la jeunesse. Sa vue surprit le prince presque aussi agréablement que la première fois : il but cependant, & rendant le gobelet d'un air distrait à la vieille : Vous avez là pour fille une bien aimable personne, lui dit-il. Je ne suis point sa mère, lui repartit la vieille, mais seulement sa tante ; son père & sa mère sont morts ; elle n'a qu'un frère, qui depuis deux ans est absent.

A peine la vieille tante achevoit-elle ce discours, que les chasseurs, qui s'étoient rejoints, & qui s'étoient aperçus de la perte du prince, passèrent auprès de la maison dans laquelle il étoit entré : son cheval, qu'ils aperçurent à la porte, leur fit juger qu'il n'étoit pas loin de là. Ils s'arrêtent auprès de la maison ; un deux entra, & voyant le prince, il le salue avec un respect qui fit juger à la vieille & à sa niece, que celui à qui ils venoient de donner à boire étoit le sophi lui-même. La tante alors se jeta à ses genoux, & lui demanda pardon des fautes que l'ignorance où elle étoit de son rang lui avoit sans doute fait commettre. Vous n'en avez point commis, lui repartit le prince en la relevant, & quand votre accueil auroit été cent fois moins honnête, il me suffiroit, pour l'oublier, d'avoir eu le plaisir de voir chez vous votre aimable nièce. Ses charmes ont pénétré mon cœur; elle habite des lieux indignes d'elle, tant de beauté ne doit point être ensevelie dans une affreuse retraite; quittez votre maison, & laissez-y tout ce que vous possédez: les biens dont je vous comblerai toutes deux, vous dédommageront bien de ceux que vous quitterez: votre nièce désormais aura mon sérail pour demeure: vous ne la perdrez cependant pas; je ne veux point vous arracher ni l'une ni l'autre à votre mutuelle tendresse; vous vivrez ensemble. Seigneur, répondit la tante, vos faveurs sont extrêmes, & nous ne pouvons jamais les mériter, quelque service que nous vous rendions. Vous demandez ma nièce *Bastille*; je suis persuadée que sa propre inclination la détermineroit aisément à suivre un prince de votre âge, & qui veut l'élever dans un si haut degré d'honneur; mais elle n'est point à moi; son frère Mesti doit revenir incessamment, il me l'a confiée; il reviendra même avec un de ses amis qu'il lui a destiné pour époux; ayez la bonté, seigneur, de différer de quelque temps le bonheur que vous lui réservez; il n'aura point sujet de se plaindre de ma fidelité, & l'honneur dont vous comblez notre famille l'engagera lui-même à la refuser à son ami, & à vous la présenter.

Les Amans sont impatiens; le prince ne goûta point ces raisons. Ce n'est point manquer de fidelité, répondit-il à la tante, que d'obéir aux volontés de votre sophi; mon amour ne peut se contraindre jusques-là: son frère n'aura point lieu de se plaindre, suivez-moi. La tante voulut repartir; mais le prince lui marqua, par un geste, qu'il falloit qu'elle obéît sur le champ; en même temps il alla saluer la belle Bastille, qui le reçut d'un air qui, quoique mêlé d'une modeste timidité, avoit je ne sais quelle assurance digne de la personne la plus accoutumée à la grandeur. Le prince ordonna qu'on l'aidât à monter à cheval; on aida la tante à en monter un autre. Le prince ne quitta point les côtés de *Bastille*; il remarqua dans ses réponses un esprit, sinon cultivé, du moins disposé à recevoir les impressions les plus fines & les plus polies. Elle ne parut point déconcertée. La petite violence que je fais à votre tante, belle Bastille, vous est-elle désagreable, lui dit le prince, & avez-vous autant de répugnance à me suivre, qu'elle en a eu à vous laisser emmener? L'honneur que vous me faites, & vos empressemens pour moi, repartit Bastille, sont dignes d'un autre prix; les raisons de répugnance de ma tante ne me doivent point toucher jusqu'à partager ses sentimens; & cet époux que mon frère me destine, n'a rien d'assez charmant pour effacer dans mon cœur la reconnoissance que je vous dois.

Le prince & Bastille s'entretinrent de pareils discours jusqu'au sérail. Je ne vous ferai point un détail inutile de tout ce qui se passa; qu'il vous suffise de savoir que Bastille occupa le prince uniquement, qu'elle répondit à sa tendresse par les sentimens les plus vifs; que sa fortune n'altéra point la modestie de ses manières, & que ce degré d'honneur où l'amour du prince l'éleva, n'accoutuma son cœur qu'à plus de noblesse & de grandeur, sans lui inspirer aucune vanité.

Les choses en étoient à ce point, quand le frère de Bastille arriva, comme l'avoit dit la tante: cet ami, qui devoit être l'epoux de Bastille, le suivoit avec l'empressement d'un homme qui croit devenir possesseur de la plus belle personne du monde. Mais quel fut leur étonnement à tous deux, quand quelques domestiques qui étoient restés à la maison, leur apprirent l'aventure de Bastille, & la manière dont le sophi l'avoit fait conduire au sérail avec sa tante! L'amant pâlit à ce discours, le frère de Bastille partagea sa douleur autant qu'il put; mais dans le fond de son cœur, il fut charmé du haut rang que tenoit sa sœur, & de celui qu'il esperoit désormais tenir lui-même. Je suis fâché, dit-il à son ami, qu'une puissance aussi supérieure enlève ma sœur à votre amour; vous voyez que j'étois dans la résolution de vous tenir parole; mais que puis-je contre le sophi, que m'abaisser devant lui, & le remercier de la faveur qu'il a faite à Bastille ? Consolez-vous, mon cher ami, selon toute apparence le sophi me comblera de biens; si je n'ai pu vous donner ma sœur, je vous ferai part de ma fortune; j'intéresserai ma sœur à demander au prince qu'il vous dédommage de la perte que vous faites, & vous serez en état de contracter une alliance infiniment au-dessus de celle que vous auriez faite avec moi. Je vous suis obligé de toutes vos offres, repartit cet amant; j'ai perdu Bastille; je l'aimois, mon cœur impatient s'est fait une nécessité de l'aimer toujours; l'espérance de la posséder m'en a laissé une impression que la mort seule peut détruire: jouissez des honneurs que vous pouvez légitimement attendre, & laissez-moi expirer de douleur. Le frère de Bastille voulut en vain modérer tant de désespoir par les raisons les plus consolantes; ses discours ne faisoient qu'aigrir la douleur de son ami; il ne lui en parla plus.

Cependant le prince, qui, de temps en temps, envoyoit savoir si le frère de Bastille étoit venu, apprit son retour le lendemain. Mesti, qui est le nom de ce frère, eut ordre d'aller avec son ami parler au sophi. Cet ami désespéré fit d'abord quelque difficulté de le suivre. Non, non, disoit-il à Mesti, allez-y seul; tout prince qu'il est, le respect & la vénération qu'impose son rang aux autres hommes, n'agissent point sur moi; je le hais; c'est un rival que sa puissance me peint encore plus épouvantable. Que veut-il me dire ce sophi superbe? Je n'attends rien de lui; la mort est le seul bien que je puisse à présent goûter.

Cependant, malgré cet emportement, Mesti lui parla avec tant de sagesse, qu'enfin il le détermina à paroître devant le Sophi.

Ce prince reçut le frère de Bastille avec les dernières marques de bonté & de douceur; à l'égard de son ami, il lui dit : Bastille vous étoit destinée; je l'ai trouvée digne de mes empressemens; si vous l'aimez véritablement, vous devez vous consoler de sa perte, par le haut rang auquel ma faveur l'a élevée : mais je prétends vous faire oublier le chagrin que vous avez ressenti sans doute, en rendant votre sort heureux, Allez trouver le garde de mon tréfor; il a ordre de vous délivrer une somme d'argent confidérable; & dans les suites espérez tout de mes bontés. Pour vous, Mesti, dont j'ai le bonheur de posséder la sœur, je vous donne, en revanche, une de mes sœurs en mariage. Après ces mots, Mesti se prosterna aux genoux du Sophi, pour le remercier de l'honneur dont il le combloit; son ami l'imita, mais de mauvaise grace & par grimace. Le sophi s'en aperçut, mais comme ce prince avoit des sentimens fort humains, & qu'il comprenoit, par le bonheur qu'il y avoit de posséder Bastille, ce qu'un homme qui venoit de la perdre devoit ressentir de désespoir, il pardonna à l'ami de Mesti le peu de reconnoissance qu'il témoignoit pour le don qu'il lui faisoit. Mesti, avant de quitter le prince, le pria de vouloir bien qu'il embrassât sa sœur; le sophi y consentit, & lui dit de revenir le lendemain. Il n'y manqua pas; il l'embrassa; & comme il y avoit long-temps qu'il ne l'avoit vue, il fut surpris lui-même de l'éclat & de la beauté qui brilloient sur son visage.

Cependant, quelques jours après, il épousa la sœur du sophi, qui, après Bastille, étoit la plus belle personne de la Perse. L'ami de Mesti, que j'appellerai Créor, alla trouver le garde du tréfor, qui lui délivra une fomme d'argent confidérable, & capable de l'enrichir pour le refte de fes jours. Dès qu'il fe vit en poffeffion de cet argent, il réfolut de quitter la Perfe, & d'aller, par de longs voyages, effacer la funefte impreffion qui lui reftoit dans le cœur. Il part, après avoir dit adieu à Mefti, à qui la qualité de beau-frere du fophi ne faifoit point méconnoître ceux que la naiffance avoit faits fes égaux. Il ne fe fervit de la fortune qui l'élevoit au-deffus d'eux, que pour s'en faire aimer davantage, en partageant avec eux les biens dont le fophi le combloit à tous momens.

Je vous ai dit, feigneur, que Créor étoit parti ; le troifième jour de fon voyage, en marchant dans un chemin efcarpé, il aperçut fur un roc un vieillard vénérable qui dormoit ; à quelques pas du vieillard, il vit une femme qui tenoit un poignard à la main, & qui s'approchoit le plus doucement qu'elle pouvoit, de peur d'éveiller ce bon-homme qu'elle avoit deffein d'égorger. La réfolution de cette femme la rendoit fi attentive à l'action qu'elle alloit faire & aux mefures qu'il falloit prendre pour l'achever avec fuccès, qu'elle n'aperçut point Créor. Cependant elle étoit déjà proche du vieillard, déjà même elle étoit prête à lui enfoncer le poignard dans le cœur, quand Créor fit un cri qu'une compassion naturelle lui arracha, & s'avança très-vîte à cheval, pour empêcher cette femme de commettre ce meurtre. Au cri qu'il fit, & au bruit de son cheval, le bon-homme s'éveilla, & le premier objet qui frappa ses yeux mal éveillés, ce fut cette femme tenant le poignard à la main pour le tuer; elle voulut alors se percer elle-même, comme pour se punir, de rage d'avoir manqué son coup; mais son désespoir ne lui servit de rien; &, malgré tous ses efforts, elle ne put enfoncer le poignard dans son sein. *Tu veux te faire mourir en vain, lui dit alors le vieillard en se frottant les yeux avec autant de tranquillité que s'il eût été éveillé par l'aventure la plus agréable; ton poignard te donneroit une mort trop douce, & qui puniroit mal ta perfidie; vis, malheureuse, mais pour expirer d'une langueur éternelle, & pour ne garder de la vie que ce qu'il en faut pour sentir l'horreur d'une mort toujours prochaine.*

Après ces mots, il se leva, en s'appuyant sur un petit bâton; & se retournant du côté de Créor: Vous à qui je dois la vie, dit-il, approchez, étranger, & sachez que le plus grand bonheur qui pût vous arriver, étoit celui de me rendre ce service; suivez-moi: vous me paroissez fatigué; venez vous reposer chez moi.

Cela dit, il avança le premier vers Créor, que l'inutilité du désespoir de la femme & les paroles de vieillard avoient rendu comme immobile.

Tout ce que vous voyez vous surprend sans doute, continua le veillard; ce que vous y remarquez de prodigieux vous inspire peut-être de la crainte: mais rassurez-vous, vous êtes en sûreté; &, quant à présent, toute la terre s'armeroit contre vos jours, toute la terre ne pourroit rien contre vous.

Créor, entendant le vieillard parler de cette manière, se hâta de descendre de cheval, & s'approchant de lui avec le respect dû à son âge, & peut-être au pouvoir qu'il soupçonnoit être en lui: Je suis charmé, répondit-il, de vous avoir garanti de la mort; elle vous a respecté trop long-temps, pour qu'elle dût vous faire cesser de vivre par un accident aussi tragique: je vous suivrai au reste par-tout où vous voudrez; la vénération que vous m'imprimez ne me permet aucune méfiance de vous, & je recevrai avec toute la sensibilité dont mon cœur est capable, les faveurs que vous voulez me faire, quoique je n'en exige point d'autre que l'obligeante reconnoissance que vous m'avez témoignée. Après ce discours, le vieillard l'embrassa, & le prenant par la main, il le conduisit

auprès

auprès de la femme qui étoit restée immobile dans la posture d'une personne qui veut se tuer; elle n'avoit que le mouvement des yeux libre, mais ses yeux seuls suffisoient pour exprimer toute la rage qu'elle ressentoit; ses regards étoient furieux, incertains, allumés; elle les lançoit tantôt sur le vieillard, tantôt sur Créor, d'un air terrible; de temps en temps, elle poussoit des soupirs; son estomac se soulevoit; on jugeoit qu'elle souffroit tout ce que le désespoir, la fureur, & la certitude d'un supplice épouvantable peuvent verser de mouvemens convulsifs & funestes dans une ame.

Créor frémit en s'approchant d'elle, il crut voir un monstre. Ne craignez rien, lui dit le vieillard; toute terrible que vous la voyez, elle est moins dangereuse que ce bâton que je tiens. Après ces mots, il arracha à cette femme le poignard qu'elle tenoit en sa main, & dont la pointe étoit tournée contre son estomac. Marche, s'écria-t-il d'un ton plus puissant qu'il ne devoit naturellement l'avoir; marche, obéis à mon commandement. La femme obéit effectivement, après avoir lancé sur lui un regard affreux: on eût dit, à la voir marcher, que ses pas & son mouvement se faisoient par des ressorts extraordinaires. Créor, quoique dans une situation où la mort ne pouvoit l'effrayer, ne laissoit

R.

pas que de sentir un certain frémissement à la vue de pareilles choses. Le vieillard continuoit à lui faire mille honnêtetés, & lui apprit quelle étoit cette femme qui avoit voulu le tuer. Vous me voyez dans un âge très-avancé, dit-il à Créor; il y a deux cent soixante ans que je vis; je ne vous dirai point par quel hasard je me suis appliqué aux sciences occultes, & même à la chimie; mais enfin, après plusieurs voyages, nombre d'expériences, d'aventures & de malheurs, je suis parvenu à une connoissance presque parfaite de la plupart des secrets de la nature. Je connois les simples; je rajeunis ceux qu'il me plaît; je ferois cent montagnes d'or en aussi peu de temps qu'il en faut pour mesurer leur circonférence; je rends la santé à ceux à qui l'âge & le mauvais tempérament l'ont absolument ôtée, & je suis après à chercher le secret de ressusciter. Je ne désespère pas de pousser mes connoissances & mon art même au delà du trépas; après cela, je commande aux enfers, toutes les intelligences me sont soumises; j'asservis les mauvaises, & je les force, par mes invocations, à m'obéir; les bonnes s'empressent à m'être utiles; enfin, mon cher inconnu, il est peu de choses que je ne sache, peu de plaisirs que je n'aye goûtés, peu d'état que je n'aye éprouvé. J'ai vu presque toute la terre habitable;

j'ai voyagé toujours en sûreté, tantôt sur terre, tantôt sur mer, tantôt en l'air, tantôt visible, tantôt invisible, de la manière enfin dont je l'ai voulu; j'ai le secret de changer de corps, quand le mien est trop usé; & comme l'ame ne vieillit point, je me trouve, quand je veux, tout aussi frais qu'un homme de vingt ans. A la vérité, il faut pour cela que j'aye des corps, car je ne puis m'en forger moi-même; mais la mort, qui moissonne une infinité de jeunes gens, princes, nobles, roturiers, officiers, magistrats & autres, ne me fournit que trop de quoi, quand il me plaît loger mon ame dans un corps récent; & j'ai cela de bon, qu'en prenant possession de ce corps, de quelque maladie, plaie ou autre incommodité qu'il ait été attaqué ou ulcéré, son premier embonpoint & sa santé lui reviennent sur le moment. Au reste, voici comme je pratique la chose. Quand je m'ennuie dans le corps que j'ai, mon art me porte à la cour, à l'armée, à la ville, où je veux; dans ces lieux, je vois quels sont les malades. Si je trouve, par exemple, à la cour le fils d'un seigneur malade, mon art m'apprend infailliblement s'il doit mourir ou non de sa maladie; car j'ai la délicatesse de ne vouloir point ôter la vie à ceux qui la doivent encore garder, & qui peuvent réchapper. Si, par mon art, je découvre que ce jeune seigneur doive mourir, je me rends invisible, & lui soufflant, quand il ouvre la bouche, d'une petite poussière dans la gorge, une demi-heure après il meurt; aussi-tôt qu'il a rendu l'ame, je quitte mon corps, que la force de mon art fait disparoître, ou, pour mieux dire, anéantit, & j'entre dans le corps du jeune homme mort. Cependant on croit le jeune homme défunt quelques momens; je donne après adroitement quelques signes de vie par un peu de respiration (car je ne veux pas étonner par le prodige); insensiblement je reviens, je parle, je conserve la pâleur d'un malade; mais c'est une pâleur, pour ainsi dire, fantastique: les parens se réjouissent, on me dit réchappé; je me ménage de manière que ma guérison ne paroît point extraordinaire; & qu'enfin, revenu sur mes jambes, je passe pour le fils du seigneur. Je vis quelque temps de cette manière, si la situation me plaît; car j'ai oublié de vous dire qu'en prenant le corps du jeune homme, je sais tout d'un coup ce qu'il savoit; j'ai les mêmes connoissances, les mêmes maîtresses; & quand la fantaisie de vivre de cette manière m'est passée, je pars par la voie la plus courte, & je me dérobe tout à coup à l'amour d'un père & de parens que la ressemblance abuse pour jamais; je deviens femme si je veux; en un mot, j'ai le choix libre sur les corps. Voici donc à peu près un détail raccourci de mes connoissances & de mes secrets. Vous saurez à présent qu'il y a vingt-cinq ans que, traversant une rue dans une ville, j'aperçus une misérable fille que le bourreau conduisoit au supplice, pour avoir, disoit-on, empoisonné son père & sa mère, qui l'empêchoient d'épouser un jeune homme qu'elle aimoit. Cette fille me parut, de loin, belle à ravir: je m'approchai, & je vis qu'elle n'avoit tout au plus que dix huit ans; une tendre compassion me saisit pour elle. J'avois dans ce temps la figure d'un riche marchand, que sa richesse & sa bonne mine avoient fait l'amant d'une des plus aimables femmes de la ville. Cet homme étoit mort; j'aimois cette femme; j'avois inutilement tenté de m'en faire aimer sous la figure d'un jeune homme parfaitement bien fait. Quand ce marchand tomba malade, je pris son corps, & je jouissois de sa bonne fortune.

Je marchois dans cette situation dans les rues, quand cette fille frappa mes yeux; sa jeunesse & sa beauté m'attendrirent, comme je vous l'ai dit; je disparus aussi-tôt, & m'élevant en l'air, je l'arrachai d'entre les mains de l'exécuteur, qui, se la sentant arracher sans voir personne, s'enfuit de frayeur. Dès que je l'eus en mon pouvoir, je la rendis invisible à son tour, & j'arrivai en un instant dans les lieux où je fais ma retraite. Or cette fille est justement celle qui m'a voulu poignarder, & de la perfidie de laquelle vous m'avez sauvé. Vous pouvez vous imaginer qu'elle fut extrêmement étonnée de se voir seule avec moi dans le fond d'une caverne où je fais ma demeure, & où, par mon art, j'ai su creuser des appartemens souterreins, où le jour n'entra jamais, & que des lampes ardentes éclairent perpétuellement. Que vous dirai-je enfin? J'en devins éperdument amoureux: je la mis au fait en quatre mots de ce que j'étois, & du pouvoir que j'avois; je lui marquai l'empressement le plus tendre, toujours sous la figure du marchand mort ; je l'assurai que je l'aimerois toute ma vie, que son bonheur avec moi passeroit celui des plus grandes princesses, & que le moindre de ses souhaits seroit toujours satisfait. En lui déclarant tous mes secrets, je lui cachai mon âge, & le pouvoir que j'avois de changer de corps ; je craignis que cette idée ne la rebutât. Elle s'accoutuma avec moi ; nous jouîmes, pendant quelques années, du plaisir de l'union la plus douce ; jamais je n'avois été si content: mais comme il est un certain jour dans la semaine où je suis contraint de reprendre sur mon visage toutes les rides &

toutes la laideur de mon âge, j'avois toujours exigé d'elle qu'elle me laissât ces jours-là en liberté de devenir ce que je voulois. Cet article intéressa sa curiosité; elle feignit de m'accorder de bon cœur ce que je lui demandois; mais en secret elle résolut de s'éclaircir du sujet que j'avois de m'absenter ces certains jours. Un de ces certains jours marqués que je m'étois levé de bonne heure, elle feignit de dormir d'un profond sommeil: je la crus très-assoupie; je me hâtai de m'habiller. Les momens pressoient, mes rides s'emparèrent de mon visage, même en m'habillant; je devins courbé sous le faix des années. Elle m'observoit, & s'apercevant de ma métamorphose, elle fit un cri, en disant : Ah! dieux, que vois-je? que signifie ce changement? A ces mots, je pâlis, je me mis en colère; mes premiers mouvemens pensèrent lui être funestes. Elle s'étoit évanouie; l'état où je la vis, calma mon courroux; je la vis revenir, & me déterminant à faire de nécessité vertu, je lui déclarai mon secret, & la fatalité de ces jours marqués où j'étois obligé de devenir tel qu'elle me voyoit; je lui dis que je prendrois toujours soin de m'éloigner d'elle dans ces momens, & que cet état ne durant qu'un jour, ne devoit point la rebuter si fort. Elle parut consolée ; mais la perfide feignoit encore, & prenoit en secret

R iv

la résolution de se défaire de moi, parce que, dans le récit que je lui fis, je lui avouai imprudemment que, dans l'état où elle me voyoit, nul charme ne pouvoit me garantir de la mort, si je n'avois le soin d'avaler ces jours-là une petite bouteille du suc d'une herbe qui m'aidoit à passer la journée jusqu'au lendemain. Ce fut par un mouvement de tendresse ou de confiance indiscret, que je lui avouai ce fatal secret ; elle ne l'oublia pas, & résolut d'en profiter, sachant bien qu'après ma mort elle seroit toujours en état de vivre heureuse, parce que je lui avois appris presque tous mes secrets.

Après lui avoir fait cet imprudent aveu, je la quittai, pour ne revenir que le lendemain : je la retrouvai ; elle parut satisfaite, & nous avons jusqu'ici vécu ensemble, sans que je me sois aperçu de sa funeste résolution : sans doute qu'elle n'a pu saisir que ce moment, où, dans l'état où vous me voyez, je me suis endormi sur ce roc. Quand le vieillard eut fait ce récit étonnant, ils se trouvèrent à l'entrée de sa caverne ; la femme, qui marchoit devant, y entra la première, & le magicien fit ensuite passer Créor. D'abord un peu d'obscurité le fit chanceler en entrant ; mais après quelques pas, une grande clarté succéda aux ténèbres ; il trouva une salle spacieuse ; de là, il traversa plusieurs appartemens, tous plus magnifiques les uns que les autres, & il entra dans un petit cabinet, où le magicien lui dit de s'arrêter; de ce cabinet, le vieillard entra dans un autre, où il enferma la femme, après l'avoir chargée de chaînes. Il revint à Créor, que l'aventure extraordinaire qui lui arrivoit rendoit muet & comme immobile. Il est temps, dit le magicien, que vous mangiez un morceau, vous allez être servi.

Après ces mots, frappant d'un pied en terre, Créor en vit sortir du fond du plancher une table magnifiquement servie, & dont chaque mets pouvoit s'appeler exquis. Le magicien réitéra un second coup, aussi-tôt paroît un buffet garni de toutes sortes de vins & de liqueurs. Mangeons, dit-il à Créor, & ne pensez pas que ces mets puissent vous nuire, ou ne soient que des illusions dont je veuille tromper & vos yeux & vos sens. Je vais en manger le premier, & c'est là ordinairement la manière dont ma table est servie ; je n'ai point besoin de domestiques, &, comme vous voyez, je n'en suis pas plus mal.

Cela dit, le magicien mangea le premier, & invita Créor à en faire autant. Créor, par complaisance, obéit ; car ces sortes d'objets ne sont pas propres à exciter l'appétit ; ajoutez à cela que le malheur de sa passion l'occupoit toujours. Il mangea donc, mais d'un air si mélancolique, que le magicien, après le repas, lui dit: Seigneur, vous m'avez paru rêveur & triste pendant le repas; une sombre inquiétude étoit peinte sur votre visage: vous retiendrois-je dans ces lieux malgré vous? Parlez; si vous avez des chagrins, racontez-les moi; je vous ai une obligation qui me rend capable de tout en votre faveur. Quand le magicien eut fini ce discours, il attendit la réponse de Créor, qui fut quelque temps sans parler, ayant les yeux baissés à terre; & les relevant après: Hélas! seigneur, vous devez le service que je vous ai rendu, bien plus au hasard qu'à moi-même; il n'est aucun homme vivant, qui, dans une occasion pareille, n'en eût du moins fait autant que moi; mais quand vous en auriez encore mille fois plus de reconnoissance, quand vous seriez encore plus empressé de me secourir, mes maux sont d'une espèce à ne pouvoir recevoir de remède. J'avois une maîtresse, seigneur; elle est la sœur d'un de mes amis; cet ami me la promit en mariage, dès que nous serions revenus d'un voyage que nous avions fait ensemble. Avant de partir, il me sembloit qu'elle répondoit assez à ma flamme; & quand nous avons été de retour, j'ai appris que le sophi me l'avoit enlevée, en étant devenu amoureux à la chasse : elle l'aime, elle me méprise, & maintenant elle jouit dans le sérail de toutes les faveurs de la plus haute fortune, pendant qu'elle prodigue les siennes à mon puissant rival. Je suis parti de désespoir ; j'ai tout abandonné, résolu de mourir, ou d'étouffer un amour qui me fait languir. Voilà mes maux, seigneur ; voyez si vous pourriez y remédier. Je vous pardonne, repartit le magicien, d'avoir douté de mon pouvoir ; un amant au désespoir ne voit rien, dans sa douleur, qui soit capable de le rendre heureux ; mais je prétends vous rendre aussi content du côté de l'amour, que vous en êtes à présent mal satisfait.

Quand la dame en fut là de son récit, elle s'arrêta, & nous dit : L'aventure extraordinaire que j'ai commencée, m'emporte ; j'ai parlé deux fois plus que je ne devois ; mais on ne peut pas avoir deux attentions à la fois, mon récit m'a fait oublier le temps ; c'est votre faute, Messieurs, pourquoi ne m'avez-vous pas avertie de me taire ? Je ne sais comment vous avez trouvé ce que j'ai dit : mais vous m'avez demandé du tragique, du merveilleux, de l'étonnant, je vous ai servi le mieux que j'ai pu ; je serai maintenant charmée de voir comment l'on continuera cette histoire.

A peine la dame eut-elle cessé de parler, que

nous entendîmes sonner trois heures. Oh! oh! Messieurs, m'écriai-je, le temps presse; hâtons-nous d'achever; si notre cocher a dit vrai, nous n'avons plus qu'une heure à demeurer ici. A vous le dez, mademoiselle, ajoutai-je en parlant à la jeune demoiselle. Non, repartit-elle, si Créor ne sort de la caverne du magicien que par moi, il a bien la mine d'y rester toujours; la femme perfide, garrottée dans le cabinet prochain; l'histoire du sophi, son sérail, les secrets du magicien, tout cela m'a paru fort joli; mais franchement, avant que je commence, que quelqu'un fasse le reste du chemin, pour arriver à la fin de l'histoire; car j'avoue que je suis embourbée. Ne tient-il qu'à cela pour entendre une suite de votre façon? reprit le bel-esprit; je m'en vais en quatre mots vous mettre l'esprit en repos du côté des enchantemens de la caverne & de toute l'aventure.

Le magicien donc assura Créor qu'il le rendroit heureux; c'est le moins que vous méritiez, après m'avoir sauvé la vie, lui dit-il. Or, seigneur, demeurez ici quelques jours avec moi, je vous apprendrai tout ce qui peut contribuer à vous faire un parfait bonheur. Le parti étoit trop favorable pour être refusé; Créor l'accepta. Bref, pour abréger, vous saurez que le magicien instruisit Créor, de manière qu'en moins de quinze jours de temps il sut presque tout autant de secrets naturels & magiques que le bon vieillard même. A l'égard de la femme qu'on a laissée garrottée, enchaînée dans le cabinet voisin, après avoir, pendant quinze jours, poussé des hurlemens affreux, mêlés d'imprécations contre le magicien ; Créor, touché de compassion pour elle, conjura le magicien de lui pardonner, ou du moins de diminuer ses maux. Les magiciens ne sont pas tendres. Non, non, dit-il, qu'elle gémisse, qu'elle souhaite la mort, sans pouvoir l'obtenir; elle a bien d'autres tourmens à souffrir, ne m'en parlez plus. Créor se tut ; mais les hurlemens, les cris affreux, les imprécations recommencèrent ; il ne put y résister davantage. Et un jour que le vieillard étoit absent, instruit du secret par lequel le magicien la rendoit malheureuse & captive, en lui conservant la vie, il sut défaire l'enchantement, & la mettre en liberté ; mais cette infortunée devoit enfin périr. Au moment que Créor rompoit ses fers, le magicien entra, pâlit à la vue de l'action de Créor. Ah ! seigneur, s'écria-t-il, que faites-vous ? Vous avez compassion d'une malheureuse qui voulut finir des jours que vous avez sauvés. Pardonnez-moi ce que je viens de faire, répondit Créor ; mais ses gémissemens m'ont touché; & une pitié à laquelle je n'ai pu résister, est le seul motif de l'action que vous voyez. Cette action ne m'est point agréable, reprit le magicien en fronçant le sourcil, & d'un air contraint, qui faisoit juger qu'il ne disoit pas tout ce qu'il pensoit ; mais puisque cette femme vous fait tant de pitié, qu'elle expire donc, j'y consens.

A peine eut-il prononcé ce mot fatal, que cette femme tomba morte, comme si la foudre l'avoit frappée.

Vous voilà content, dit-il alors en s'adressant à Créor, & j'oublie aisément que vous avez voulu lui rendre la liberté, puisqu'un sentiment généreux vous y portoit.

Il parut, après ces mots, riant & tranquille ; mais Créor remarqua la contrainte qu'il se faisoit pour lui faire bon visage ; il jugea qu'il étoit perdu, s'il s'endormoit de bonne foi sur la feinte tranquillité du magicien. Il résolut, quelque chose qui dût lui en arriver ; il résolut, dis-je, de le prévenir, & de trancher des jours que la parque prolongeoit malgré elle. Le corps de la femme morte disparut au commandement du magicien, qui ce jour-là positivement avoit ses rides & sa figure de vieillard. En cet état, il étoit mortel, pourvu cependant qu'il fût endormi, ou qu'il fût couché à terre. Vous allez voir comme le hasard servit Créor dans la résolution qu'il avoit prise. Sortons de ce cabinet, dit le vieillard en prenant Créor par la main, pour entrer dans une autre chambre (le passage étoit étroit). En prononçant ces mots, une béquille dont il se soutenoit, lui manqua, & il tomba à terre. Créor se détermina tout d'un coup à profiter de l'occasion; il tira un poignard qu'il avoit à sa ceinture, & se jetant sur lui comme pour le relever, il lui enfonça deux ou trois fois dans le cœur. Il sortit peu de sang de ses plaies, il mourut en grinçant des dents, & jetant un regard effroyable sur Créor. Aussi-tôt qu'il fut expiré, la caverne disparut, & Créor se trouva sur un rocher avec le vieillard; il vit même encore le corps de la femme qui étoit auprès de lui, & après s'être bien assuré que le magicien étoit mort, il résolut de retourner dans la capitale du sophi, & d'y mettre en exécution tous les secrets qu'il avoit appris du magicien.

Il part; il retrouva son ami Mesti, qui fut charmé de le revoir. Les premiers jours se passèrent en plaisirs; & le perfide Créor, accoutumé désormais aux enchantemens, sut si bien déguiser, sous une joie apparente, ses funestes desseins, que Mesti le crut entièrement guéri. Les premiers jours passés, Créor résolut de mettre en exécution tout ce qu'il avoit projeté. Le hasard lui en fournit bientôt l'occasion. Le sophi, toujours charmé de Bastille, inventant toujours de nouveaux plaisirs pour la divertir, convia tous ses favoris à un grand repas qu'il donna à une petite maison de plaisance. Il faisoit ce repas en faveur de sa chère Bastille, qui avoit témoigné au prince qu'elle auroit été bien aise de manger avec son frère. Le repas se fit la nuit, à la clarté de mille flambeaux qui éclairoient une belle & vaste grotte, où cent canaux, lançant des eaux de toutes parts, composoient le plus agréable murmure.

Créor apprit cette partie de son ami, qui lui marqua que, malgré l'honneur dont le combloit le sophi, il ne seroit point absolument content, puisqu'il n'assisteroit point au repas.

Quand Créor eut jugé que la partie étoit bien avancée, il se transporta, par la force de son art, dans la grotte où se divertissoient le sophi, Bastille, & les conviés; il demeura là quelque temps invisible à regarder sa maîtresse, que le dépit, la jalousie, & la magnificence qui l'environnoient, lui peignirent mille fois plus belle & plus aimable. Il se livra à toute la fureur de sa passion; il conçut les désirs les plus violens; &, impatient de se rendre le maître de celle qui la causoit, il avança vers la table. Dans le temps

temps que le Sophi offroit à boire à Bastille de la manière la plus galante, Créor se fit voir. Jugez de l'étonnement de ceux qui virent subitement paroître un homme dans une place où l'on ne voyoit rien un moment avant. Bastille fit un cri épouvantable, & laissa tomber sa tête entre les bras du Sophi. Créor frappa la table d'une petite baguette qu'il avoit en main. Tous les conviés restèrent immobiles après ce coup; les esclaves mêmes qui les servoient ne purent avancer; une nuée épaisse effaça la clarté des flambeaux, & enveloppa tous les conviés; Créor redoubla un autre coup, & la nuée les éleva tous en l'air, & les porta dans l'endroit où nous sommes. Vous serez sans doute étonné, seigneur, dit cette dame à Ariobarsane, de ce que Créor choisit si loin sa retraite; mais, par la force de son art, il savoit que cet endroit étoit fort solitaire, & que la nature y avoit ébauché une caverne qu'il a depuis achevée, & dans laquelle il a fait les plus magnifiques appartemens, à l'imitation du magicien qu'il tua.

Voici donc la conduite qu'il a tenue depuis cet enlèvement; des esclaves qu'il avoit enlevés & des autres cavaliers, il en fit des gardes, qu'il contraignit, à force d'art, de garder des portes d'airain qui ferment les apparte-

S

mens. A ces mots, Ariobarſane apprit à cette femme qui lui parloit, qu'effectivement il s'étoit aperçu que la première porte qu'il avoit enfoncée étoit d'airain auſſi ; mais, ajouta-t-il, puiſque, malgré les enchantemens de Créor, mon bras a pu enfoncer cette porte, puiſque j'ai fait fuir la garde, ces commencemens me préſagent que je mettrai à fin toute l'aventure, & que les Dieux n'ont reſervé qu'à moi ſeul l'honneur de terminer les malheurs de ceux que Créor retient ici captifs : mais achevez, Madame, de m'apprendre comment vit ici Créor, ce que ſont devenus Baſtille & le Sophi, & ce que vous faites toutes dans cette ſalle.

Je vous ai déjà dit, continua cette femme, qu'il eſt à chaque porte ici des gardes qui ſont & les eſclaves & les cavaliers que Créor enleva dans ce fameux repas ; il prolonge leur vie, & il les conſerve toujours dans la même vigueur : parmi ce nombre de gens que Créor enleva, il y avoit beaucoup de femmes qu'il enchanta auſſi. Mais avant de vous faire un détail de tout ce qui ſe paſſe dans ces lieux, ſachez que quand Créor ſe vit dans cette caverne en poſſeſſion de Baſtille & du prince, il enchaîna d'abord le prince, & le ſuſpendit au haut d'un plancher : ce malheureux Sophi, depuis ce temps, est toujours dans la même situation ; nous entendons même d'ici les cris affreux qu'il pousse dans de certains momens. Quand il eût fait cette action furieuse, il endormit Bastille, pendant le sommeil de laquelle il fit un charme, qui la rendit à son réveil la plus favorable du monde & la plus disposée à écouter son abominable amour ; elle oublia le prince pendant quelques jours, & ne s'en ressouvenoit que pour prier Créor de la conduire dans l'endroit où il étoit ; là, plus furieuse qu'une bacchante, elle se faisoit élever jusqu'au plancher où il étoit suspendu, & lui perçant le corps de mille coups d'un poignard qu'elle tenoit en main, elle joignoit à ces coups affreux, mais qui ne finissoient point sa vie, elle joignoit, dis-je, tout ce que le mépris, la rage, & la cruauté peuvent fournir d'expressions les plus accablantes, pendant que le malheureux Prince, pour l'attendrir, lui disoit tout ce que la douleur & une tendresse au désespoir peuvent exprimer de plus touchant.

Créor pendant plusieurs jours se joua de cette manière de l'esprit & du cœur de l'infortunée Bastille ; son amour enfin finit, & il la condamna au même sort dont il accabloit le Sophi : il la traîna lui-même dans l'endroit où ce prince est suspendu ; & après mille reproches méprisans, il l'attacha au côté du prince, & la suspendit comme lui. Là, ces deux malheureux amans ne se voyent & ne se retrouvent, que pour sentir toute la douleur de voir souffrir éternellement ce qu'ils aiment ; union vraiment barbare, & dont la cruauté passe toute imagination : Bastille continuellement demande pardon au prince, des manières outragantes qu'elle a eues pour lui, & le prince ne cesse d'invoquer la mort pour cette amante infortunée ; à l'égard de Mesti, comme il n'avoit point été coupable dans l'enlevement que le Sophi fit de Bastille, Créor l'a enchanté de manière, qu'il est charmé des tourmens que souffrent & le prince & sa sœur. Créor aimoit beaucoup cet ami, & il n'a pu se résoudre à le perdre ; il l'a rendu heureux, & lui fournit tout ce qui peut contribuer à son bonheur : toutes ces femmes que vous voyez dans cette salle, sont autant d'esclaves que l'abominable Créor enlève chaque jour, & qu'il rend les victimes de ses affreux plaisirs & de ceux de son ami ; vous voyez qu'elles sont toutes belles ; la tristesse est peinte sur leurs visages, c'est qu'elles savent à quoi les destine le magicien ; mais quand il tire quelqu'une de nous d'ici, la tristesse & le chagrin difparoiffent ; il a le fecret de répandre, dans le cœur de celles qu'il choifit ; une joie infinie, on l'aime avec fureur, auffi bien que Mefti ; mais quand le degoût fuccede à la paffion de ces deux hommes, les femmes qu'ils avoient prifes ne reviennent plus dans ces lieux, il les enferme dans un cabinet dont l'infection les empoifonne. O dieux! qu'il en eſt déjà qui ont peri de cette manière! Dans une autre falle qui joint celle-ci, font enfermés une infinité d'hommes deftinés pour ainfi dire, à rajeunir & Créor & Mefti; on y voit auffi beaucoup d'enfans de l'age de neuf à dix ans, que le perfide magicien enlève à leurs parens, & qui, quand ils font arrivés à une verte jeuneffe, expirent d'un poifon que Créor leur fouffle dans la bouche, après quoi ce magicien & fon ami animent les cadavres de ces victimes infortunées, pendant que leurs corps ufés difparoiffent par la force des enchantemens. Dans une autre joignant cette feconde falle, font plufieurs malheureux que le magicien, quand il vint dans cette caverne, enferma pour leur faire fouffrir tout ce que les affreux tourmens ont de plus épouvantable : ces gens du temps du Sophi étoient certains ennemis qu'il avoit, ou qui pendant fon voyage avec Mefti avoient tâché d'engager la tante de

Bastille à la leur donner en mariage ; à l'égard de cette tante, elle mourut quand Créor fut de retour avec son ami. Ces tristes victimes de la vengeance du magicien sont enchaînées les unes avec les autres ; il regne parmi eux une fureur terrible, qui leur inspire une barbarie dont ils sont cruellement agités ; ils se déchirent, ils se mordent sans repos : voilà leur supplice. Vous entendez d'ici le bruit de leurs chaînes, & le cliquetis funeste que font leurs fers. A côté de cet antre est une petite chambre, dont les carreaux sont de fer toujours ardent ; là sont enfermés ceux qu'une funeste curiosité, ou qu'une généreuse intrepidité, pareille à la vôtre, a fait entrer dans cette horrible caverne. A peine sont-ils arrivés à la première porte, qu'ils sont saisis par des ennemis invisibles qui les transportent dans cette chambre, ou ils souffrent tout ce que le feu le plus vif a de plus douloureux ; ils courent dans cette chambre comme des frénétiques, la plante de leurs pieds est brûlée ; ils cherchent, en courant, un soulagement à leur douleur, ils tombent enfin de lassitude, & finissent leurs jours dans un tourment insupportable, sans avoir la force de se remuer davantage. Voilà, Seigneur, la vengeance que le barbare Créor exerce sur ceux qui osent le troubler dans sa retraite. Redoutez pour vous un semblable destin ; il est vrai que cette porte d'airain enfoncée, cette garde épouvantée, sont pour vous d'un heureux présage : fasse le ciel que je ne me trompe point, & que, par une victoire sur nos ennemis, vous soyez recompensé d'une valeur qui n'a pour but que de finir les tourmens de mille infortunés. Mais, Seigneur, je ne puis m'empêcher de vous dire une chose qui va peut-être vous inspirer quelque crainte, c'est que je sais que l'empire de Créor sur nous & ses enchantemens ne doivent être terminés que par une femme ; une femme seule peut mettre à fin cette perilleuse aventure. Ariobarsane, entendant ces mots, rougit par un sentiment de joie que lui inspiroit le choix que le ciel sembloit avoir fait de lui. Cessez de trembler pour moi, repondit-il à cette Dame, vos malheurs vont finir ; tous les esclaves vont être mis en liberté ; le perfide Créor recevra la peine due à tant de crimes ; rien ne pourra le garantir de la fureur de mon bras. C'est le ciel qui me conduit ici, c'est le ciel que je sers. Mais vous qui m'apprenez une si tragique histoire, depuis quand êtes-vous ici ? & comment savez-vous toutes ces choses ? Je fus une de celles qu'on enleva dans le repas, répondit cette dame. Créor, quelques années avant cet accident, m'avoit vue quelquefois; ma physionomie lui avoit plu; & depuis qu'il est ici, il s'est contenté de m'y laisser avec ces femmes, dont le nombre augmente & change chaque jour: mais, seigneur, continua-t-elle, je ne puis point satisfaire tranquillement votre curiosité; je tremble pour vous. S'il étoit encore temps de vous en aller, seigneur, fuyez, n'exposez point une vie que jusqu'ici le ciel a semblé protéger; encore une fois, seigneur, fuyez. Cessez de trembler, vous dis-je, repartit Ariobarsane, & apprenez-moi encore une seule chose dont sans doute vous avez oublié de m'instruire, c'est qu'en pénétrant dans ces lieux, le pied m'a manqué, & j'ai roulé comme dans une espèce de cave, qui ne recevoit de clarté que la lueur d'une simple lampe. Je marchois à tâtons, & j'ai rencontré sous mes pieds deux cadavres. Il est vrai, seigneur, repartit la dame, j'avois oublié de parler de cela; cet endroit où vous êtes tombé est le plus affreux de tous ceux qui sont ici, c'est où sont portés tous les vieux corps de Créor & de Mesti, quand ils en ont animé d'autres (car le charme de Créor peut bien les faire disparoître, mais non pas les anéantir); ils disparoissent seulement, & se trouvent au même moment dans cette affreuse cave où vous étiez tombé ; là, ils se consument d'eux mêmes, & ceux que vous y avez rencontrés sont apparemment les deux derniers corps que Créor & Mesti ont quittés depuis peu. Voilà, seigneur, tout ce qui me restoit à vous dire.

Après ces mots, elle recommença ses instances pour obliger Ariobarsane à fuir ; mais il lui fit connoître, par sa réponse, qu'elle l'en pressoit inutilement, & que quand même il croiroit périr, ce qu'elle venoit de lui dire suffisoit pour lui fermer les yeux sur le péril le plus évident ; là-dessus Ariobarsane se prépara à marcher dans l'autre salle, & à pénétrer tous les appartemens de cet épouvantable endroit, jusqu'à ce qu'il eût trouvé le cruel & barbare Créor ; mais des hurlemens & des cris lugubres l'arrétèrent tout court ; il écoutoit ce que ce pouvoit être, quand il vit ouvrir la porte qui séparoit l'autre salle de celle où il étoit ; c'étoit le magicien lui-même, qui, tremblant de ce que venoit de lui rapporter la garde de la porte d'airain, qu'Ariobarsane avoit enfoncée, venoit, accompagné de vingt satellites armés, chercher le téméraire dont la valeur avoit eu un succès qui le surprenoit lui-même ; car il étoit vrai que ses enchantemens ne devoient être détruits que par une femme, & la garde de la porte d'airain lui avoit rapporté que c'étoit un cavalier qui l'avoit enfoncée. Il n'alloit pas s'imaginer que ce cavalier pouvoit être une femme déguisée ; de sorte que, dans sa frayeur, il attribuoit le succès de l'entreprise du cavalier, apparemment ou à des charmes plus puissans que les siens, ou au peu de soin qu'il avoit eu lui-même de renouveller la force de ceux qu'il employoit pour sa sûreté. Dans cette pensée, il couroit de tous côtés chercher le téméraire qui avoit osé le faire trembler, quand il aperçut Ariobarsane, qui, le sabre à la main, s'approchoit de lui d'un air aussi assuré que s'il n'avoit eu qu'un enfant à combattre. D'où te vient ta témérité d'entrer ici, lui dit Créor ? J'espère, si c'est témérité, repartit Ariobarsane, que le ciel daignera la favoriser. Après ces mots, se couvrant de son bouclier, il approcha du magicien, malgré la garde armée qui l'environnoit, &..... Mais, dit alors le bel-esprit, en s'arrêtant, Mademoiselle, le chemin est maintenant bien aisé ; vous pouvez marcher à votre aise, quelques coups du tranchant de l'épée d'Ariobarsane acheveront de l'applanir, & tous nos esclaves, tous ces malheureux n'attendent, pour jouir de la liberté, que la chute de Créor, qui se bat justement contre la femme fatale qui doit le faire périr ; je vous cède l'honneur de briser les fers de tant d'illustres malheureux, qui sont captifs. Oui-dà, dit la jeune demoiselle d'un air aisé, je n'attendrai pas pour cela le succès du combat d'Ariobarsane avec Créor. Je ne suis pas magicienne, je ne laisse pas que d'avoir des secrets, principalement pour finir un récit qui m'embarrasse. Or vous allez voir qu'il ne me faut qu'un mot pour détacher le Sophi & Bastille du plancher funeste auquel ils sont suspendus, pour finir le tourment de ceux qui se grillent la plante des pieds, pour délivrer ceux qui se déchirent à belles dents dans l'antre, pour renvoyer toutes les femmes de la salle chacune chez elle, pour remettre tous les petits enfans chez leurs parens désolés, pour détruire la caverne en question, & la boucher pour jamais ; un mot seul va faire tous ces miracles, & voilà comment. Créor alloit donc en venir aux mains avec le magicien, quand Ariobarsane s'éveilla, & vit disparoître tous ces fantômes de magie, d'esclaves, de tourmens que lui avoit peints son imagination ; car dans le vallon où il avoit mis pied à terre, il étoit tombé de lassitude sur un beau gazon, où il s'étoit endormi, & où il avoit rêvé toute cette grande histoire.

Quand la jeune demoiselle eut prononcé ces

mots, nous nous mîmes tous à rire, & nous convînmes que ce trait-là, après l'hiſtoire que l'on venoit de rapporter, valoit tout ce qu'on avoit pu dire de meilleur.

Je vous le diſois bien, diſoit-elle en riant à ſon tour, qu'il ne me falloit qu'un mot pour détruire tous les enchantemens de Créor.

Ariobarſane s'éveilla donc; & comme il y avoit long-temps qu'il dormoit, qu'il s'étoit mis en aventure aſſez tard, & que le jour commençoit à baiſſer quand le doux ſommeil avoit fermé ſes débiles paupières, il faiſoit alors entièrement nuit; il n'y avoit ſeulement qu'un beau clair de lune, qui rendoit la ſolitude encore plus convenable à la ſituation dans laquelle ce féminin cavalier ſe trouvoit. Le ſieur Merlin, ſon apprenti écuyer, s'étoit à ſon tour endormi le dos contre un arbre, & ronfloit là de toutes ſes forces, quand la voix de ſon maître vint indiſcrètement frapper ſes oreilles. Partons, Merlin; marchons, s'écria Ariobarſane. Qui eſt là? qui m'appelle? répondit Merlin endormi. C'eſt moi; lève-toi, dit le Chevalier. A ces mots, Merlin s'éveilla (ſi c'eſt être éveillé que d'ouvrir les yeux, & ne ſavoir pas encore où l'on eſt). Merlin s'éveilla donc, & ſe trouvant auprès d'un arbre, en bon françois, le cul contre terre, ſe met à crier que le diable l'avoit emporté. Au nom du diable, Ariobarſane, qui avoit la tête encore remplie de noirs enchantemens, ſe leva pour ſecourir ſon écuyer, en cas qu'il en eût beſoin. Il approche donc le ſabre à la main. Merlin, qui, au clair de la lune, vit reluire le ſabre, s'éveillant alors par un excès de frayeur, ſans ſe reſſouvenir de l'habillement d'Ariobarſane, dont il étoit frappé, fait un cri qui fit retentir le creux vallon, & s'enfuit comme ſi effectivement quelque diable l'avoit pourſuivi. A moi, je ſuis morte, s'écrioit-il d'une voix qui démentoit ſon attirail de garçon. Il couroit avec tant de précipitation, qu'un petit arbre le fit tomber. Ariobarſane s'avança. Quel eſt donc l'ennemi que tu fuis, Merlin? Parle, lui dit-il; peux-tu trembler avec moi? Merlin, alors reconnoiſſant la voix de ſa chère maîtreſſe: Ah! madame, je vous ai priſe pour le diable, à cauſe de votre ſabre, dit-il; je vous demande pardon: je me meurs; voyez ſi vous n'avez pas ſur vous votre flacon d'eau de la reine d'Hongrie. Ah! le vilain endroit pour la nuit! A ces mots, Ariobarſane tira de ſa poche ce que Merlin lui demanda, & après lui en avoir donné, il tâcha de raſſurer ſon écuyer craintif, qui ſe releva pour aller détacher leurs chevaux.

Ariobarſane & Merlin montèrent donc à cheval, dans le dessein de poursuivre leur chemin. Le chevalier marchoit devant, pour s'entretenir dans ses amoureuses idées: mais Merlin, de qui l'eau de la reine d'Hongrie n'avoit pas entièrement rassuré le cœur, ne put garder le sévère silence qu'Ariobarsane observoit: il se mit à côté de lui. Causons donc un peu, lui dit-il; car, en vérité, il me semble, à nous voir si muets, que nous suivons un convoi; cela me fait peur. Laisse-moi, Merlin, répondit gravement Ariobarsane, laisse-moi dans mon inquiétude; le malheur de ma destinée m'occupe, & le silence convient à ma douleur. Par ma foi, madame, reprit Merlin, voilà une douleur & une destinée qui nous conduiront enfin à nous casser le cou quelque part, ou à être dépouillés comme un ver. Il sera beau voir après des cavaliers comme nous, sans une pauvre chemise. Croyez-moi, Madame, faisons vœu de ne jamais marcher la nuit, cela n'est pas beau pour des femmes. Des femmes comme moi sont toujours en sûreté, dans quelque occasion qu'elles se trouvent, repartit Ariobarsane. Mon dieu, reprit Merlin, je sais bien que les femmes ne manquent pas de langue. Nous battrions bien une armée de chevaliers, s'il ne falloit s'aider que de la parole; chacune de nous, à l'agonie, en vaudroit bien quatre en bonne santé; mais si quelques campagnards ou autres venoient à passer à présent, & qu'ils vinssent à flairer que nous ne sommes pas des hommes, adieu la bourse, pourvu que nous en fussions quittes pour cela; car, voyez-vous, un homme auprès d'une jolie femme prend feu comme une alumette. Rassure-toi, répondit Ariobarsane, la frayeur te trouble l'esprit. Est-il possible que tu sois avec moi, & que la crainte alarme ton cœur? Marchons.

A peine le fier Ariobarsane avoit-il prononcé ce hardi discours, qu'un grand bruit de voix d'hommes vint frapper les oreilles de nos aventuriers; il leur sembloit que ces hommes s'avançoient très vîte. A ce bruit, Merlin frémit. Ah! Madame, nous voilà volés, & peut-être pis, s'écria-t-il. C'est bien autre chose que le diable qui n'étoit que dans ma tête: fuyons. Le croiroit-on? à la honte de la valeur romanesque, la peur se saisit du cœur du grand Ariobarsane; il pâlit. Ah! mon dieu, dit-il, tu as raison, Merlin; il ne fait pas bon ici pour nous; fuyons de ce côté. Après ces mots, il pressa son cheval, & marcha dans un autre chemin.

Cependant le bruit de leurs chevaux se fit entendre de ceux qui les faisoient fuir; c'étoient des paysans qui revenoient de travailler d'un château voisin, & qui s'en retournoient à leur village, qui étoit près de là. Quelques-uns d'eux étoient partis devant, & les chevaux que ceux-ci entendirent, leur firent croire que c'étoient ceux de leurs camarades. Ils crièrent donc d'une voix de mugissement, & telle que des paysans peuvent l'avoir. Cette voix acheva la défaite du courage d'Ariobarsane. A l'égard de Merlin, la frayeur lui avoit coupé la parole ; le chevalier se trouble, s'égare, ne sait plus où il va, & se trouve enfin à la rencontre des paysans. Ces rustres, qui, au clair de la lune, virent paroître un cavalier armé d'une manière extraordinaire, eurent peur à leur tour ; ils se joignirent & se rapprochèrent ; un des plus hardis s'écria : Qu'est-ce, morguienne, qui va là ? C'est un honnête chevalier, répondit Ariobarsane, qui s'est égaré de son chemin. Eh bien, parguienne qu'il le cherche, s'il l'a perdu, répondit le rustre. Ayez la bonté, Messieurs les chevaliers, dit Ariobarsane, de me dire de quel côté il faut passer. A droite ou à gauche, reprit le rustre en se rassurant, & en disant aux autres, qu'assurément ces deux hommes étoient fous. Parguienne je sommes douze contre deux ; approchons de ces gens-là, continua-t-il. A ces mots, ses camarades approchent, & entourent nos deux craintifs aventuriers. Quand les rustres se virent près d'eux, ils remarquèrent qu'Ariobarsane

barsane avoit un grand sabre; un d'eux s'en saisit. Avec votre parmission, lui dit-il, monsieur le fantassin, baillez-moi votre sabre: je n'avons pas envie de vous le voler, mais c'est que ça déchargera votre monture. O ciel, falloit-il que de si indignes mains désarmassent un si noble personnage! Il est à votre service, répondit le triste & désarmé chevalier, d'un ton plus doux que le bêlement d'un mouton. Or ça, dit alors un des paysans, où diantre allez-vous, fagotés comme vous vlà? Partez-vous pour l'Allemagne? Nous allions où il vous plaira, répondit encore le timide chevalier. Palsanguienne vous êtes de bon accord, dit le paysan; pargué, si vous voulez nous suivre, je vous menerons dans notre village; il y a le curé qui est un bon vivant, & qui a plus de bouteilles de vin que de livres: venez, vous nous raconterez en chemin faisant vos drôles d'aventures.

Pendant que ce rustre s'entretenoit de cette manière avec Ariobarsane, un de ses camarades, un peu moins babillard, regardoit Merlin, & l'examinoit. Merlin s'attendoit à chaque moment qu'il alloit le reconnoître pour fille. Où allez-vous comme cela? lui dit ce paysan; qui êtes-vous? Hélas! répondit Merlin d'une voix féminine, je n'ai que faire de vous dire qui nous

T

sommes ; vous le devinez bien. Parguienne vous me prenez donc pour un sorcier ? dit le paysan. Non, non pas, reprit Merlin, j'ai trop de respect pour vous, & je n'ai garde de vous dire des injures. L'écuyer d'un chevalier redoutable avoir du respect pour un manant ! quel triste état ! Gardez le respect pour notre curé, son vicaire & le sacristain, répondit le rustre, & dites-moi qui vous êtes ? Ma foi, monsieur le paysan, j'ai tant de peur, que je ne sais plus si je suis fille ou garçon, repartit Merlin. Cependant ils s'approchent du village en s'entretenant ainsi : on eût dit à voir la figure de nos deux aventuriers, que c'étoient des voleurs qu'on menoit au cachot. Dieu bénit leur douleur ; ils arrivèrent enfin au village avec les paysans, sans qu'il leur fût fait aucun mal. Le paysan qui s'étoit saisi du sabre d'Ariobarsane, demeuroit à l'entrée du village ; il avoit dit à sa femme qu'il passeroit la nuit dans la maison du seigneur de chez qui il venoit ; mais l'ouvrage avoit été fait plutôt qu'il ne l'avoit jugé. Dame Perrette (c'étoit le nom de sa ménagère) n'attendoit point son mari ce soir-là. Or, messieurs, l'amour est de toute condition & de tous lieux. Dame Perrette étoit fort sage ; mais cette paysanne avoit le cœur tendre : un jeune paltoquet du village l'avoit trouvée à son gré; ce paltoquet lui avoit fait les yeux doux depuis quelque temps; & malgré les bons prônes de monsieur le curé, qui prêchoit souvent qu'il ne falloit aimer que son mari, cette infortunée Perrette n'avoit pu défendre son cœur d'un peu de sensibilité à la vue du douloureux martyre de Pierrot, qui étoit le nom de cet amant. Ce soir-là justement, Pierrot, en ramenant ses vaches dans l'étable, avoit passé devant la porte de Perrette; elle étoit fermée, & d'un gros bâton qu'il tenoit en main comme un véritable vacher, il avoit frappé à la porte de cette paysanne, qui avoit crié: Qui est-ce? Bon soir, Perrette, avoit répondu Pierrot. A ce compliment, dame Perrette avoit reparti: Ah! c'est vous, mon ami: est-ce que vous voulez entrer un tant soit peu, Pierrot? Notre homme n'y est pas, & je laisserons la porte ouverte, de peur de scandale. A ces mots charmans, mais un peu trop naturels, si la contrainte n'étoit bannie du cœur des francs villageois, Pierrot avoit sauté sur la main de dame Perrette, pour la presser entre les siennes; la paysanne, pour se défendre, avoit porté un grand coup de poing dans l'estomac de Pierrot. Ce jeune rustre s'étoit alors saisi de ses deux mains, & lui avoit rendu le coup de poing avec la bouche sur un chignon de cou un peu hâlé par l'ardeur du soleil. Après ces petites caresses : Je m'en vais enfermer mes vaches, avoit dit Pierrot; attendez-moi, Perrette. Allez, allez, je rallumerai notre feu en attendant, répondit à cela Perrette ; aussi bien mes choux ne sont-ils pas encore bien cuits.

Pierrot revint donc de l'étable, & trouva Perrette qui l'attendoit sur le pas de la porte. Ils firent tous deux une assez longue conversation de coups de poing ; en cette place, insensiblement ils s'avancèrent auprès de la cheminée, & s'assirent enfin tous deux sur un escabeau. Bien des maris seroient comme ils devroient être, si leur femme & leur galant étoient toujours assis sur leur siége, comme Pierrot & Perrette sur leur escabeau : quelques tiraillemens, par-ci par-là étoient mêlés dans leur discours. Tenez, Pierrot, avoit dit Perrette au jeune rustre, vous voyez bien que vous m'êtes agréable; mais parguienne voilà tout ; c'est qu'ous êtes jeune & biau, sans cela, voyez-vous, le diable en feroit courir nos vaches par les champs, que je ne voudrois pas seulement que vous eussiez levé les deux yeux sur moi ; j'ai l'honneur en recommandation. Jarniguienne, dit Pierrot, je n'ai pas grand plaisir à vous suivre comme un barbet, car vous m'êtes plus dure qu'un caillou; cela m'ennuie bien assez: mais j'ai dans ma poitrine une chienne de foiblesse qui fait qu'il faut que je sois toujours après vos trousses. Eh! là, Perrette, ne soyez point si revêche. Après ce discours, Pierrot se penchoit sur Perrette, qui le repoussoit sur son escabeau comme un sac de blé. Or, Messieurs, vous allez voir comme le hasard servit mal ces chastes amans. Le mari de Perrette entra, avec toute sa bande, dans ce temps-là. La posture de ce jeune paysan fit d'abord rire les camarades du mari; mais ce brutal, rougissant de colère, avance en frémissant, & renverse Pierrot d'un grand coup de pied qu'il lui allongea de toute sa force. Voilà, ajouta-t-il, qui vous apprendra à venir voir nos moitiés pendant que je n'y sommes pas. Pierrot, étourdi d'un coup si subit, crut être mort; mais deux ou trois coups redoublés de la part du mari le réveillèrent, & lui rendirent assez de courage pour s'enfuir. Je suis mort, s'écria-t-il en se retirant; je m'en vais morgué faire sonner le tocsin sur ce cocu-là. Vois-tu bien, repartit le mari en s'adressant à sa femme, vois-tu bien comme il m'appelle par mon nom? Il en a menti, Jacques, répondit la ménagère; c'est qu'il est dépité, parce que tu l'as battu; mais il fait bien que cela n'est pas vrai. Tais-toi, vilaine, repartit le mari, qui, après ces mots, voulut se jeter sur sa femme pour la battre, quand il en fut empêché par ses camarades, qui lui remontrèrent qu'il ne falloit pas, si tard, faire un si grand bruit. Vois-tu bien, lui dit un certain Gros-Jean son ami, l'autre jour je rencontris ma femme qui se batailloit avec Blaise dans notre écurie; le pied manquit à la ribaude, & adieu, la vlà chute: dame, François, mon fils, vint me dire que Blaise battoit ma femme. Va, va, lui dis-je, je les vois bien, il la battroit bien davantage, qu'elle ne m'appelleroit pas à son secours. Dame, en achevant de parler, la coquine m'aperçut; alle baillit un grand coup de son sabot à Blaise, & puis se relevit droite comme un ciarge; Blaise sortit par une autre porte, tout honteux: j'avancis dans l'écurie; je prins une fourche, & j'en applique cinq ou six bons coups sur les épaules de notre ménagère; mais ça se passit tout comme ça; & si, tu vois bien que j'avois bien plus de sujet de fâcherie que toi: c'est pourquoi, laissez-là dame Perrette; alle l'a fait innocemment; alle n'y retornera pu. Maitre Jacques voulut encore s'élancer sur elle : Allons, chut, reprit maître Jean. Non, non, il faut que je l'assomme, dit le mari. Il voulut alors s'efforcer d'échapper à ceux qui le retenoient ; mais sa femme sortit, & s'enfuit. Cependant, Messieurs, continua la jeune demoiselle, je m'aperçois qu'il y a assez long-temps que je parle ; je n'ai dit que des folies ; mais je ne suis point sérieuse, & l'histoire que je viens de vous rapporter est un trait que j'ai cousu, le mieux que j'ai pu, à notre roman, & que j'ai vu arriver ces jours passés à la campagne. Voilà la femme de maître Jacques en fuite, que quelqu'un la ramène, de peur des loups ; il vaut mieux pour elle qu'elle reçoive quelques coups de fourche, que si elle étoit croquée par les loups. A vous le dez maintenant, M. le financier, ou bien à vous, M. le neveu du curé. Là-dessus le financier & le neveu firent mille façons à qui continueroit l'histoire. Il ne restoit encore qu'une petite demi-heure ; on ne vouloit point partir qu'on ne l'eût finie. Le bel-esprit, fécond en imagination, s'avisa de rompre une petite paille, & de leur faire tirer à la plus courte ; le financier l'eut, & ce sexagénaire, crachant, toussant cinq ou six fois, commença ainsi.

Je ne dirai qu'un mot, afin que Monsieur,

(en parlant du neveu) ait le plaisir de finir l'histoire.

La querelle en étoit au point où Mademoiselle l'a dit; c'est à dire, que Perrette étoit sortie de la chambre, de crainte d'être battue. Ariobarsane & Merlin étoient toujours au milieu de ces rustres, à qui le chevalier redemandoit son sabre, pour remonter à cheval, & s'en aller; car il étoit revenu de sa frayeur; mais les paysans, occupés à consoler maître Jacques & à le retenir, ne faisoient presque point d'attention au discours du chevalier.

Cependant Dame Perrette s'étoit allée ranger derrière un buisson, en attendant ce qui arriveroit de la colère de son mari; elle pleuroit même amèrement, & poussoit quelques soupirs, quand un chevalier, suivi de son écuyer, & qui marchoit près du buisson, entendit les plaintes que poussoit dame Perrette. Ce chevalier s'arrête tout court, malgré la tristesse avec laquelle il suivoit son chemin. Mon dieu, que je suis malheureuse! dit alors Perrette d'un ton pitoyable. A ces mots, ce chevalier ne douta point que celle qui se plaignoit si tristement, n'eût besoin d'un prompt secours. Hélas! s'écriat-il, mes malheurs ne doivent point m'empêcher de faire mon devoir; secourons les infortunés, & méritons, à force de vertu, que le ciel termine l'horreur de ma situation. Après ce discours, il avance vers le buisson duquel il entendoit sortir la voix. Dame Perrette, qui l'avoit entendu parler, trembloit de peur, & ne savoit qui pouvoient être les deux cavaliers qui s'approchoient d'elle; mais cette paysanne fut bien plus étonnée, quand le chevalier, l'ayant aperçue, descendit de cheval, & vint respectueusement lui dire ces mots: Puis-je espérer, madame, que vous ne dédaignerez pas le secours d'un chevalier que vos plaintes & vos soupirs ont intéressé pour vous? Parlez, madame, où sont vos ennemis? quels sont vos malheurs?

A ce compliment, la paysanne interdite fut quelque temps sans respirer d'étonnement, & sans répondre. Vous ne répondez rien, Madame, continua le chevalier empressé; vous défiez-vous de ma valeur?.... Hélas! Monsieur, repartit alors la paysanne, je ne vous connois pas, & je n'ai point d'ennemi; je demeure à ce village; mon mari m'a voulu battre, & je me suis retirée ici. Ah! parbleu, dit alors l'écuyer du chevalier, qui jusques-là n'avoit dit mot; tenez, seigneur chevalier, il y a dame & dame; mais à voir sa coiffure & son habit, je gage que celle-là est une dame à dindons. Taisez-vous, Timane, repartit le chevalier, dans l'esprit duquel le village en question & la dame rencontrée à cette heure faisoient une impression considérable, & qui le rendoit capable du plus profond respect pour la dindonnière ; ramenons Madame chez elle, & sachons pourquoi son époux la maltraite. Ne craignez rien, Madame ; quel que soit son courroux, je saurai bien vous en garantir. Là-dessus, il présenta la main à Perrette, qui ne voulut pas l'accepter, & qui se leva, en disant, qu'elle ne méritoit pas cet honneur. Cependant il fallut céder à l'obligeante importunité du chevalier; il lui donna la main, & ramena, dans cette posture, dame Perrette au milieu des paysans, qui avoient fait asseoir le mari, & qui le tranquillisoient, en mangeant d'un peu de fromage, & en buvant un pot de petit vin qu'il avoit été tirer, en reconnoissance de la consolation qu'ils s'efforçoient de lui donner. Ariobarsane & son écuyer avoient été contraints de faire comme eux. Ce chevalier tenoit un morceau de fromage d'une main, & une écuelle de l'autre, dans laquelle on lui avoit versé à boire, & qu'il venoit de vider. C'étoit en cet état qu'ils se trouvèrent tous, quand Perrette entra, conduite en épousée par le chevalier, dont l'écuyer suivoit derrière, en tenant les deux chevaux par la bride. Où diantre la masque a-t-elle été dénicher ces hommes ? dit maître Jacques en la voyant entrer avec le chevalier, qui, jetant les yeux sur l'assemblée, aperçut Ariobarsane, la visière levée, avec l'écuelle & le fromage qu'il tenoit en ses mains. Il fut frappé de la ressemblance que ce cavalier avoit avec sa maîtresse. Mais la surprise d'Ariobarsane fut bien d'une autre espèce ; car, reconnoissant d'abord le chevalier pour son amant Amandor, il fit un cri perçant, & se laissa tomber sur le banc où justement étoit la chandelle, le fromage, le pain & le vin. La peste soit de la maladie, & des cavaliers, dit le paysan, plus fâché de la perte de son petit vin, que d'avoir trouvé sa femme. Jarniguenne, ma maison est-elle une garnison de soudars ? Il se hâta, en disant ces mots, de rallumer sa chandelle ; les autres paysans relevèrent Ariobarsane. Merlin pleuroit de l'état où il le voyoit. Ah ! M. Amandor, disoit-elle au chevalier, qui l'avoit reconnue, & qui étoit à genoux, ma maîtresse mourra de cela. Timane entendit ces mots, & reconnut la voix de la belle Dina ; car jusques-là il avoit été occupé à regarder les paysans, & la chûte du banc qui servoit de table. Je pense, morbleu, que c'est Dina qui parle, dit-il; c'est moi-même, Timane, repartit Dina. Dieu soit loué, tu as fait pénitence, aussi bien que ton maître; & si ma maîtresse en réchappe, nous ne courrons plus la pretentaine.

Le financier s'arrêta là, & dit au campagnard, que c'étoit à lui à finir. Parbleu, la fin n'est pas difficile à trouver, repartit le campagnard; celle qui étoit Ariobarsane, revient quand on lui a versé un pot d'eau sur le visage; on sèche ses habits, qui en sont tout mouillés; son amant Amandor lui baise les mains, lui demande pardon : elle qui l'aime comme une folle, se met à sourire, & voilà la paix faite. Après cela, l'écuyer & l'écuyère imitent leurs maîtres : Dina s'asseoit sur un banc, Timane se met à genoux, & les voilà encore rapatriés. Quand il lui a baisé le bras, les paysans rendent le sabre. Timane, qui a de l'argent sur lui, & qui a faim, leur donne de l'argent, pour aller chercher du vin du cabaret ; maître Jacques tue deux dindons & quatre poulets : on met la nappe, le vin arrive ; chaque paysan boit un coup; la joie raccommode le mari & la femme; Dina larde la volaille, & Timane tourne la broche. Pendant que les deux amans, assis sur le lit, se disent mille douceurs, le souper est enfin rôti, on le sert sur la table. Amandor & sa maîtresse s'y mettent, & y font mettre leurs domestiques: on donne à manger au paysan & à sa femme sur une assiette à part. Amandor boit trop souvent à la santé de sa maîtresse; elle y répond plus qu'elle ne devroit; la tête commence à leur tourner; ils ne savent plus ce qu'ils disent. Le paysan & sa femme, qui ne se sont jamais trouvés à telle fête, se soulent entièrement, tombent de leurs escabeaux, & ronflent dans les cendres; les chats & les chiens attrapent le reste des viandes qui sont sur la table, parce que les quatre amans se sont de leur côté insensiblement endormis; les chiens & les chats, après avoir bien mangé, vont se coucher sur les lits; la chandelle se souffle d'elle-même, & tout le monde reste dans cette situation jusqu'au jour, qui les éveille: & vîte des œufs frais, des bouillons; on bâille, on se frotte les yeux, on n'en peut plus; bref, on déjeûne, l'amour reprend. Timane va chercher le tabellion; un contrat est dressé: le violoneux arrive, on danse; tout cela conduit au mariage, qui arrive quelques jours après, au grand contentement des parties. Le campagnard achevoit son dénouement grotesque, quand on nous vint dire que notre carroffe étoit prêt. Nous prîmes congé du neveu de notre hôte & de ses enfans, & nous montâmes en carroffe. J'arrivai à Nemours; je quittai mes voyageurs, & je fis résolution de vous faire le récit de nos plaisirs. Vous me le fîtes promettre; ma parole est acquittée, serviteur.

Fin de la Voiture embourbée.

VOYAGE

DE PARIS A SAINT-CLOUD,

PAR MER;

ET RETOUR

DE SAINT-CLOUD A PARIS,

PAR TERRE.

VOYAGE
DE PARIS A SAINT-CLOUD,
PAR MER,
ET RETOUR
DE SAINT-CLOUD A PARIS,
PAR TERRE.

La paſſion de voyager eſt, ſans contredit, la plus digne de l'homme ; elle lui forme l'eſprit, en lui donnant la pratique de mille choſes que la théorie ne ſauroit démontrer. Je puis en parler aujourd'hui avec connoiſſance de cauſe. Il n'y a rien de ſi ſot & de ſi neuf qu'un pariſien, qui n'eſt jamais ſorti des barrières : s'il voit des terres, des prés, des bois & des montagnes qui terminent ſon horiſon, il penſe que tout cela eſt inhabitable : il mange du pain & boit

V.

du vin, sans savoir comment croît l'un & l'autre. J'étois dans ce cas avant mon voyage; je m'imaginois que tout venoit aux arbres; j'avois vu ceux du *Luxembourg* rapporter des *marrons d'Inde*, & je croyois qu'il y en avoit d'autres dans des jardins faits exprès, qui rapportoient du blé, du raisin, des fruits & des légumes de toutes espèces. Je pensois que les bouchers tenoient des manufactures de viande, & que celui qui faisoit la meilleure étoit le plus fameux; que les rôtisseurs fabriquoient la volaille & le gibier, comme les limonadiers fabriquent le chocolat; que la Seine fournissoit la morue, le hareng-sor, le maquereau, & tout ce bon poisson qu'on vend à Paris; que les teinturiers ordinaires faisoient le vin à huit & à dix sous pour les cabaretiers, mais que le bon se faisoit aux Gobelins, comme y ayant la meilleure teinture; que la toile & les étoffes venoient dans certains endroits, comme les toiles d'araignées derrière ma porte; & enfin que les fermiers généraux faisoient l'or & l'argent, & le roi la monnoie, parce que j'ai toujours vu un suisse de sa livrée à la porte de l'hôtel des monnoies à Paris.

Mais puisque je parle du roi, je ne saurois me dispenser de dire ce que j'en ai toujours pensé, si jeune que j'ai été. Sur le portrait que

l'on m'en avoit fait, je me le figurois auſſi puiſ-
ſant ſur ſes ſujets que l'eſt ſur ſes écoliers un régent de ſixième, qui peut leur donner le fouet
ou des dragées, ſuivant qu'ils l'ont mérité. La
première fois que je le vis, ce fut un jour de
congé, au petit cours, où il paſſoit en allant à
Compiègne. Je n'avois pas plus de dix-ſept ans
pour lors; cependant, à ſa vue, je me ſentis
intérieurement ému de certain ſentiment de
reſpect que lui ſeul peut inſpirer, & que perſonne ne ſauroit définir. Je trouvois tant de
plaiſir à le conſidérer, qu'après l'avoir bien vu
à mon aiſe dans un endroit, je courois vîte à
un autre, pour le revoir encore; de ſorte que
j'eus la ſatisfaction de le voir ſept fois ce jour-
là, & je crois que je le verrois toujours avec
le même empreſſement. Je me ſouviens bien
que je fus moins ébloui de la magnificence de
ſa nombreuſe ſuite, que frappé des rayons ma-
jeſtueux qui partoient de ſon auguſte front.
Juſques-là je m'étois imaginé qu'il n'y avoit
rien de ſi beau dans le monde qu'un recteur de
l'univerſité, précédé proceſſionnellement des
quatre facultés: enſuite, ſur le bruit de ſes
exploits militaires, je le comparois aux Céſar
& aux Alexandre, dont parlent nos auteurs
latins. Au récit de ſon goût & de ſa protection
pour les arts, je lui trouvois toutes les qualités

d'Auguste ; & enfin, j'ai toujours depuis conservé, pour sa majesté, une vénération si parfaite, que je sens bien que rien ne pourra jamais l'altérer.

Mais je suis bien revenu aujourd'hui de toutes mes erreurs, & de mon ignorance sur la nature ; il ne me falloit rien moins pour cela que le voyage de long cours, d'où, par la grace de dieu, je suis de retour, & dont je donne ici la relation au public. Rien de plus capable d'exciter les jeunes gens à voyager, que la lecture de différens voyageurs ; c'est aussi le seul que je me suis proposé.

Il y avoit deux ans que l'on me proposoit de sortir de Paris, lorsqu'enfin un de mes intimes amis du collège, dont le père a une fort jolie maison de campagne à Saint-Cloud, me pressa si vivement de l'y aller voir, que je ne pus m'en défendre. La prière de la charmante Henriette sa sœur, que je commençois à aimer, que j'ai aimée depuis, que j'aime, & que j'aimerai toute ma vie, acheva de m'y déterminer. J'avois besoin d'un aussi puissant motif pour vaincre ma répugnance à jamais m'exposer en route. Elle me dit qu'elle y devoit aller passer les fêtes de la *Saint-Jean* & de la *Saint-Pierre*, & me fit promettre, par l'amour que j'avois pour elle de venir l'y joindre. Le ton gracieux

& tendre avec lequel elle me dit cela, fut encore un véhicule qui me porta à lui jurer, par ses beaux yeux, que je ferois tout pour elle. Que pouvois-je jurer de plus sacré pour moi! Je lui donnai cent baisers parlans, pour gage de mon serment, & je lui en aurois donné mille, s'il n'avoit pas fait si chaud; mais je la quittai tout en sueur, tant je m'étois fait de violence en lui sacrifiant mon dégoût pour le voyage.

Omnia vincit amor, & nos cedamus amori.... Rien ne peut résister à l'amour, & cédons-lui donc, disois-je en moi-même; c'est Virgile qui l'a dit, mot pour mot, & Virgile n'étoit pas un sot: il faut donc le croire. Apparemment qu'on aimoit déjà de son temps, & pourquoi n'aimerois-je pas aussi aujourd'hui? Mais quand, au collège, on me donnoit ses églogues à expliquer, devois-je jamais prévoir que je me serois fait un jour l'application de ce beau passage? *Omnia vincit amor, & nos cedamus amori.*

Il est des destinées auxquelles on ne peut se soustraire, quelque violence que l'on fasse pour s'en empêcher; mais enfin si l'amour est un crime aussi grand que mon régent me l'a toujours voulu persuader, devroit-il être accompagné de tant de plaisir, & peut-il jamais y avoir de mal à faire une chose qui nous plaît tant?

Pourquoi aussi tout le monde y en prend-il? car tous nos livres, grecs & latins, sont remplis des noms d'illustres coupables qui y ont succombé comme moi. Si c'est véritablement un crime, il flatte plus que toutes les vertus de ma connoissance. Mais aussi est-ce bien là ce qu'on appelle amour, que ce que je sens actuellement? Depuis que j'ai embrassé ma chère Henriette, je ne me possède plus; mon esprit semble être sorti de sa sphère ordinaire, le cœur me bat continuellement; je souhaiterois l'embrasser toujours; elle ne me sort point de devant les yeux: tantôt je lui parle, & elle me répond; tantôt je parle seul. Je ne songe plus ni à mon battoir, ni à mon ballon; je ne pense uniquement qu'à elle. Est-ce rêver? Est-ce aimer tout de bon? Si c'est un songe, puisse-t-il durer toujours, tant il m'est agréable! Si c'est aimer, comment pouvoit-on avoir la cruauté de me faire un portrait si hideux d'une chose qui me paroît avoir tant de charmes?.... Mais mon parti est pris: oui, Virgile, vous avez raison, *& nos cedamus amori*. C'est bien dit: aimons donc, & essayons si, en perfectionnant un si joli crime, je ne pourrois pas en faire une vertu: le poison le plus subtil, quand il est bien préparé, devient la médecine la plus salutaire. Oui, chère Henriette, je vous aime, & je crois que je vous aimerai toujours. La preuve que j'y suis bien déterminé, c'est que vous m'avez fait promettre de quitter Paris pour aller à Saint-Cloud par mer, moi qui hais tant cet élément. Non seulement je vous ai promis, mais je vous tiendrai parole : *Alea jacta est*; la balle est jetée. Je braverai les fatigues du voyage, j'affronterai les périls de la mer, je m'exposerai aux inconvéniens du changement d'air; il n'est rien, en un mot que je ne vous sacrifie....

Omnia vincit amor. Je m'embarquerai le jour que vous m'avez fixé; j'irai vous joindre..... Mais non, je n'irai pas; j'y volerai sur les ailes des vents, l'amour m'y guidera. Je ne m'en tiendrai pas même là; car si l'on peut aller encore plus loin que Saint-Cloud, & que l'envie de voyager vous continue, je vous suivrai partout, si vous voulez; nous verrons ensemble le bout du monde. Pour vous, & avec vous, où n'irois-je pas? que ne ferois-je pas? Actuellement que je me suis fait émanciper, me voilà mon maître; ma mère & mon tuteur m'ont rendu leurs comptes, & je n'en dois à personne.....

Telles étoient mes réflexions, lorsque pensant très-sérieusement que je n'avois plus que huit jours pour me disposer à partir, je commençai par faire blanchir tout mon linge, que j'étageai dans une malle, avec quatre paires d'habits complets de différentes saisons, deux perruques neuves, un chapeau, des bas & des souliers aussi tout neufs; & comme j'avois entendu dire qu'en voyage il ne falloit s'embarrasser de bagage sur soi que le moins que l'on pouvoit, je mis dans un grand sac de nuit tout mon nécessaire; savoir, ma robe de chambre de callemande rayée, deux chemises à languettes, deux bonnets d'été, un bonnet de velours aurore, brodé en argent, des pantoufles, un sac à poudre, ma flûte à bec, ma carte géographique, mon compas, mon crayon, mon écritoire, un sixain de piquet, trois jeux de comète, un jeu d'oie, & mes heures. Je ne réservai, pour porter sur moi, que ma montre à réveil, mon flacon à cuvette, plein d'eau *sans pareille*; mes gants, des bottes, un fouet, ma redingote, des pistolets de poche, mon manchon de renard, mon parapluie de taffetas vert, ma grande canne vernissée, & mon couteau de chasse à manche d'agathe.

Tout mon équipage fut prêt en quatre jours; il ne s'agissoit plus que de mettre ordre à mes petites affaires, tant spirituelles que temporelles. Après avoir fait une bonne & ample confession générale, je fis un testament olographe, que j'écrivis moi-même à tête reposée, en belle écriture, moitié ronde & moitié bâtarde : je fus faire mes adieux à tous mes voisins, mes parens & mes amis, & je payai tout ce que je devois dans le quartier, à ma blanchisseuse, à mon perruquier, à ma fruitière, & aux autres. J'avois toujours ouï dire que l'air de la mer étoit mal-faisant à ceux qui n'y étoient point habitués de jeunesse; & pour m'y accoutumer petit-à-petit, j'allois tous les jours me promener sur les bateaux des blanchisseuses pendant une heure ou deux : je passois l'eau aussi de temps en temps du port Saint-Nicolas aux Quatre-Nations, & j'ai continué cette manœuvre jusqu'à mon départ; de sorte qu'insensiblement je m'y suis fait.

Quand je fus à la veille de partir, quoique l'on m'eût assuré que je trouverois des vivres dans le navire sur lequel je devois m'embarquer pour aller à *Saint-Cloud*, & qu'on m'eût dit que le sieur *Langevin*, qui en est le munitionnaire général, & entrepreneur des vivres en cette partie de la marine, ne manquoit de rien, & étoit pourvu de tout ce qui pouvoit contribuer à la commodité des voyageurs, je fis toujours, par précaution, acheter un grand panier d'osier fermant à clef, dans lequel je fis mettre un biscuit de trois sous, du palais-royal (car j'ai retenu de quelqu'un qu'il ne falloit jamais s'embarquer sans biscuit), un petit pain mollet du pont Saint-Michel, une demi-bouteille de bon vin à dix, deux grosses bouteilles d'eau d'Arcueil, à la glace, une livre de cerises, & un morceau de fromage de Brie. Bien m'en a pris en vérité de faire ces petites provisions; car ce même *Langevin*, que l'on m'avoit plus vanté qu'*Aubry*, n'avoit rien de tout cela; il n'avoit que du brandevin, que je n'aime point, des petits pains à la *Sigovie*, qui sont indigestes, & de mauvais sirop d'orgeat & de limon, qui n'étoit point de chez *Baudson*, qui est le seul à Paris qui réussisse dans ces sortes de sirops. En récompense aussi, on vantoit beaucoup son ratafia & sa bière; mais je n'aime ni l'un ni l'autre.

Enfin le grand jour de mon départ arrivé (c'étoit par un dimanche, veille de la Saint-Jean; car je m'en souviendrai tant que je vivrai), mon régent, de qui j'avois été prendre congé, voulut me venir conduire, avec ma mère & mes deux tantes, qui, pour être levées plus matin, avoient passé la nuit dans ma chambre. Nous prîmes deux carrosses, un pour nous, & l'autre pour mon équipage; tous mes voisins étoient aux portes & aux fenêtres, pour me dire adieu, & me souhaiter un bon voyage. Je laissai à une de mes voisines mon beau chat chartreux, & à une autre mon petit serin gris, & nous fûmes au Saint-Esprit entendre la sainte messe. Je m'en acquittai avec le plus de dévotion que le permettoit mon état. Il y avoit tant de monde ce jour-là, qu'au sortir de l'église, j'eus toutes les peines imaginables à prendre autant d'eau bénite que j'aurois bien voulu, pour en faire la galanterie à ma compagnie : mais il me fut impossible de lui donner en cela des preuves de ma générosité ; car, dans le moment que je faisois la petite cérémonie usitée parmi les jeunes gens bien nés, & que j'allongeois le bras, je me trouvai séparé par la foule des entrans & des sortans ; de façon que ceux qui entroient, me reportèrent, jusqu'à trois reprises de suite, au milieu de l'église, sans qu'il me fût possible de m'en dépêtrer, qu'après y avoir laissé un morceau de ma perruque, deux agraffes de mon chapeau, trois boutons de mes bretelles, & mon beau mouchoir des Indes tout entier. Heureusement que mon couteau de chasse étoit bien attaché, & ferré tout à neuf ; car je l'aurois perdu aussi ; encore n'eus-je pas la consolation d'avoir fait usage pour moi de l'eau bénite que j'avois prise. Enfin je rejoignis ma mère, tout hors d'haleine, & boitant tout bas, parce qu'en me ballottant ainsi, on m'avoit marché sur dix-sept de mes cors ; car j'en ai, depuis l'âge de raison, trois à chaque doigt du pied, & cela, vraisemblablement, vient de famille; car tout Paris sait que feu mon pauvre père, dont l'ame est aujourd'hui devant dieu, en avoit une si grande quantité, qu'à chaque variation des temps, il en étoit si cruellement tourmenté, que jamais baromètre n'a été moins infaillible que lui à annoncer les changemens des temps.

Je n'osai cependant me plaindre de ma perte, dans la crainte d'être bien grondé; car je connoissois ma pauvre bonne femme de chère mère, pour ne pas aimer du tout à perdre, & pour être fort mauvaise joueuse à ce jeu-là. Nous remontâmes en carrosse, & traversâmes la grève avec assez de difficulté, à cause de l'embarras qu'y causoient les préparatifs du feu d'artifice que l'on devoit tirer le soir même. Ma mère étoit bien fâchée que je partisse sans le voir; une de ses commères, bonne amie, & voisine, en l'assurant qu'il y auroit de bien belles fusées volantes, toutes neuves, & dont elle connoissoit l'auteur, lui avoit en même temps proposé une place pour moi sur l'amphitéâtre des huissiers de la ville, parce que le maître clerc d'un de ces messieurs faisoit depuis peu l'amour à sa fille *Babichon*. Mais il étoit inutile d'y penser: j'avois promis à ma chère Henriette, & tous les feux d'artifice du monde ne m'auroient pas fait manquer à la parole que je lui avois donnée de partir ce jour là. Je dis adieu à la grêve & au grand châtelet, par où nous passâmes; à la vallée, au pont-neuf, à la samaritaine, au cheval de bronze, au gros Thomas, au quatre-nations, au vieux louvre, au port Saint-Nicolas; & enfin, à tous les endroits remarquables de ma route. Nous arrivâmes insensiblement au pont royal, où nous vîmes beaucoup de monde assemblé, ce qui nous fit penser qu'on ne tarderoit point à partir.

Le cœur me battoit extraordinairement à la vue du navire; celui qui étoit en charge pour lors se nommoit *le vieux Saint-François*, commandé par le capitaine *Duval*, homme fort expérimenté dans la marine de terre & de mer, & qui, suivant que lui-même m'en a assuré, n'a pas encore été noyé une seule fois, depuis vingt ans qu'il navigue. Je fis embarquer tout mon bagage sous la *levée*: on n'attendoit plus que le vent de huit heures & demie pour tirer la planche, & *pousser hors*. Déjà le pilote avoit levé le drapeau avec lequel il donnoit le signal du haut de la *jetée*, & les matelots, répandus dans les auberges voisines, y battoient le *boute-selle*, & y hâtoient à grands cris les voyageurs. Il est vrai que leurs juremens déplurent beaucoup à ma mère & à mes deux tantes, qui firent un peu la grimace, & moi aussi, mais mon régent, qui avoit déjà vogué deux fois de Paris à Charenton, nous rassura beaucoup, en nous disant que c'étoit là la façon ordinaire dont les gens de mer s'expliquoient, & qu'il ne falloit point s'en formaliser.

Il est bien vrai de dire que, dans les différens embarras d'un départ, on oublie toujours quelque chose. Ma mère, qui avoit été autrefois dans le commerce, se ressouvint que, pour rendre le capitaine responsable de sa cargaison, on faisoit ordinairement une lettre de voiture pour chaque ballot qui s'embarquoit dans son *bord* ; elle en avoit fait une pour moi & ma pacotille : mes tantes, d'un autre côté, vouloient me faire passer par la chambre des assurances ; mais il étoit trop tard pour prendre toutes mes précautions ; le pilote *Montbazon* juroit après ma lenteur ; on n'attendoit que moi pour lever la fermure, & démarrer. Il fallut nous séparer malgré nous. La mère du capitaine *Duval*, qui l'étoit venu conduire jusqu'au port, m'arracha des bras de mon régent, de ma mère, & de mes deux tantes, pour me pousser *à bord* ; elles n'eurent que le temps de me couler dans mes poches chacune une pièce de six sous, & de me promettre une messe à *Saint-Mandé* & aux *Vertus*, sous la condition expresse que je leur donnerois de mes nouvelles si-tôt que je serois arrivé. Je leur promis de le faire, & de leur rapporter à chacune un singe vert & un perroquet gros bleu, & je m'embarquai.

Non, rien ne me dégoûteroit tant des voyages, que les adieux qu'ils occasionnent, & surtout quand il les faut faire à des gens qui nous touchent de si près, qu'un régent de rhétorique, une mère, & deux tantes. Je tremble encore, quand je me représente que nous restâmes muets tous les cinq pendant quelque temps ; que tous les quatre avoient leurs yeux humides fixés sur les miens, qui fondoient en eau ; que je les regardois tous, les uns après les autres ; que le cœur de ma pauvre bonne femme de chère mère creva le premier ; que celui des autres & le mien crevèrent aussi ; que nous pleurions à chaudes larmes tous les cinq, sans avoir la force de nous rien dire ; que nous en vînmes tous à la fois aux plus tendres embrassemens, ce qui faisoit le plus triste groupe du monde ; que nos larmes avoient de la peine à se mêler, tant elles étoient rapides ; & qu'enfin le spectacle étoit si touchant, que les deux cochers qui nous avoit emmenés, & qui, pour l'ordinaire, ne sont pas trop tendres, ne purent s'empêcher de pleurer aussi. Je ne sais pas même si les chevaux ne se mirent pas aussi de la partie ; car je m'étois aperçu du bon cœur de ces animaux, en ce qu'ils sembloient ne me conduire là qu'à regret, tant ils avoient été lentement sur toute la route.

Tandis que j'étois occupé à reconnoître mon équipage, le navire fut mis *à flot*; je le sentis à merveille, par un ébranlement qui m'effraya, parce qu'il me surprit. Je montai sur le *tillac*, pour voir la manœuvre: déjà le pont royal se retiroit, pour nous faire place, & tous les autres navires chargés de bois, qui sembloient n'être là que pour s'opposer à notre passage, se rangeoient aussi à la voix du pilote, qui juroit, comme un diable, après eux.

A peine étions-nous à la *demi-rade*, que plusieurs passagers ayant fait signal du bord du rivage, qu'ils vouloient s'embarquer avec nous, le capitaine a fait jeter *la chaloupe* en mer, pour les aller recueillir. Apparemment qu'ils avoient retenu leur place. Nous avons été *tout bellement* jusqu'à ce qu'ils nous aient joints, après quoi nous nous sommes trouvés en pleine mer, vis-à-vis du nouveau *carrousel*, & nous avons été bon train ensuite.

Un petit vent de *sud* nous poussoit, & apparemment qu'il nous étoit contraire; car on ne *hissa* aucune *voile*, par même la *misène*; mais on fit seulement *force de rames*, jusqu'à ce que nous

nous puissions saisir les *vents alisés*. L'odeur du goudron commença tout d'un coup à me porter à la tête : je voulus me retirer plus loin, pour l'éviter; mais je fus bien étonné, quand, voulant me lever, il me fut impossible de le faire. Je m'étois malheureusement assis sur un tas de cordages, sans prendre garde qu'ils étoient nouvellement goudronnés; la chaleur que je leur avois communiquée, les avoit incorporés si intimément à ma culotte, qu'il fallut en couper des lambeaux pour me débarrasser. Cette aventure ne déplut qu'à moi seul; car, de tous les spectateurs, il n'y avoit que moi qui ne rioit point. Cependant nous rangions le nord, en dérivant jusqu'à la hauteur d'un *port*, qu'on me dit être celui de la *Conférence*. Il y avoit à l'ancre plusieurs navires qui y chargeoient différentes marchandises de Paris, destinées pour les pays étrangers; de là j'estimai que ce que je voyois à l'opposite étoit ce que nos géographes de Paris appellent *la Grenouillère*, parce que j'entendis effectivement le croassement des grenouilles.

Nous dépassâmes le *pont-tournant* & le *petit cours* d'un côté de la terre; & de l'autre, les *invalides* & le *gros-caillou*; nous fîmes ensuite la découverte d'une grande Isle déserte, sur laquelle je ne remarquai que des cabanes de sauvages, & quelques vaches marines, entremêlées de bœufs d'Irlande. Je demandai si ce n'étoit point là ce qu'on appeloit, dans ma *mappemonde*, l'isle de *la Martinique*, d'où nous venoit le bon sucre & le mauvais café: on me dit que non, & que cette isle, qui portoit autrefois un nom très-indécent (1), portoit aujourd'hui celui de *l'isle des cygnes*. Je parcourus ma carte; & comme je ne l'y trouvai point, j'en ai fait la note suivante. J'ai observé que les pâturages en doivent être excellens, à cause de la proximité de la mer, qui y fournit de l'eau de la première main; qu'on y pourroit recueillir de fort bon beurre de *Bray*; que si cette isle étoit labourée, elle produiroit de fort joli gazon, & bien frais; que c'étoit de là sans doute que l'on tiroit ces beaux manchons de cygnes qui étoient autrefois tant à la mode; & que, quoiqu'il n'y eût pas un arbre, il y avoit cependant bien des falourdes & bien des planches entassées les unes sur les autres à l'air. J'ai tiré de là une conséquence, que la récolte du bois & des planches étoit déjà faite dans ce pays-là, parce que le mois d'août y est plus hâtif que le mois de septembre à Paris; qu'il n'y a point assez de

---

(1) On l'appeloit autrefois l'*isle Maquerelle*.

bâtimens ni de caves pour les serrer; & qu'enfin c'est sans doute de là que l'on tire ce beau bois des isles, que nos ébénistes emploient, & dont nos tourneurs font de si belles quilles.

A deux pas de là, sur un banc de sable vers le midi, nous avions vu les débris d'un navire marchand, que l'on nous a dit avoir fait naufrage l'hiver dernier, chargé de chanvre. Un bon bourgeois de *Donfront* (1) n'auroit point été touché de cette aventure, parce que c'est une herbe de malheur pour lui; mais je ne saurois dissimuler combien ce spectacle m'a fait peine : autant m'en pendoit devant le nez ; je pouvois périr & échouer de même.

A propos de chanvre & de Donfront, je me souviens de la naïveté d'un marguillier de Donfront, qui, se promenant un jour avec un parisien dans un champ semé de chanvre, celui-ci lui demanda si c'étoit là de la salade; à quoi le marguillier répondit : *Ho dame verre ! vos avez tout drait bouté le nez dessus : de la salade ! vos vos y connoissés ; qu'eu chienne de salade ! morgué, elle a étranglé défunt mon pauvre père.*

Nous faisions toujours route, & nous cinglions en louvoyant le long du rivage, qui étoit

---

(1) Ville de la basse Normandie.

couvert de pierres de Saint-Leu, que je prenois de loin pour du marbre d'Italie, lorsque, pour suppléer au défaut de marée & au vent contraire, notre pilote, prudent & sage, parce qu'il étoit encore à jeun, a jeté un cable à terre, qui, sur le champ, m'a paru avoir été attaché à un charretier & à deux chevaux. J'ai remarqué que quoiqu'ils aient toujours été le grand trot, & quelquefois même le galop tous les trois, nous les avons cependant toujours suivis, sans doubler notre pas. C'est une belle chose que l'invention de la mer!

J'étois pour lors dans une assiette assez tranquille, puisque je m'occupois à consommer une partie de ma vituaille, lorsqu'apercevant une longue frégate, beaucoup plus forte que notre vaisseau, & qui lançoit debout à nous, j'ai cru être perdu. La peur donne des ailes, dit-on, mais sûrement elle ne donne point d'appétit, car il m'a manqué tout d'un coup. J'ai vu notre capitaine sortir brusquement de sa chambre, & quitter une partie de *pied de bœuf*, à laquelle il jouoit avec des dames, pour monter sur le *pont* & crier à plusieurs reprises : *Coit ! coit ! coit !* J'ai vu ensuite les matelots de la frégate lever le chapeau en l'air, & crier à des hommes & à des chevaux qui étoit à terre. *Ho ! ho ! ho !* J'ai pris tout cela pour le signal de l'*abordage*;

& attendu qu'il y a relâche au théâtre de la guerre entre nos voisins & nous, j'ai cru d'abord que c'étoit une *galère d'Alger*, qui nous alloit prendre & conduire à Marseille avec ces pauvres captifs qu'on y conduit tous les ans de *la Tournelle*, & que les RR. PP. Mathurins vont racheter en *Barbarie* de temps en temps. J'étois dans un saisissement mortel ; car j'ai lu la liste des tourmens que l'on fait souffrir aux pauvres chrétiens qui ne veulent pas se faire recevoir dans la religion de ces pays-là. Voilà ce que c'est que d'avoir un peu de lecture. Mais j'avois déjà pris mon parti en galant homme sur cela, quand j'ai vu la *frégate se remorquer*, & passer son chemin ; elle étoit même déjà bien loin de nous, que je craignois encore qu'il ne lui prît quelque répit, & qu'elle ne *revirât de bord*. Cette *frégate* se nommoit, à ce qu'on m'a dit après, *la Parfaite*, de dix hommes & de huit chevaux d'équipage, du port de je ne me souviens plus combien de tonneaux de cidre, chargée de marchandises d'épiceries, & commandée par le capitaine *Louis-George Freret*, faisant route de *Rouen à Paris*. Cela me donna occasion de demander si la *compagnie des Indes* passoit aussi par-là quand elle alloit chercher de ces belles *toiles d'Hollande* au *Japon* ? si nous étions encore bien éloignés du *cap Breton* ? si nous ne courions point risque de rencontrer des écumeurs de mer, & si c'étoit par ici que j'avois passé en revenant de Pantin, où j'ai été en nourrice? Je m'aperçus qu'à chaque question on me rioit au nez; mais je crus que c'étoit par ressouvenir de ma culotte goudronnée: cependant, sans me dire pourquoi on rioit tant, on me tourna le dos, & je restai seul assis au pied du *grand mât*, où j'achevai de déjeûner.

Sur la pente douce & agréable d'une colline qui borde le rivage du côté du nord, s'élèvent des maisons sans nombre, plus jolies les unes que les autres, qui forment la perspective d'une grosse ville, que nous longions de fort près, lorsque j'aperçus à l'une de ses extrémités deux gros pavillons octogones à la romaine, ornés de girouettes percées d'un écusson respectable, & aboutissant à une terrasse qui règne le long d'un parterre charmant. Je faisois observer à un abbé qui étoit venu se mettre à côté de moi, qu'apparemment, dans le temps des *croisades de la Terre-Sainte*, cette ville avoit manqué d'être prise d'*escalade*, du côté de la mer, par les *Turcs*, puisque les échelles y étoient encore restées attachées au mur, ou que c'étoit peut-être ce que nos plus grands voyageurs ont nommé les *Echelles du Levant*: mais il me dit que ce village s'appeloit *Chaillot*; que ces pavillons avoient été bâtis par S. A. R., & que ces échelles servoient aux blanchisseuses du pays pour aller laver leur linge. Je vis effectivement la preuve de ce que me dit l'abbé; car, dans le moment même, des femmes descendirent, & d'autres remontèrent par ces échelles avec du linge, tandis que celles qui étoient restées sur la grève à échanger, battre & laver leur lessive, nous dirent, en passant, mille sottises, que la pudeur ne permet point de répéter ici. Celle qui me piqua le plus, quoique la moindre de toutes, ce fut de m'entendre désigner & montrer au doigt par une de ces harpies que je ne connoissois point, qui ne m'avoit jamais vu, & qui m'a cependant appelé *fils de P....* Je rougis pour ma pauvre chère mère, qu'on mettoit ici en jeu mal à propos, & j'aurois été bien fâché qu'elle eût entendu cela; car je puis bien certifier que si elle a eu la foiblesse de l'être, au moins personne n'a jamais osé le lui reprocher en public, feu mon père étant trop vif & trop scrupuleux sur l'article du point d'honneur, pour l'avoir souffert impunément; mais moi, qui ne voulois pas d'affaires en pays étranger, j'ai mieux aimé feindre de n'avoir point entendu, que de faire face à l'orage de sottises qui m'auroit infailliblement accablé. Il eſt vrai que tous les autres paſſagers ont bien pris mon parti, & qu'ils m'ont aſſez vengé de cette impertinente, qui m'avoit ainſi inſolentié; car ils ont répondu par des répliques ſi coſſues, que la plus vieille de ces mégères, enragée de ſe voir démontée, a trouſſé ſa cotte mouillée, & nous a fait voir le plus épouvantable *poſtérieur* qu'on puiſſe jamais voir. Ah, ciel! diſois je en moi-même, cette *Agnès de Chaillot*, dont la douceur & l'innocence m'ont tant édifié à Paris, ſeroit-elle de ce pays-ci? Tout ce qui m'étonnoit, c'eſt que j'avois fait tant de chemin, & qu'on parloit encore françois : je compris de là que la langue françoiſe étoit une langue qui s'étendoit bien loin.

Au bout des murs de *Chaillot*, & ſur le même profil, en règne un autre fort long & fort haut, qui renferme un grand clos, de beaux jardins, & un gros corps de logis percé de mille croiſées antiques, & adoſſé à une égliſe fort haute, dont la pointe du clocher ſemble ſe perdre dans les airs. J'ai d'abord imaginé que ce pouvoit être cette ſuperbe chartreuſe de Grenoble, dont j'ai tant entendu parler à ma pauvre tante Thérèſe, qui a manqué d'y aller, en revenant un jour de *Saint-Denis*; mais une dame à laquelle je me ſuis adreſſé pour ſavoir ce que c'étoit, me dit que c'étoit le *couvent des bons-hommes de Paſſy*; que c'étoit le seul qu'il y eût au monde; que quoique la maison me parût très-considérable, elle étoit cependant très-mal peuplée, par la difficulté de la recruter & trouver des sujets qui conviennent à son institution; que l'on n'a pu trouver de terrein assez étendu pour y établir un pareil couvent de *bonnes femmes*; & enfin elle me dit là-dessus tout ce que l'esprit de parti lui suggéra. Nous nous trouvâmes insensiblement vis-à-vis de deux jardins charmans, fort voisins l'un de l'autre, & dont la propreté & l'ornement attirèrent toute mon attention. Je lui demandai si tout cela dépendoit encore de la France? Elle se mit à rire de ma simplicité; mais moi qui ne voyageois que pour apprendre, je n'avois point regret de faire les menus frais de son divertissement, pourvu qu'elle fît ceux de mon instruction. Elle me dit que ces deux jardins étoient destinés à prendre les *eaux minérales de Paſſy*; que bien des familles étoient redevables à ces deux endroits de leur origine & de leur postérité; que l'on y venoit de fort loin pour recouvrer la santé; qu'il y avoit, pendant toute la saison, une compagnie choisie; qu'il y avoit eu à la vérité autrefois quelques abus dans le grand nombre des personnes qui venoient prendre les eaux; mais que depuis que les temps font devenus fi durs, on n'y voyoit plus guère que de véritables malades, qui ne penfoient point à la galanterie; qu'elle-même n'y étoit venue depuis plus de dix ans; que le *Paſſy* d'aujourd'hui n'étoit plus le *Paſſy* de fon temps, pour les plaifirs; & qu'enfin fa fille y étoit depuis un mois, fans.... Là nous fûmes interrompus par un matelot qui nous vint demander fi nous defcendions au *port de Paſſy*. La dame fe prépara pour y defcendre; le pilote appela par trois fois, de toute fa force; Jacob, qui en eſt le paſſager; & Jacob, le mauſſade Jacob, aborda avec fa barque, dans laquelle entrèrent ceux qui voulurent defcendre.

Inquiet de ce que j'allois devenir, j'allois de la *proue*, où j'étois, à la *poupe*: je montai fur le *tillac*, pour voir fi je ne découvrirois point Paris avec ma lunette d'approche. Je m'orientai pour le trouver, & enfin je le vis fans le reconnoître: un tas de pierres, de cheminées & de clochers ne me repréfentoit plus Paris tel que je l'avois laiſſé; je n'y diftinguois plus une rue, pas même celle de *Geoffroy-l'Afnier*, où je demeurois; il me fembloit qu'il étoit abîmé depuis que j'en étois forti; je me figurois que cela ne feroit point arrivé, fi je fuſſe refté. J'avois beau regarder de tous côtés, je ne voyois autour du vaiſſeau qu'une mer orageuſe qui cherchoit à nous engloutir; & dans le lointain, des *terres auſtrales* & inconnues, des prés, des bois & des montagnes arides, ſur leſquelles il ne devoit croître que du vent, parce que j'y voyois beaucoup de moulins. Il n'y avoit que la vue du ſoleil qui me raſſuroit un peu; je le reconnoiſſois encore pour être le même que je voyois au *Palais-royal*, toutes les fois que j'y allois au méridien régler ma montre. O toi qui m'as toujours éclairé, lui dis-je, brillant ſoleil, plus beau mille fois que ne peuvent être tous les autres ſoleils du reſte de la terre! ſoleil dont je chéris la préſence, ne m'abandonne point! je ſuis fait à ta lumière bienfaiſante; que ſais-je ſi celle d'un ſoleil étranger ne m'incommodera point? Tiens, vois ma montre, accoutumée à être réglée ſur toi ſeul; elle ſe dérangera ſans toi: puis me retournant du côté de Paris, je lui diſois: O toi de qui je tiens le jour! Paris, ſuperbe Paris! mon petit Paris! pourquoi t'éloignes-tu ainſi de moi? Hélas! que ne viens-tu plutôt avec moi! que ne me ſuis-tu! que ne t'es-tu embarqué avec moi! Je vois bien que tu es fâché contre moi, parce que je t'ai quitté ſi bruſquement; mais ce n'eſt que pour un temps; je reviendrai, s'il plaît à dieu, bientôt; je finirai mes jours dans ton ſein: je te laiſſe pour gage de ma promeſſe ceux de ma tendreſſe, ma mère & mes deux tantes, mon petit serin gris, & mon chat chartreux : tu sais combien tout cela m'est précieux. Ce n'est que pour les beaux yeux de la jeune & belle *Henriette* que j'entreprends aujourd'hui de voyager : un amour si beau mérite bien quelque indulgence de ta part. Encore une fois, Paris ! mon cher petit Paris ! pourquoi me fuis-tu ? Mais non, ingrat & infidèle que je suis, c'est moi qui t'abandonne ! c'est moi qui s'éloigne de toi ! Patrie, ô ma chère patrie, je suis le seul coupable ! Ah ! si jamais je reviens de ce voyage, que tu auras lieu d'être contente de moi par la suite ! C'est la première fois de ma vie que je te quitte, depuis dix-huit ans que je suis au monde; mais ce sera la dernière. Je te demande mille fois pardon ; tu dois passer quelque chose à la jeunesse.... Puis, troussant mon habit ; vois, Paris, vois ma pauvre culotte neuve de velours cramoisi toute perdue ; l'accident qui lui est arrivé, n'est-il pas déjà un commencement de l'expiation de mon crime ? Mes inquiétudes, mes regrets, mes soucis, mes remords, mes larmes enfin expieront assez le reste.

Mais quoi ! la terre marche, & semble retourner d'où je viens. Il ne restera donc plus où je vais que des *antipodes* & de l'eau ! Encore fuit-elle sous le navire : *Quid est tibi mare quod fu-*

gisti ? O mer ! qu'as-tu donc à fuir ? Ah ! chère Henriette, que vous me causez de peines & d'inquiétudes ! Mais je vous les sacrifie toutes d'aussi bon cœur que je vous aime.... A ce mot d'Henriette, j'ai repris tous mes sens, comme si je fusse revenu d'un grand évanouissement ; j'ai songé que bientôt j'allois avoir le bonheur d'être auprès d'elle ; que je la verrois face à face ; que je lui parlerois ; qu'elle me répondroit ; que je l'embrasserois ; qu'après lui avoir démontré, par ce trait de mon obéissance, le *quantùm* je l'aime, je trouverois peut-être le moment favorable de lui en prouver le *quomodo* ; & qu'enfin ses beaux yeux me serviroient de soleil, si celui de Saint-Cloud ne me convenoit pas. Toutes ces réflexions me remirent le cœur au ventre.

En tournant les yeux de côté & d'autre sur tous les différens climats que je pouvois découvrir à perte de vue, j'aperçus sur notre droite un palais enchanté, qui me parut bâti par les mains des fées : son jardin vaste & spacieux, dont les murs sont baignés par la mer, est d'un goût charmant ; la distribution des berceaux & la propreté des allées me le firent prendre pour le même qu'habitoit autrefois Vénus à *Cythère* ou à *Paphos*. Mais tandis que je réfléchissois sur le goût des étrangers pour l'architecture, j'aperçus encore, non loin de celui-ci & sur le même point de vue, un autre palais beaucoup plus considérable, tant pour l'étendue des bâtimens, que pour l'immensité des jardins. Ce fut pour le coup que je crus être près de *Constantinople*, & que c'étoit là le sérail du *Grand-Seigneur*. Mais un de nos matelots, à qui je demandai à quel degré de longitude il estimoit que nous pouvions être, & ce que c'étoit que ces deux palais, me répondit que, de ces deux maisons, la première appartenoit à madame de Sessac, & la seconde à M. Bernard; & qu'à l'égard des degrés de longitude, il ne connoissoit point ces rubriques-là; puis il me demanda si je n'allois point à *Auteuil*, & il fit la même question à tous les passagers les uns après les autres; ce qui me donna la curiosité de m'informer de ce que c'étoit qu'*Auteuil*. On me répondit qu'*Auteuil* étoit cette ville que je voyois devant moi; que MM. de Sainte-Geneviève en étoient seigneurs, & y avoient une fort jolie maison; que bien des bourgeois de Paris y en avoient aussi; qu'il y avoit un fameux oculiste, nommé *Gendron*, que l'on y venoit consulter de bien loin; que c'étoit la moitié du chemin de Paris à Saint-Cloud; & qu'enfin cet endroit étoit bien fréquenté. Il faut avouer, m'écriai-je alors, que si le cœur de la France est

A SAINT-CLOUD. 335

bien bâti, les frontières sont bien gaies & bien bâties aussi! Non, la belle rue *Trousse-Vache*, où demeure ma mère à Paris, n'a rien de comparable à tout cela.

O ma mère, disois-je en moi-même, que vous êtes actuellement inquiète de moi, aussi bien que mes deux tantes! & que je voudrois bien rencontrer ici quelque *aviso* qui fît voile pour les côtes de Paris, afin de vous donner de mes nouvelles! Hélas! peut-être mon chat & mon serin seront-ils morts de déplaisir de ne me plus voir.... Mais que le monde doit être long! ajoutai-je. Quoi! depuis que je roule les mers, je ne suis encore qu'à la moitié du chemin que j'ai à faire! O mer, que tu t'étends au loin! Peux-tu être si vaste, & la morue si chère à Paris? Cette réflexion me rappela un beau cantique nouveau de l'opéra-comique, qui commence par ces mots: *Vastes mers!* Je le fredonnois entre les dents, lorsque je découvris à l'*ouest* un navire à peu près semblable au nôtre, mais plus fort, qui venoit à bride abattue sur nous. Oh! pour le coup, je comptai bien que nous allions en découdre; car je voyois à merveille que ce n'étoit point un vaisseau marchand, en ce qu'il y avoit trop de monde à fond de cale, qui regardoit par les fenêtres: on eût dit de l'arche de Noé. Je ne pouvois pourtant point m'imaginer non plus que ce fût un vaisseau de guerre, parce que je n'y voyois ni canons, ni pierriers, ni affûts ; mais j'appréhendois que ce fût un *saltin* de *Poissy*, qui cherchât à jeter les *grapins*, pour tenter l'*abordage* à l'arme blanche, que je crains naturellement très-fort. Je voyois un nombreux équipage rangé en bonne contenance sur le *pont* & sur le *tillac*. Mon premier mouvement fut de tirer mon couteau de chasse ; mais je fis réflexion que peut-être l'air de la mer le rouilleroit, & je pris ma lunette d'approche, pour en reconnoître le pavillon, afin de savoir au moins à qui nous allions avoir affaire, & pour prévoir de plus loin ce que tout cela pourroit devenir. Ce qui me tranquillisoit pourtant, c'est qu'avec cette même longue vue je voyois notre équipage serein & les passagers peu inquiets ; & effectivement, nous passâmes rapidement à la portée du coup de poing l'un de l'autre, sans nous rien faire ; je m'aperçus même que notre vaisseau, qui sembloit avoir peur, doubla son pas à l'approche de l'autre, qui n'osa pourtant nous attaquer : nous, qui avions encore du chemin à faire, nous ne voulûmes point non plus nous amuser. Nous prîmes le *bord-dehors*, & lui l'*avant-terre*, & nous en fûmes quittes pour quelques signes de chapeau de la part des nautonniers, & pour des sottises que

se

se dirent réciproquement les passagers. Pour moi, je les saluai de bon cœur fort poliment, & je me congratulois d'en être échappé à si bon marché, après la peur que j'avois eue, lorsque je vis notre pilote *revirer de bord*, &, d'un coup de gouvernail, *lancer debout à terre* à une espèce de *cap* en forme de *promontoire*, que je prenois pour le *cap de Bonne-Espérance*, quand on me dit que c'étoit le *havre* de cette fameuse ville d'*Auteuil*, dont on m'avoit parlé tout à l'heure. Nous y *mouillâmes*: on porta la planche à terre, & il en sortit vingt à trente personnes, qui n'alloient pas plus loin.

Une petite aventure nous retarda à ce port un peu plus que nous n'aurions dû ; c'est que la jetée y étoit si escarpée, & la montée si difficile, qu'une jeune fille ayant roulé à la mer avec un abbé qui lui donnoit la main, & qu'elle entraîna avec elle, deux de nos matelots plongèrent pour les repêcher. J'ai observé pour lors qu'il est bien vrai de dire que quand on se noye, on s'accroche où on peut, sans jamais lâcher sa prise ; car la fille, qui, en tombant, s'étoit accrochée à la jambe droite de l'abbé, s'y tenoit encore, quand on la repêcha ; & l'abbé, qui s'étoit jeté à son cou quand elle l'entraîna, la tenoit encore embrassée étroitement au sortir de l'eau. La fille perdit sa garniture & son éven-

Y

tail, & l'abbé son chapeau & son parasol violet clair. Quand le danger fut disparu entièrement, nous rîmes un peu de l'état où se trouvèrent nos baigneurs, & sur-tout de leur attitude. Je ne sais s'ils recouvrèrent leur perte, parce que nous reprîmes le large; mais je me doute bien qu'ils ne se seront point quittés sans se sécher. Peu de temps après, la femme de notre capitaine fut à tous les passagers leur faire payer leur *fret*; elle vint à un capucin qui étoit à côté de moi, & qui tira de dessous ses aisselles un chapelet à gros grains, dont il paya son passage; elle s'adressa ensuite à moi, & je payai: elle étoit suivie par un pieux matelot, qui, se disant chargé de la procuration de saint-Nicolas, le Neptune ordinaire des marins, excitoit la dévote générosité des voyageurs. Je fus du nombre de ceux qui désirèrent avoir part aux prières promises, & je fis mon offrande.

Sur la rive opposée, en tirant au *sud-ouest*, est une petite masure isolée, dont l'exposition heureuse, quoique très-retirée, semble annoncer une de ces retraites que se choisissoient autrefois ces saints anachorètes, lorsque, dégoûtés du monde, ils vouloient renoncer entièrement à son commerce, pour se livrer à la contemplation des choses célestes. Au milieu de quelques arbres mal dressés, & plantés au hasard, rampe humblement un petit corps de logis, dont la simplicité fait tout l'ornement. L'art paroît avoir moins participé à la décoration de ce lieu, que la simple & belle nature: cependant tout y rit; & je me trompe fort, si ce n'est point là qu'étoit, au temps jadis, ce fameux désert où saint Antoine fut tant tourmenté par le malin esprit, lors de ces belles tentations que *Calot* nous a si bien gravées d'après nature; car on voit encore, à quelque distance de là, un moulin que ce saint hermite fit venir apparemment de *Montmartre* exprès pour son usage & celui de son ménage, & sous lequel il y a encore un *toit à cochon*. Le tout compose un ensemble qui m'a paru si charmant, que je crois que si jamais il prenoit fantaisie à la Magdeleine de revenir sur terre, & qu'elle passât par cet endroit-là, elle n'hésiteroit point à le préférer à la *Sainte-Baume*.

Quelqu'un, qui me vit attentif à examiner un lieu que je paroissois avoir regret de perdre de vue, satisfit ma curiosité, en me disant: « Eh bien, Monsieur, vous considérez donc cette » fameuse guinguette, autrefois si fréquentée, » où l'amour étoit venu de Cythère exprès, » pour la commodité de Paris, établir une ma- » nufacture de plaisirs, à la honte des familles

Y ij

» bourgeoises ? C'étoit là autrefois l'écueil où
» *Caribde* & *Scylla* prenoient plaisir à faire
échouer la vertu, & à tendre des pièges aux
» *vestales* ; c'étoit le rendez-vous de la lasci-
» veté, de l'impureté, de la prostitution, & de
» l'adultère ; tous les vices s'y rassembloient de
» toutes parts ; mais tout est bien changé au-
» jourd'hui ; *Bréant* est mort, & le *Moulin de*
» *Javelle*, que vous voyez aujourd'hui, n'est
» que l'ombre de celui que j'ai vu de mon
» temps ». Qu'appelez-vous *Moulin de Javelle* ?
Monsieur, lui repartis-je : est-ce que c'est là
ce *Moulin de Javelle* dont j'ai vu l'histoire à la
comédie françoise, à Paris ? « Oui, Monsieur,
» me dit-il, c'est le même pour lequel on a voulu
» inspirer de l'horreur aux jeunes gens, en leur
» représentant tous les désordres qui s'y com-
» mettoient ».

Tandis que nous causions, je n'avois point
pris garde que notre corde s'étant pendue à une
barque de pêcheur qui étoit au bord du rivage,
elle se lâcha ; & m'étant appuyé dessus, elle
manqua de me jeter à la mer, lorsqu'elle vint à
se tendre ; & elle m'y auroit effectivement jeté,
si je ne me fusse retenu aux *hauts-bancs* du
grand mât. Je tombai, par bonheur, à la renverse sur le *pont*, & j'en fus quitte pour la peur,
& pour mon mon chapeau & ma perruque, qui

furent emportés à la mer : je les vis dans l'inſtant bien loin derrière moi, qui ſembloient retourner à Paris. Si ma mère les y voit, diſois-je, elle reconnoîtra bien mon chapeau à *ragotzy*, & ma perruque à *trois marteaux* ; elle les repêchera, & peut-être que cela ne ſera point perdu ; mais elle s'imaginera que je ſuis noyé, & elle ſe noyera auſſi. Je fus vîte à ma malle, pour réparer tout mon déſordre. On ſe rit toujours des malheurs ; auſſi ſe moqua-t-on beaucoup de moi : on voulut voir ma culotte goudronnée, mais j'en avois mis une autre par-deſſus. Je remontai ſur le tillac ; & comme je regardois avec ma longue vûe, pour reconnoître deux villes peu éloignées l'une de l'autre, qui me ſembloient border la pente d'une longue colline, ſur le ſommet de laquelle il y avoit la moitié d'un moulin à vent, je demandai leur nom au *mouſſe* du navire, qui ſe trouvoit pour lors auprès de moi ; il me répondit que c'étoit *Vaugirard* & *Iſſy*. Il n'eut pas plutôt prononcé ces deux noms, que mes entrailles s'émurent ; je changeai de couleur, & me trouvai ſi mal, que je fus obligé de m'aſſeoir.

Pluſieurs paſſagers s'en aperçurent, & me demandèrent ce que j'avois ; ſi ce n'étoit point l'effet de ma chûte, ou l'air de la mer ? Les uns me badinèrent, & d'autres me plaignirent: cependant un d'eux, qui me parut s'intéresser le plus à moi, tira mon flacon de ma poche, & m'en frotta les tempes. Ah! Monsieur, lui dis-je en le repoussant foiblement, laissez agir la nature; c'est elle qui m'agite actuellement de deux impressions bien différentes; je viens d'entendre nommer deux villes qui m'ont touché de bien près; l'une m'a ravi impitoyablement ce que l'autre avoit pris plaisir à me donner.... Ah! cher Vaugirard.... Ah! cruel Issy.... Ah! chère Julie.... A ces derniers mots, que je ne prononçai qu'avec un effort, je m'évanouis; une sueur froide, dont je me sentis saisi par tout le corps, glaça les larmes que je versois abondamment, & je ne revins qu'à force d'*eau sans pareille*. Mon bienfaiteur me pria de lui expliquer ce que j'avois voulu dire par les exclamations qu'il me répéta: je feignis ne me souvenir de rien, & lui dis que je rêvois apparemment dans ce moment-là; & pour éluder sa curiosité, je me levai, & repris ma lunette d'approche, avec laquelle, pour me distraire, je considérai attentivement des champs & des côteaux qui étoient couvers de petits arbrisseau qui me parurent être attachés à des manches à balais.

Je m'informai de ce que c'étoit : l'on me dit que c'étoient des vignes ; que de ces vignes sortoit le raisin, & du raisin le vin. Je jugeai tout de suite que c'étoit apparemment de là que provenoient tous ces bons vins de *Bourgogne*, & de *Champagne* que l'on boit à Paris si chèrement, parce qu'ils viennent de si loin.

A peine avois-je enfanté cette heureuse réflexion, en m'applaudissant secrètement de ce que je sentois, qu'à force de voyager, mon esprit s'étoit déjà bien formé, que, regardant de la *poupe* où j'étois, à la proue, je découvris une seconde *isle* beaucoup plus considérable que celle que nous avions déjà passée. J'estimai qu'elle devoit être entourée d'eau de tous les côtés, parce qu'elle étoit dans le milieu de la mer : je ne vis dessus ni maisons, ni gens, ni bêtes, pas même un clocher ; nous la laissâmes sur notre gauche, & je la jugeai une de ces *isles* de la mer *Egée*, qui sont si remplies de serpens & de bêtes venimeuses, que jamais *Paul Lucas* (1) n'osa y aborder. Je vis effectivement plusieurs perdrix sauvages qui voloient par-dessus, sans s'y arrêter, & des petits animaux gros comme des chats, qui,

---

(1) Voyageur Normand.

à notre vue, se sauvoient dans des trous qu'ils avoient pratiqués sur les *berges* de cette isle dans des buissons : les perroquets y sont noirs, & ont le bec jaune. J'observai ensuite qu'elle avoit été sciée par un bout, afin de former un *détroit* qui conduit à des habitations éloignées, qui sont de l'autre côté du rivage. Tout autre que moi auroit pris ce *détroit* pour celui de *Gibraltar*, ou tout au moins de *Calais*; mais quand on sait un peu sa carte, on ne se trompe guère. Là, je vis des hommes en chemise, occupés à tirer du fond de la mer *un banc de sable*, qu'ils transportoient à terre dans des chaloupes : je vis tout d'un coup la nôtre qui prit le large, & se sépara de nous, pour passer ce *détroit* à force de rames; elle étoit chargée de voyageurs, dont les uns alloient, à ce qu'on m'a dit au *château Gaillardin*, aux *Molinaux*, à *Meudon*, &c., & les autres conduisoient des enfans à *Clamart*, où j'appris qu'il y avoit une pension fort renommée pour l'éducation & l'instruction de la jeunesse.

Nous passâmes ensuite à la vue d'un endroit assez joli, que les gens du pays appellent *Billancourt*; je ne remarquai rien qui fût digne de la curiosité d'un voyageur, sinon que ce pays-là me parut ne produire guère d'hommes, parce que je n'y en vis qu'un seul ; mais qu'en récompense aussi il y croissoit bien des *moutons du Berry* ; car il y en avoit beaucoup qui étoient marqués sur le nez, & qui se promenoient au bord de la mer. Cet homme, que je pris pour être de leur compagnie, parce qu'il n'en étoit pas éloigné, & qu'à sa houlette & son chien je jugeai devoir être un berger, me fit ressouvenir de celui à qui *Virgile*, faisant ses caravanes, comme moi, disoit un jour, en passant près de lui,

Tytire, tu patulæ recubans sub tegmine fagi,
Sylvestrem tenui musam meditaris avenâ;
Nos patriæ fines, & dulcia linquimus arva:
Nos patriam fugimus, tu, Tytire lentus in umbrâ,
Formosam resonare doces Amaryllida silvas.

« Que tu es heureux, mon cher Tytire ! » tu t'amuses, sous un hêtre touffu, à cher- » cher sur ton tendre chalumeau des airs cham- » pêtres ; & tandis que par ma fuite je renonce » aux douceurs de ma patrie, tu fais retentir » à ton aise les forêts du nom de ta chère » Amaryllis. »

Peut-être bien aussi pouvoit-ce être encore ce même Tytire-là ; car il étoit effectivement étendu nonchalamment au pied du noyer, qui étoit le hêtre de ce temps-là, où il prenoit le frais en jouant du chalumeau.

Nous continuions notre route, lorsqu'une noire & épaisse fumée qui couvroit la cîme d'une montagne sur notre gauche, me fit présumer que c'étoit apparemment ce fameux *Mont-Vésuve*, dont j'ai entendu parler, qui vomit des flammes & jette des pierres jusques dans la ville de Naples, dont il est cependant éloigné de deux milles. Une odeur de soufre & de bitume, qui me frappa, me confirmoit encore dans cette idée, lorsque, faisant part de mon soupçon à un quelqu'un qui étoit auprès de moi, lui demandant si, de là où nous étions, il n'y avoit rien à risquer pour nous, il me fit réponse que ce n'étoit point ce que je pensois, & que cette fumée que je voyois, sortoit des fours d'une verrerie qui étoit là.

Ah! que le latin est une belle chose! disois-je en moi-même; il sied bien d'abord à un régent, pour l'apprendre aux autres; à un curé de campagne, pour apprendre son plein chant; à un avocat, pour citer son *Cujas*; à un médecin, pour parler à la fievre; à un chirugien, pour répondre au médecin; & à un apothicaire, pour ne point faire de *quiproquo* : mais il sied encore mieux à un voyageur, pour se faire entendre dans le pays étranger; car, avec un *da mihi panem & vinum* bien appliqué, on va par toute terre: on a du pain, du vin, & l'on vit.

A mesure que je m'éloignois ainsi de Paris, la chaleur augmentoit à un point, que j'estimai que nous devions être pour lors sous la ligne, ou du moins à côté. Je n'y pouvois plus tenir; & déjà je m'apprêtois à descendre dans le fond, lorsque j'aperçus un pont sur lequel passoient différentes voitures: je le pris d'abord pour ce fameux *Pont-Euxin*, qui traverse la mer noire: mais, comme je prenois ma carte & mon compas, pour me reconnoître, j'entendis un murmure confus parmi tous nos voyageurs & nos matelots, qui me fit comprendre que nous allions aborder: effectivement nous lançâmes *debout à terre*; on mit la planche, & le monde sortit. Je demandai si c'étoit là *la ville de Saint-Cloud:* on me dit que non, & que c'étoit le port de Séves, mais que Saint-Cloud n'en étoit pas éloigné, & on me le montra. Je pris congé du capitaine & de sa femme, & je sortis le dernier. La tête me tourna si tôt que j'eus mis pied à terre, & je croyois toujours sentir le balancement du navire: je traversai le pont du mieux qu'il me fut possible. Il y avoit, au bout de ce pont, une chapelle, où un vénérable capucin, que je reconnus à la barbe pour être du Marais, nous dit la messe en action de graces de notre heureuse arrivée. Tous les voyageurs y assistèrent, & moi aussi, quoique j'en eusse entendu une à Paris. J'entrai chez un nommé *Champion*, pour écrire promptement à ma mère. Excepté trois ou quatre maisons bourgeoises assez passables, qui terminent ce port le long de la mer, je n'y ai rien remarqué qui méritât mes observations.

Je pris deux crocheteurs pour porter mon équipage, & un guide pour me conduire: il me fit traverser une longue forêt, au bout de laquelle nous entrâmes dans la ville, où, après en avoir passé quelques rues, nous arrivâmes enfin chez mon ami. Ce fut la charmante Henriette qui nous ouvrit la porte: je me jetai à son cou, où je restai quelque temps immobile de plaisir: elle parut en prendre autant que moi. Elle m'introduisit dans une salle où étoient son père & son frère, qui m'attendoient avec plusieurs de leurs amis. Après avoir lâché ma bordée de complimens, *de bâbord & de stribord*, je priai mon ami de me donner une chambre dans laquelle je pusse m'ajuster: il me conduisit lui-même dans celle qui m'étoit destinée. Quand j'eus changé de la tête aux pieds, je descendis pour me mettre à table : j'y officiai très-bien, & je fis tant d'honneur à mes hôtes, que tout le monde m'en fit compliment. Il faut avouer que le métier de marin est bien séduisant, puisque, quand une fois on est sorti du péril, on l'oublie : je ne pensai plus aux dangers que je venois de courir, que pour en faire le récit à la compagnie, qui rit beaucoup de ma simplicité ; & ma naïveté paya mon écot. Après le dîner, on proposa une promenade au *parc*, pour m'y faire voir les eaux qui devoient jouer ce jour-là : nous arrivâmes au château, dont les dehors surprirent ma vue. Mon ami, qui avoit été *enfant de chœur aux Innocens*, connoissoit l'organiste du château (car tous les musiciens se connoissent) ; il le demanda, &, par son canal, on nous laissa voir tous les appartemens ; car il a un grand crédit auprès des garçons de la chambre. Ce fut pour lors que je ne fus plus à moi, tant j'étois enchanté. On me fit voir dans une glace la perspective de Paris, qui m'amusa beaucoup. La richesse des ameublemens & la beauté des peintures me firent perdre de vue ma chère Henriette ; je la perdis avec ma compagnie, que je ne retrouvai qu'après bien des recherches, dans l'orangerie, d'où nous fûmes voir jouer les eaux qui commençoient : je n'ai jamais rien vu de si beau au monde. Là, deux *fleuves* étendus nonchalamment sur des roseaux & des joncs, penchoient une urne, dont l'eau pure & claire, qui en sortoit, retomboit en différentes cascades qui remplissoient des bassins à différens étages. Là, des *naïades* effrayées sembloient se cacher au fond des ondes, pour échapper à la poursuite de certains jeunes *fleuves* amoureux d'elles. D'un côté, une nappe d'eau, sur laquelle se baignoient des *cygnes*, représentoit au naturel le bain que *Diane* s'étoit choisi, lorsqu'elle y fut surprise par *Actéon* ; de l'autre, des *nymphes marines*, cachées dans les herbes, sembloient prendre plaisir à faire des niches aux curieux. Ici, c'étoit un lac, dont l'eau écumante se précipitoit dans le fond de la terre, pour en ressortir élastiquement & en courroux, toute en pluie dans les airs. Des routes cultivées avec soin formoient des allées à perte de vue ; des parterres immenses, émaillés de mille fleurs, & cultivés par Flore elle-même, éblouissoient les yeux par l'éclat nuancé de leurs différentes couleurs ; des bosquets enchantés, réservés aux seuls zéphyrs, y servoient de retraite aux oiseaux, dont la diversité du chant charmoit les oreilles ; des *Faunes* & des *Driades*, dispersées dans les bois, sembloient en faire les honneurs, & inviter les passans à s'enfoncer avec eux dans leurs sombres demeures, pour y éviter l'ardeur du soleil. Tout y est si grand & si noble, que je ne me sens pas assez de talent pour en faire une exacte description ; mais il me suffit de dire que tout s'y ressent de la magnificence du prince & de la princesse qui y habitent, & qu'il semble que la nature, l'art, & le goût s'y soient donné rendez-vous, pour s'y disputer la gloire de perfectionner un séjour où il ne reste rien à désirer pour la situation & l'ornement.

Nous revînmes chez mon ami dans le même ordre que nous en étions partis, mais par un chemin différent, afin de me faire voir tout ce qui méritoit d'être vu dans le parc. Il étoit tard ; on avoit servi, & nous soupâmes. Avant de se coucher, on fut se promener dans le jardin ; la chaleur étoit si excessive, que chacun se permit réciproquement la liberté de se mettre à son aise. Henriette donna l'exemple aux autres dames. Vêtue à la légère, d'un déshabillé galant & simple, elle me donna un éventail pour la rafraîchir. Avec cet habit de combat, elle sembloit défier les zéphyrs ; & moi, je ne l'ai jamais trouvée aussi charmante que ce soir-là : je l'aimois à Paris, je l'aimois encore plus à Saint-Cloud, & je l'aimerois également par toute la terre : *Qui cœlum non animum mutant.* « Ceux qui changent d'air, ne changent » pas pour cela de façon de penser ».

L'aurore sortoit à peine des bras de Titon pour venir se trouver au petit-lever du soleil, à qui elle a soin de faire tous les jours sa cour, qu'un vent impétueux, battant la fenêtre de ma chambre, que j'avois laissée ouverte, à cause de la chaleur, vint m'annoncer un orage prochain; & effectivement mille éclairs effrayans, qui se succédoient sans relâche les uns aux autres, furent tout d'un coup suivis d'horribles éclats de tonnerre, qui se répétoient à l'envi ; une pluie rapide & condensée, semblable à celle du déluge, paroissoit un nuage qui se détachoit des airs, pour tomber sur la terre en gros pelotons, & pour empêcher le jour de paroître. L'alarme fut générale alors dans la maison; tout le monde se leva, parce qu'il avoit peur du tonnerre ; l'on se réunit dans la salle à manger, dont on avoit fermé la porte, les fenêtres, les volets & les rideaux. La jardinière entra en chemise, avec un cierge bénit allumé, & une grosse bouteille de grès pleine d'eau bénite, dont elle arrosa la compagnie, qui, au moindre coup

de

de tonnerre, se prosternoit pour se mettre en prières. J'étois le seul qui ne se démontoit point : je ne m'étois levé que par complaisance, & dans le dessein de rassurer les autres, & surtout ma chère Henriette, que je savois être extrêmement peureuse. J'eus beau leur représenter à tous que la peur ne servoit à rien, puisqu'elle ne peut jamais nous garantir des effets de ce qu'on craint, je passai pour un impie qui ne respectoit point ce qui étoit au-dessus de lui. Je rióis des extravagances que je voyois faire. L'orage dura près de deux heures avec la même violence, après quoi on éteignit le cierge bénit, & chacun se retira dans sa chambre, pour se mettre au lit : on ne se leva que pour aller à la dernière messe ; on revint dîner. Les uns retournèrent à Paris, les autres restèrent, & je fus du nombre de ces derniers. J'y passai neuf jours avec tous les plaisirs imaginables. Henriette me faisoit voir aujourd'hui son potager, demain sa vigne, après-demain son champ, ensuite son pré & son verger. J'appris comment on faisoit venir les légumes, comment on faisoit le vin, comment on semoit & moissonnoit le blé & les autres grains, comment on récoltoit le foin ; & enfin je reconnus toutes les différentes espèces de fruits. Il faut convenir que les femmes ont l'esprit bien pé-

Z

nétrant, & qu'elles font bien propres à dresser & à façonner les jeunes gens, quand elles font tant que de vouloir s'en donner la peine; car Henriette m'en apprit plus en neuf jours, que mon régent n'avoit fait en neuf ans que j'avois été au collége; son frère, qui y joignit ses leçons, me fit revenir de l'erreur où j'étois, par rapport à l'étendue de la terre, & à l'idée que je m'en étois figurée, & me fit sentir le ridicule du préjugé dans lequel sont élevés pour l'ordinaire tous les enfans de Paris, qui n'osent sortir de chez eux. Enfin je me trouvai dégourdi de corps & d'esprit en peu de jours, & je me promis bien, à mon retour à Paris, d'en revendre à tous mes camarades. A beau mentir qui vient de loin, disois-je en moi-même: je leur ferai croire ce que je voudrai; ils n'oseront jamais y aller voir. C'est un privilége accordé à tous les voyageurs; & loin d'y déroger, j'enchérirai encore sur le père *Labat*.

Arriva cependant le jour fixé pour retourner à Paris; jour que je craignois autant, & encore plus encore que je n'avois appréhendé celui de mon départ de Paris; car je m'étois déjà, & en si peu de temps, si bien accoutumé à vivre avec ma chère hôtesse, que j'aurois bien souhaité d'y passer ainsi le reste de mes jours. J'avois entièrement oublié Paris &

tous ses attributs; je ne pensois plus à ma mère ni à mes deux tantes; mon régent de réthorique ne m'inquiétoit pas plus que mon chat & mon serein. Là, je jouissois de cette heureuse tranquillité que l'on ne connoît point à la ville; je respirois un air pur, & qui n'étoit point altéré par toutes ces immondices qui infectent celui de Paris; j'y étois d'une santé parfaite, j'y avois un appétit charmant; j'y mangeois tous les jours, pour mon déjeûner, une douzaine de ces excellens petits gâteaux que *Gautier* fait avec tant de soin; &, pour tout dire enfin, j'y vivois avec ce que j'ai de plus cher au monde, sans que personne en médît, comme on auroit fait à Paris. Ah! Saint-Cloud! que pour moi vous avez d'attraits! O campagne, que cette innocente & voluptueuse liberté, dont on jouit chez vous est adorable pour moi, & pour tous ceux qui ont le bonheur de la connoître!

Ainsi pénétré des plus sensibles regrets, il fallut cependant prendre mon parti: je montai dans ma chambre, pour y verser quelques larmes que je voulois cacher à mon ami; sa sœur m'y suivit, sans que je m'en aperçusse: ce fut en vain qu'elle tâcha de les essuyer; elles n'en coulèrent que plus abondamment; aussi en fut-elle toute mouillée. Comme elle avoit autant besoin de consolation que moi, nous nous fîmes les plus tendres adieux du monde, & nous nous promîmes réciproquement de nous aimer toute la vie.

Je rassemblai tout mon équipage, que je fis avec le même arrangement qu'en partant de Paris, & cela ne nous retarda point; mais il n'en fut pas de même de Henriette; car, quoiqu'elle eût commencé la veille à faire le sien, & que je lui eusse bien aidé à trousser toutes ses robes & tous ses jupons, elle eut mille peines à le finir pour l'heure du départ.

Le jardinier & sa femme furent chargés du soin de faire porter tout notre bagage au navire, qui étoit prêt à *faire voile* pour Paris, & d'y conduire leur jeune maîtresse. Après lui avoir souhaité un heureux voyage, & l'avoir assurée que nous nous nous trouverions à son débarquement à Paris, mon ami & moi, je pris congé du père, qui devoit rester quelques jours; je le remerciai de toutes ses politesses, & nous prîmes le chemin du *bois de Boulogne*, ainsi que nous étions convenus, afin de me faire voir la route de *Saint-Cloud* par terre.

Non loin de la maison, nous passâmes sur un pont de pierre plus long que large: à sa vétusté, je le pris pour un de ces vieux *aquéducs* que l'on entretient encore pour servir de monument à l'antiquité. Je considérois attentivement de longues perches & des moulinets de bois disposés à chaque côté du pont, de distance en distance, d'où pendoient de larges filets qui enveloppoient les arches de *pied en cap*. Je m'imaginois tantôt que c'étoit pour conserver les arches, tantôt qu'ils étoient là pour empêcher de passer les écumeurs de mer venant de Cherbourg, & qui, en cas d'obstination, s'y trouvoient pincés, comme le fut jadis Mars, cet écumeur de ménages, dans ceux de Vulcain, & enfin, que c'étoit peut-être là où l'on venoit faire la pêche de la morue & du hareng. Mais mon ami, aussi curieux que sa sœur de mon instruction, voulant achever de me *débadauder* entièrement, n'en laissoit échapper aucune occasion. Il profita de celle-ci, pour me dire qu'on ne pêchoit, dans ces mers-ci, ni morue, ni hareng; que c'étoit le meûnier qui tendoit ces filets pour prendre toutes sortes de poissons d'eau douce, comme carpes, brochets, barbillons, goujons, éperlans & autres; & que très-souvent aussi il s'y trouvoit bien des choses qui avoient été perdues à Paris; & réellement, je me souviens que j'y avois beaucoup entendu parler des *filets de Saint-Cloud*, qui étoient en grande réputation pour cela. Je le pressai fort d'y descendre avec moi, ou de les lever, pour voir si je n'y trouverois point mon chapeau &

ma perruque, que j'avois perdus en venant de Paris. Il eut la complaisance de me conduire chez le meûnier ; nous n'y trouvâmes que sa fille, qui nous parut fort aimable, & ne se sentant point du tout de la trémie d'où elle étoit sortie ; elle nous reçut très-poliment, & avec des façons d'une fille au dessus de son état. Après lui avoir donné le signalement de ce que nous demandions, elle nous ouvrit une grande armoire remplie de tant de sortes de choses, que l'inventaire en seroit trop long ici, & trop fatigant pour moi ; tout ce dont je me souviens, c'est qu'après avoir examiné nombre de chapeaux, je n'y trouvai point le mien ; j'y remuai un tas de perruques de médecins & de procureurs, sans y reconnoître la mienne ; j'y comptai deux cents douze calottes, cent vingt-neuf bonnets d'actrices de l'opéra, seize petits manteaux d'abbé, dix-huit redingotes, cent cinquante frocs de moines de différens ordres, & un nombre infini de méchans livres nouveaux, que le lecteur, outré de les avoir payés si cher, avoit jetés à l'eau.

Toutes nos perquisitions devenues inutiles, nous prîmes congé de la belle meûnière. Au sortir du pont, nous entrâmes dans une grande plaine parquetée de sable ; le chemin qui la traversoit, étoit bordé des deux côtés par des vignes, des pois verts & des haricots, & il nous conduisit à une grande porte chartière, par laquelle nous passâmes, pour arriver dans un bois percé de différentes avenues plantées d'arbres sauvages, qui n'avoient ni fleurs, ni fruits. J'avoüe que j'aurois été fort embarrassé, si je me fusse trouvé seul dans un endroit si éloigné & si champêtre; car je n'aurois su quelle route tenir; mais aussi ne quittois-je point mon conducteur, que je suivois pas à pas. Quelques petits besoins pressans le firent écarter du grand chemin, pour s'enfoncer dans le plus épais de la forêt : j'y fus avec lui, & j'aimois mieux l'y accompagner, que de rester seul, & de risquer de le perdre.

Dans le moment que j'étois ainsi spectateur oisif & passif, & que je faisois des réflexions qui n'étoient point de paille, sur l'odeur qui m'*électrisoit*, malgré l'*eau sans pareille* dont je me baignois, je vis sortir du pied d'un arbre un petit oiseau qui ressembloit si parfaitement à mon serin, que je crus que c'étoit lui-même qui s'étoit échappé de sa cage, pour me venir trouver à Saint-Cloud, où il avoit entendu dire que j'allois; je louai son bon petit cœur; je l'appelai, & courus après lui; mais je reconnus bientôt que c'étoit un oiseau sauvage qui avoit cru dans les bois, & non dans une cabane comme le mien; car il se sauva de moi, sans vouloir seulement que je le prisse.

En courant ainsi après lui, j'aperçus remuer, à quelques pas plus loin, un arbrisseau touffu. J'eus la curiosité de vouloir m'en approcher, pour voir ce que c'étoit; mais ayant entendu dire qu'il y avoit dans les bois des bêtes sauvages dont il falloit se méfier, j'eus la précaution de prendre un de mes pistolets de poche d'une main, & mon couteau de chasse nu de l'autre, & je m'y rendis le plus doucement qu'il me fut possible.

Quelle fut ma surprise, grands dieux! lorsqu'arrivé près de ce lieu, j'entendis des cris humains de gens effrayés, & à qui j'avois fait peur sans le savoir & sans le vouloir; quelque chose que je pusse leur dire pour les rassurer, ils se sauvèrent, en criant au voleur de toutes leurs forces. Je m'imaginai d'abord, parce qu'ils étoient presque nus; que c'étoit le nid d'un *faune* & d'une *dryade* (1); mais ayant regardé dans le centre de l'arbrisseau, j'y vis un habit noir, un petit manteau de même couleur, un chapeau sans agrafes, une robe de taffetas gros bleu, & le jupon pareil, un parasol violet, une coiffe

---

(1) Divinités des bois.

blanche, des gants couleur de rose, une bouteille de ratafia de *Neuilly* à moitié vide, & une calotte dans laquelle il paroissoit qu'on avoit bu. Tout cela me fit penser que ce n'étoit point là l'attirail de ces divinités bocagères, qui n'en ont d'autre que celui de la plus simple nature.

Aux cris effrayans de nos fuyards, mon ami précipita son opération pour me venir joindre : je lui contai le fait ; il en rit beaucoup, & de tout son cœur. Il commençoit même déjà à me faire part de ce qu'il en pensoit, lorsque trois gardes de chasse accourus au bruit rencontrèrent notre *faune* & notre *dryade* fugitive ; ils les arrêtèrent, & les emmenèrent à l'endroit d'où ils étoient partis, & où nous les attendions. L'un & l'autre me parurent bien humiliés d'être vus dans l'état où ils étoient. Mon ami conta l'histoire aux trois gardes, dont il connoissoit l'ancien ; son ingénuité & la mienne les persuadèrent de mon innocence. Je reconnus le *Faune* aux culottes de velours, & la *dryade* au petit corset de basin, garni de mousseline chiffonnée, pour l'abbé & la demoiselle qui étoient tombés à la mer en débarquant à *Auteuil*, & qui s'étoient tant divertis aux dépens de ma culotte de velours goudronnée ; ma partie étoit belle pour prendre ma revanche, & la pousser même jusqu'au *paroli* ; mais je me suis fait un principe de ne jamais insulter aux malheureux. Les gardes les firent habiller, pour les conduire chez le sieur Guy, leur inspecteur à *Madrid* ; &, sans nous embarrasser de ce qu'ils alloient devenir, nous reprîmes une grande avenue qui nous conduisit à une autre grande porte, par laquelle on sortoit de ce bois. Mon ami me dit que cet endroit se nommoit *la porte Maillot* ; que l'on y vendoit de fort bon vin, & me proposa de nous y rafraîchir. Je l'acceptai ; nous entrâmes dans une grande salle, où l'on nous servit ce que nous avions demandé.

Nous avons passé là une bonne heure à nous reposer, après laquelle nous avons compté & payé, & nous sommes sortis pour achever notre voyage. Quand une fois nous avons été à l'*étoile*, j'ai reconnu cet endroit pour y être venu polissonner bien des fois, étant au collège ; de-là nous sommes descendus à la grille des *Champs Elysées*, que nous avons traversés. C'étoit un jour de congé ; il y avoit alors beaucoup d'écoliers qui y jouoient au battoir & au ballon : tous ceux de ma connoissance que j'y rencontrai, me sont venus sauter au cou, & m'ont promis de venir chez moi le lendemain, pour apprendre toutes les particularités de mon voyage, qui avoit fait bien du bruit dans la gent scolastique.

À SAINT-CLOUD.

Le *paquebot* étoit arrivé deux heures avant nous. Henriette étoit partie chez elle avec tout notre bagage ; j'appris qu'elle étoit arrivée en auſſi bonne ſanté que je l'avois ſouhaité. Pour m'en aſſurer par moi-même, je fus la voir avec ſon frère, & je les remerciai l'un & l'autre de toutes leurs politeſſes ; j'ai fait porter chez moi tout mon équipage, que j'y accompagnai.

Les voiſins étoient aux portes & aux fenêtres pour me voir arriver, comme lorſque je ſuis parti : je les ai ſalués les uns après les autres ; ils m'ont félicité ſur mon heureux retour, & j'ai répondu à leurs complimens du mieux qu'il m'a été poſſible. Après avoir été voir mon chat & mon ſerin, qui à peine me reconnoiſſoient, j'ai envoyé dire par mon ſavoyard, à ma mère & à mes deux tantes, que j'étois arrivé ; & me voilà. Le lendemain matin je reçus la viſite de cinquante de mes amis, tous écoliers ou ex-écoliers comme moi, auxquels je fus obligé de faire une relation en gros de mon voyage, de mes remarques, & de mes aventures, Ils y prirent tant de plaiſir, qu'ils m'ont engagé à la donner détaillée au public ; & la voilà.

O vous tous, qui cherchez le portrait d'un véritable pariſien qui n'eſt jamais ſorti de ſon pays que pour aller en nourrice & pour en revenir, achetez ce petit livre, lisez-le, & vous ne pourrez vous empêcher de vous écrier avec moi : Il est d'après nature ! & le voilà.

Fin du Voyage de Paris à Saint-Cloud.

LE RETOUR

DE

SAINT-CLOUD,

PAR MER ET PAR TERRE.

PRÉFACE

A la prière de l'adorable Henriette, j'avois consenti à mettre sur le papier l'histoire de mon voyage de Saint-Cloud. J'étois en train de prendre toutes les précautions nécessaires pour rendre cet ouvrage aussi complet qu'il méritoit de l'être; j'étois à consulter les auteurs anciens & modernes, à ramasser tout ce que les voyageurs ont vu & raconté de ce pays; j'aurais, après cela, exposé le plan de tout l'ouvrage dans un prospectus long & disert; puis, venant à l'ouvrage même, j'aurois détaillé chaque circonstance de mon voyage; j'aurois mis au jour toutes les contradictions des différens auteurs; leur silence même m'auroit fourni l'occasion à d'amples dissertations; j'aurois parlé exactement de la pluie & du beau temps qu'il fait dans ces pays lointains; j'aurois fait une description articulée de tout ce qui y vit, poissons, oiseaux, animaux terrestres; les insectes mêmes n'auroient pas échappé à ma vue; j'aurois inféré des cartes & des figures, afin de procurer quelque plaisir à ceux qui ne savent pas lire, ou qui n'en ont pas le temps; j'aurois fait...., & que n'aurois-je pas fait! Par ce moyen, je me serois aisément trouvé le père de plusieurs volumes in-4°. Glorieux d'un si beau nombre d'enfans, je les aurois produits dans le monde les uns après les autres, pour n'être point à charge au public, & aussi pour prolonger à moi-même mes plaisirs & ma gloire.

J'avois déjà remué le ciel & la terre,

fatigué

fatigué tous les bibliothécaires de Paris & des provinces ; j'avois ouvert une correspondance avec un ingénieur de la marine ; enfin j'avois écrit jusqu'en Barbarie, en Chine & au Monomotapa, lorsqu'Henriette me voulut faire rendre compte de mon ouvrage. Quand je lui eus dit que j'étois à apprêter mes matériaux, & que dans six mois je pourrois commencer à coucher quelque chose sur le papier, elle se mit à éclater. « Eh
» quoi ! me dit-elle, voulez-vous donc
» faire une *histoire générale des voya-*
» *ges ?* Que vous connoissez peu le goût
» de Paris ! Un ouvrage qui a même
» l'apparence de longueur, ennuie
» avant qu'on y jette les yeux ; au lieu
» qu'une petite brochure d'une ou
» deux heures de lecture, pour peu
» qu'elle se soutienne, plaît à coup sûr.

» Mettez la plume à la main, c'est une
» affaire de huit jours ».

Je me mis donc à écrire, & au bout de quatre jours, je me trouvai en état de remettre à Henriette la moitié de l'ouvrage. Elle le lut, le crayon à la main, & me le renvoya un peu bigarré. Mais pendant que je travaillois à raccommoder cette première partie & à débrouiller l'autre moitié, je rencontre en mon chemin un exemplaire imprimé de mon ouvrage, fous le titre de *Voyage de Saint-Cloud, par mer & par terre*. Un anonyme (quelque fecrétaire de la cour de Cythère, l'avoit terminé à fa façon, parce qu'effectivement il n'étoit pas achevé. Ma furprife fut extrême; je ne pouvois imaginer le *comment*; mais enfin je l'appris. C'étoit une femme de chambre, qui, pendant que mademoi-

PRÉFACE.

selle Henriette s'endormoit, avoit eu la curiosité de jeter les yeux sur mes cahiers. La lecture lui plut; & conjecturant que c'étoit une occasion de s'assurer une acquisition de rubans, falbalas, & autres fanfreluches, elle le fit promptement copier, & alla le présenter à un libraire avide (mais honnête homme cependant), qui, dès qu'il sut que cela pouvoit faire une brochure, se trouva trop heureux de pouvoir l'acheter, moitié en argent, moitié en promesses.

Telle est l'histoire de cet ouvrage informe & incomplet, qui a cependant eu le bonheur d'être goûté par ceux mêmes qui ont le privilége de censurer tout. J'ai conscience de voir le public trompé d'une façon inique, & je me fais un devoir de le dédommager aujourd'hui, en lui donnant de quoi parfaire l'Ouvrage, qui assurément peut bien garder son coin dans la bibliothèque géographique.

Je crois avoir tout dit : je commence, ou plutôt je continue.

LE RETOUR
DE
SAINT-CLOUD.

Les neuf jours que je paſſai à Saint-Cloud avec Henriette ne furent pour moi que des inſtans ; mais (telle eſt la nature des plaiſirs d'ici-bas) il fallut ſonger à les quitter, preſque au moment où je commençois à en jouir.

Henriette avoit promis de ſe rendre à Paris un jour fixé ; ma mère & mes tantes m'attendoient comme le Meſſie ; il fallut donc me réſoudre à abandonner ce pays charmant, que je puis appeler le berceau de mes connoiſſances.

Sans parler des charmes que répand dans tous ces environs la cour de la déeſſe des amours, qui réſide en ces lieux ſous le nom d'une auguſte princeſſe, l'endroit que nous habitions étoit capable de fixer le philoſophe le plus indifférent.

L'exposition est la plus heureuse que l'on puisse imaginer. Une grande partie du royaume de France se range, pour ainsi dire, en ceintre, pour former l'horison le plus intéressant que l'on puisse souhaiter; la disposition du jardin, où l'art & la nature semblent s'être divertis tour à tour, se prêtent avec complaisance à ce coup-d'œil enchanteur; quatre terrasses, supérieures les unes aux autres, forment différens théâtres, d'où l'on promène sa vue jusqu'où elle peut s'étendre; plusieurs bassins embellissent les parterres, & des jets d'eau, qui s'élancent nuit & jour, les rendent comme vivans & animés. Tout y est distribué avec une sage proportion. Ici le potager offre les légumes les mieux choisis, les salades les plus rares; là c'est le fruitier, qui, garni des plus beaux dons de Pomone, réjouit la vue, & excite l'appétit le plus endormi; plus loin, un parterre émaillé de fleurs de mille couleurs, satisfait l'odorat, & fournit aux bergers d'innocens présens pour leurs aimables bergères; sur le côté, un petit bois permet d'être solitaire au milieu de la plus belle vue du monde; plus bas, des marronniers rangés avec art, forment une salle où peut se divertir la jeunesse folâtre, & où la vieillesse peut tenir ses sérieux conseils. Bacchus voit de tous côtés ses descendans croître avec succès, étonné lui-même d'en apercevoir de *Corinthe*. Au milieu des terrasses s'élève un petit donjon, qui présente aux hôtes de ces lieux un agréable asile contre l'ardeur du soleil, ou les fureurs de l'orage; un sombre berceau conduit de là à la maison qui est placée au haut : c'est de là que l'on aperçoit, avec autant de plaisir que de surprise, les différentes richesses du jardin, & toute la magnificence de la vue. La maison est aussi commode en dedans qu'elle est simple en dehors. L'industrie y a rassemblé mille agrémens ; une petite galerie qui s'avance dans le jardin, sert d'observatoire, où une longue lunette & un vaste porte-voix fournissent aux oisifs de quoi s'amuser. La lunette sert à distinguer les pavillons des différens vaisseaux qui passent ou qui abordent (car la mer baigne les murs du jardin); & avec le porte-voix, l'on prend plaisir à jeter un moment dans l'erreur ou l'épouvante le pilote qui manœuvre. L'aimable séjour !

Voilà cependant tout ce qu'il fallut quitter. Le départ néanmoins ne me coûta point de larmes. Henriette devoit m'accompagner; *elle se faisoit une fête* de me faire voir l'autre bout du monde : avec elle, où n'aurois-je pas été ?

Comme je ne savois pas au juste dans quel mois je pourrois arriver ; j'écrivis à ma *très-*

chère mère une lettre de huit pages, où je faisois le récit de mes plaisirs, & la description des fêtes qu'Henriette m'avoit procurées ; après quoi je lui disois : « Qu'ignorant la durée de
» mon voyage, & par conséquent le moment
» de mon arrivée ; j'avois l'honneur de prendre
» les devans, pour la calmer sur les inquiétudes
» qu'elle pourroit avoir à mon sujet; qu'elle de-
» voit être persuadée que tant que je serois entre
» les mains de mademoiselle Henriette, rien ne
» m'arriveroit de fâcheux ; que si les baleines
» & les crocodiles m'avoient épargné sur mer,
» les taureaux & les loups me respecteroient
» sans doute sur terre : je finissois par lui dire,
» que si l'envie de voyager éloignoit de sa vue
» son *cher fils*, ses pensées voloient toujours
» au devant de la *chère mère ;* qu'il sentoit même
» son cœur s'agrandir pour elle, à mesure que
» le monde s'étendoit sous ses pas; & que, de
» loin comme de près, il seroit toujours son
» très-humble serviteur, & fils soumis ». *Daté de Saint-Cloud.*

A cette lettre, j'en joignis deux autres pour mes deux tantes, où la tendresse étoit versée à pleines mains.

Après avoir bien cacheté ces dépêches, je les remis la veille de notre départ au commandant d'un vaisseau qui devoit partir le lendemain pour Paris; je le priai, à main jointes, de prendre sous toute sa protection ce petit paquet, lui représentant que s'il falloit qu'il ne parvînt pas à son adresse, il y alloit peut-être de la vie d'une mère & de deux tantes. J'avois eu la précaution de faire un duplicata de ces mêmes lettres, que je remis entre les mains d'un riche négociant de Saint-Cloud, pour les mettre sur le premier vaisseau qui feroit voile pour Paris; tout cela me tranquillisa. « Si le » premier vaisseau, disois-je en moi-même, a » le malheur d'échouer, au moins le second » pourra-t-il porter à Paris quelques nouvelles » de nous ».

Après toutes ces précautions, je ne pensai plus qu'à notre voyage, qui m'avoit tout l'air d'être long.

L'on se coucha de fort bonne heure, pour partir de grand matin: je ne savois pas encore par quelle voie nous cheminerions; car Henriette m'en faisoit un mystère, pour me ménager sans doute l'agrément de la surprise.

Le lendemain, l'aurore n'avoit pas encore avec ses doigts de roses entr'ouvert les portes dorées du superbe orient, qu'Henriette étoit déjà debout, qui pressoit la compagnie de partir. Plus belle que l'aurore, elle guidoit nos pas, & nous fit descendre au bord de la mer;

son étendue immense renouvella chez moi toutes les frayeurs que j'avois ressenties, lorsque je la vis, pour la première fois, avec mon régent. Henriette s'en aperçut, & me dit tout ce qu'elle put pour me rassurer, me protestant que jamais vaisseau n'étoit péri dans cette partie où nous allions voguer, & mille autres choses qu'elle-même m'a fait oublier depuis. Je conclus de là, que c'étoit apparemment la *mer pacifique*, & c'étoit elle.

Nous trouvâmes à bord une petite chaloupe destinée pour notre seule compagnie. On y fit descendre nos bagages avec des provisions de bouche; ce qui me confirma dans l'idée où j'étois que nous n'en sortirions pas si-tôt.

Nous étions sept qui nous embarquâmes. Henriette, son frère, un avocat, & un officier marin, tous les deux de ses amis, moi & deux matelots; car on ne voulut pas charger davantage l'équipage. Quoiqu'une assemblée peu nombreuse ne guérisse guère de la peur, cependant je me trouvai plus à l'aise avec ce petit nombre, qu'avec cette prodigieuse multitude de passagers qui m'avoient accompagné à mon départ de Paris. Ainsi concentré dans cette compagnie choisie, je m'apprêtai à bien rire.

Comme sur cette mer il ne règne point de

vents, nous partîmes, quand nous voulûmes, à la rame.

Les charmes de l'aurore commençoient peu à peu à disparoître, pour faire place au brillant éclat de Phébus, lorsqu'Henriette, qui avoit à la main son *colombat* & sa montre *à minutes*, nous avertit de l'inſtant où le ſoleil alloit paroître. Effectivement, comme elle parloit encore, nous le vîmes ſortir du ſein de l'océan, & comme pour ſecouer les gouttes d'eau qui s'étoient attachées à ſa chevelure dorée, faire trois ſecouſſes, & comme *tac, tac, tac*. Ce ſpectacle, que je voyois pour la première fois, me fit faire trois hélas. « O heureux, m'écriai-je alors, trois fois heureux, habitans des mers, petits & grands poiſſons; quel ſort eſt le vôtre! vous enfantez celui qui donne la vie à l'univers! Et vous auſſi, rivages heureux, qui voyez naître dans votre plage celui que d'autres à peine aperçoivent au milieu de ſa courſe! que Paris acheteroit volontiers votre privilége »! Je me rappelai qu'au collége, j'avois entendu détailler à peu près ces effets qui ſe paſſoient ſous mes yeux, & je fus ſurpris que l'on y eût mis des notions ſi diſtinctes de ce qui ſe paſſe loin.

Je n'aurois pas manqué de meſurer le degré de latitude du lever du ſoleil; mais j'avois perdu mon pied dans un des baſſins de Saint-Cloud, en voulant meſurer ſa longitude.

Les rayons du ſoleil naiſſant aidèrent à nous faire mieux apercevoir les pays qui nous environnoient; ſur notre droite, une ville conſidérable, qui avoit bien l'air d'une capitale, ſe préſenta à nos yeux : c'étoit *Boulogne* ; ce qui nous fit voir que nous étions ſur la *Manche.* L'officier marin, qui avoit ſouvent doublé ces côtes (dans le temps qu'il faiſoit la guerre en *Catalogne*) nous dit : « Que le mouillage de-
» vant cette ville étoit très-mauvais pour toutes
» ſortes de bâtimens, à moins que les vents ne
» vinſſent depuis le nord juſqu'au ſud-eſt; que
» de tous les autres vents, il étoit impoſſible
» d'y tenir, parce que la tenue y eſt très-mau-
» vaiſe ; qu'il n'y a qu'un ſeul endroit à une
» portée de canon de terre, où les pêcheurs &
» les bâtimens marchands mouillent de baſſe-
» mer, en attendant le flot dont ils ſe ſervent
» pour entrer dans le port ». Tout cela, qui ſe trouve conforme à ce qu'en ont écrit les hiſtoriens, nous décida à n'y point *prendre terre.*

Puiſque je ſuis à l'article de Boulogne, je dois avertir que tous les voyageurs qui ont parlé de cette ville, parlent de *tour neuve* &

de *tour d'ordre*. Je ne sais en vérité où ils ont pris ces deux tours; pour moi, je n'y ai vu qu'un clocher qui est fort élevé.

Sur notre gauche, le rivage étoit bordé de superbes châteaux, un entre autres qui étoit annoncé par une large allée d'arbres. C'étoit, à ce que nous apprirent les matelots, l'endroit où l'électeur de Bavière (depuis Empereur) venoit goûter les douceurs de la campagne. Je fus charmé de me trouver en Allemagne; je crayonnai aussi-tôt sur mes tablettes ce que j'y trouvai de remarquable. J'observai entre autres, « que la mer qui baigne ses bords, est tout à fait » douce, que les rivages sont bordés d'un ga- » zon, assez vert, qu'il pourroit aisément y croî- » tre des montagnes, si on les cultivoit, attendu » la grande quantité de petites collines qui » s'y trouvent. Le ciel y est serein; tout le » temps que j'y fus, je n'y vis ni pleuvoir, ni » tonner, ni neiger; & il croît même, ce que » j'ignorois, du vin sur échalas ».

Mais pendant que nous admirions toute la beauté de ce climat nouveau, voilà que de dessous un autre, qui sembloit planté au milieu de la mer, sort (*loquear an fileam?*) trois monstres que l'océan semble enfanter. Mais que dis-je des monstres? C'étoient plutôt des déesses que j'eusse prises pour Vénus sortant de l'onde écumante; leur teint vermeil étoit rehauſſé par la blancheur de mille petits flots argentés, qui venoient comme les careſſer; leurs beaux yeux ne ſembloient que plus enflammés, quoique dans le ſein des eaux une chevelure blonde venoit tomber négligemment ſous leur menton, & ſembloit vouloir, à deſſein, cacher les charmes que les flots pouvoient laiſſer entrevoir; mais Zéphyr quelquefois badinoit avec la chevelure, vrai filet pour prendre les cœurs; leur parole n'étoit que miel, leur voix qu'enchantement: elles nous invitoient à venir prendre avec elles les plaiſirs du bain; & avec quel ton ſéduiſant ne nous appeloient-elles pas! J'avoue qu'il ne fallut pas moins qu'Henriette pour me contenir: auſſi j'eſtime lui devoir la vie; car ces déeſſes prétendues n'étoient autres que ces monſtres qu'Ulyſſe rencontra dans ſa route, & dont il eût été la malheureuſe victime, s'il n'eût joué de ſtratagême. Je me reſſouvins alors que notre régent, en nous expliquant l'endroit d'Homère où il en queſtion, nous avoit bien dit qu'il y en avoit encore de ces ſyrènes; que nous en rencontrerions dans notre chemin, & que nous aurions bien de la peine à nous en tirer. Qu'il parloit bien! Hélas! ſans Henriette, que ſerois-je à préſent!

Cet événement troubla un peu mes ſens; ce

que j'ai admiré, c'est l'attention scrupuleuse qu'eut Henriette à m'avertir d'éloigner les yeux de ces objets qu'elle avouoit être séduisans; elle ne voulut pas que je les détournasse de dessus elle. Il falloit qu'elle fût aussi sage & aussi vertueuse qu'elle l'est, pour me donner un tel avis, où elle n'entroit pour rien assurément. J'ai appris depuis, que l'on baignoit dans la mer, pour guérir de la rage; Henriette peut-être le savoit-elle : ainsi, sans elle, je risquois de gagner ou la rage ou l'amour. Encore une fois, que ne lui dois-je pas!

Je repris à la fin mes esprits, & je rentrai dans notre compagnie, qui étoit plus que suffisante pour nous amuser.

Henriette savoit chanter; son frère manioit la vielle fort joliment, l'avocat jouoit du violon ; il possédoit par cœur tous les opéra du pont-neuf, & les gestes dont il accompagnoit sa voix & son jeu, étoient capables de faire rire les pierres. L'officier, quoique vieux, nous amusoit par le récit de ses expéditions maritimes. Il avoit eu l'honneur d'être blessé au service du roi, & le bonheur de ne conserver de ses blessures qu'une certaine marque de distinction que l'on donne à ceux qui ont été blessés, ou qui ont dû l'être; il nous fit la liste des combats qu'il avoit soutenus, des tempêtes qu'il avoit essuyées, des dangers qu'il avoit courus ; il nous calcula jusqu'aux coups de canon qui avoient été tirés par ses ordres ; rien n'échappoit à sa mémoire. Nestor n'avoient point vu tant d'événement que lui ; les Miltiade & les Xercès n'étoient que de petits capitaines : certainement si cet homme eût vécu chez les romains, il n'eût pas manqué d'être *maréchal de France*. Ainsi, la conversation & le concert ne laissoient jamais nos momens vides. La douce vie ! qu'elle fait aisément oublier à un écolier la Saint-Remy !

Les plaisirs des yeux & des oreilles peuvent bien suspendre pour un moment les besoins de l'appétit, mais ils ne les remplissent point : aussi dès que nous en sentîmes les moindres arteintes, nous courûmes aux provisions, charmés d'ailleurs de diminuer la charge de l'équipage ; nous le diminuâmes si bien, que ce qui en resta, notre appétit satisfait, ne nous parut digne que de faire la portion de nos deux matelots.

Nous avions à peine achevé notre repas, qu'un danger plus terrible encore que tous ceux que j'avois entrevus, vint se présenter à nos yeux. C'étoit une énorme montagne, dont la cîme se perdoit dans la nue ; le pied étoit couvert d'une épaisse fumée qu'une flamme vive

&

& claire interrompoit un inſtant, pour la laiſſer après plus noire qu'auparavant. Pour cette
fois, il n'y avoit plus à douter que ce ne fût
le *mont Véſuve*. Un coup-d'œil que je jetai en
tremblant ſur ma carte, ne fit que confirmer
cette horrible penſée. A la vue de ce terrible
écueil, je n'y pus tenir; je me lève, je m'écrie,
je tombe aux pieds de mon adorable Henriette,
la conjurant, avec larmes & prières, d'éviter,
autant pour elle que pour moi, cet inévitable
écueil; je lui récite auſſi-tôt, avec toute la vivacité d'un danger qu'on veut éviter peut inſpirer,
l'endroit de Virgile, où ce poëte fait un tableau
ſi effrayans de cet enfer terreſtre. Henriette en
pâlit, la frayeur ſe communique à toute la compagnie; & ſur le champ on *revire de bord*. Cependant un des matelots, accoutumé ſans
doute à voir tous les jours cet effrayant ſpectacle, ou bien dans la vue de nous calmer,
nous aſſuroit froidement que ce n'étoit que la
fumée d'un cochon que l'on brûloit (ſuivant
la coutume des habitans de ce canton, fort
gourmets de cette viande, de le faire mourir
au milieu des flammes, diſoit-il). Nous vîmes
bien qu'il badinoit. Bref, nous débarquâ-
mes.

Mais dans quel pays nous abordâmes! Une
plaine ſans fin, bornée à gauche par la mer,

à droite par une longue muraille qui ne montroit aucune entrée. Nous n'avions point cependant d'autre route à tenir, à moins de retourner sur nos pas, & le jour étoit déjà avancé: autre difficulté mille fois plus fâcheuse, nous manquions absolument de voitures. Il falloit se résoudre à aller à pied, & Henriette ne pouvoit soutenir une pareille façon de voyager. Un heureux incident vint dissiper tous nos embarras. Pendant que nous dissertions fort chaudement, nous voyions arriver un gros de petite cavalerie ; c'étoient des ânes chargés de toile (sans doute de Hollande), qui alloient apparemment à la Mecque (comme qui diroit chez nous à Paris à la foire S. Clair). Henriette aborda le commandant de la caravane, & osa lui demander le service de son equipage. Le commandant, qui avoit sucé la politesse de France sur les frontières de Paris, le lui accorda sur le champ ; il fait décharger toutes ses bêtes, & faire mettre nos bagages à la place des siens: il cède sa propre monture à Henriette, & après avoir laissé ses gens pour garder les bagages de la caravane, il nous accompagne lui-même, voulant nous servir de guide; nous ne voulûmes point nous servir de montures, & nous suivîmes à pied Henriette ; ainsi voulut faire aussi le commandant.

L'animal qui portoit Henriette est assez curieux pour mériter ici une description. Il n'est pas de beaucoup si gros que le cheval ; mais il en a l'encolure, à l'air modeste près ; ses oreilles sont longues & dressées ; il sert dans ce pays-ci beaucoup à l'usage de l'homme ; c'est pourquoi on l'appelle *animal domestique*. Il porte fort aisement ; il semble fait sur-tout pour le service du sexe ; son pas est lent, son marcher leger ; rarement il bronche : quand il se sent près de faillir, il plie les deux jambes dedevant, & tombe sous lui-même sans renveser son cavalier. Le seul défaut qu'on peut lui reprocher, c'est que lorsqu'il voit un bassin d'eau, il se ploye voluptueusement dedans, soit pour se rafraîchir les pieds, soit pour voir son aimable portraiture ; l'on nous dit qu'en France les filles du roi s'en servoient quelquefois dans des parties de plaisir ; voilà comme on apprend chez l'étranger ce qui se passe dans son propre pays.

Ainsi chemina Henriette sans grande fatigue ; nous suivîmes toujours cette longue muraille, que je reconnus pour être cette fameuse qui a plus de cinq cents lieues de longeur (aussi bien il n'étoit pas possible d'en voir la fin), & qui sépare la Chine de la Tartarie : élevée exprès pour mettre ce puissant état d'Asie à l'abri des insultes des calmouks & des mouctales. L'énorme montagne, objet de nos frayeurs, se cachoit peu à peu derrière un royaume que j'ai jugé devoir être celui de Naples. Enfin, à force d'avancer, nous aperçumes un amas confus de Maisons du centre duquel s'élevoit un clocher. Cette vue me rassura ; je fus charmé de reconnoître dans un pays idolâtre, des vestiges de notre religion ; car c'étoit le lendemain dimanche. Nous demandâmes à nos conducteurs ce que pouvoit être cet endroit : ils nous dirent, « que c'étoit » l'*abbaye royale de Long-Champ*, fondée il y a » bien des années sous le regne de S. Louis ; que » ce pieux roi en avoit posé lui-même la » première pierre, & qu'il y demeuroit des » personnes du sexe qui n'y étoient entrées » qu'après avoir fait trois vœux ; de voir les » hommes sans les aimer ; d'avoir des biens » sans s'y attacher, & des volontés sans les » suivre ». Je jugeai que ce fait étoit arrivé apparemment dans le temps des croisades ; que c'étoit quelque vœu que ce prince Chrétien avoit voulu acquitter, ou bien quelque noble dessein qui lui vint, de planter une branche du christianisme dans une région qui ne le connoissoit qu'à la tête des armées.

Le char éclatant du soleil étoit près de finir sa pompeuse carrière, pour faire place aux foibles lueurs des étoiles; nos provisions étoient consommées, lorsque nous arrivâmes à cet heureux clocher, qui sembloit s'éloigner de nous à mesure que nous avancions. L'ignorance où nous étions des chemins, le risque que nous pouvions courir de tomber entre les mains des antipodes, mille autres objets de crainte qui viennent frapper ordinairement les mortels à l'arrivée des ténèbres, nous déterminèrent à passer la nuit dans cet endroit: mais il n'y avoit d'autre refuge à espérer que *l'abbaye royale*, d'où l'on dit que les hommes n'approchent pas. Cependant sur le bruit qui se répandit qu'il venoit d'arriver des étrangers françois, on nous députa un ambassadeur, pour nous offrir le couvert; nous fîmes un peu de façons pour être mieux reçus; ce qui réussit à merveille: nous déguisâmes alors notre condition & notre naissance. Henriette devint princesse, son frère, duc; l'avocat, président; l'officier, lieutenant général; & moi, jeune seigneur étranger, & curieux par conséquent; on nous rendit toutes sortes d'honneurs, on nous fit voir même les dedans de la maison. Les bâtimens sont vastes, sans être superbes; l'eglise est fort belle & bien entretenue; je remarquai deux tombeaux de deux illustres Princesses de *Brabant*, sans doute de la noble

& ancienne famille de *Childebrand*. Pour celles qui habitent cette retraite, je trouve qu'elles ressemblent assez à nos françoises par les mains & par la tête. Le reste de leur figure est enfermé dans un sac qu'elles traînent toujours après elles; il s'en trouve de fort jolies, & qui m'ont l'air de n'être pas tout à fait contentes de la solitude.

Je voyois bien qu'Henriette, au lieu de nous approcher de Paris nous en éloignoit; ce que je craignois le plus étoit de tomber à Constantinople, où le grand seigneur, à la vue d'Henriette, en seroit devenu amoureux à mes dépens.

Le lendemain, quand nous eûmes entendu la messe, & fait nos adieux & remercimens, nous nous mîmes en route; heureusement nous trouvâmes une breche à cette muraille sans fin: ravis & contens, nous entrâmes; nous nous crûmes transportés dans un nouvel Univers. Ce n'étoit plus là ni plaines, ni montagnes, ni rivages, ni flots, ni ville, ni châteaux. Ce n'étoit qu'un assemblage confus d'arbres, dont l'épais feuillage sembloit vouloir dérober la lumière du soleil. La route n'est qu'un labirinthe pour tout étranger. Tantôt un sentier seul conduit nos pas chancelans, & nous laisse dans l'incertitude du vrai chemin. Tantôt la rencontre de vingt autres à la fois, qui s'entrelassent, nous désespère par la difficulté du choix : terrible moment pour un voyageur ! Grace à ma boussole, nous ne nous égarâmes pas ; sans elle, chère Henriette, que serions-nous ? Que serois-tu toi même, bel objet de mon amour ? Peut-être hélas ! renfermée dans le sérail du grand seigneur, tu serois au nombre des victimes destinées à ses brutales ardeurs, peut-être à cet instant, dans les bras de ce superbe sultan, tu verrois tous tes charmes enlevés par tout autre que par ton amant. Ah ! divine boussole ! si jamais Apollon m'échauffe de ses heureuses vapeurs, je chanterai ta naissance & ta gloire.

Nous marchâmes long-temps dans ce vaste désert, qui n'offre à la vue que des arbres & quelques bêtes sauvages ; les arbres y sont très-grands ; c'est de là sans doute que l'on tire les mâts des grands vaisseaux ; ce qui est étonnant, c'est que ces si grands arbres ne produisent qu'un très-petit fruit ; il est assez singulier ; il est dur ; ovale, & un peu vert. Il se trouve renfermé dans une espèce de petite coque ferme, unie en dedans & sculptée en dehors, ce qui me les avoit fait prendre d'abord pour des cocotiers.

Les animaux y sont rares ; il n'y en a guère

que deux que je puisse citer avec honneur. Le *coucou*, que l'on voit rarement, & que l'on entend toujours. Il ne repète jamais autre chose que son nom, & encore le fait-il d'un ton triste & lugubre; je ne pus m'empêcher de dire qu'il me faisoit peine, & on se mit à rire, je ne sais pourquoi. » Ah! ah! me dit-on, vous n'êtes » pas encore en l'âge: mais vous y viendrez ». L'autre est le *faon*; il est monté sur quatre pieds assez fluets; il a la taille legère; il porte la tête haute, a l'ouïe très-fine, & le regard fixe. Que la nature est bizarre dans ses productions! Ce qu'il y a de plus beau dans cet animal est le dessous de sa queue: c'est une espece de disque noir fort bien velouté. Il est si jaloux de ces graces, quoique mal placées, que si-tôt qu'il aperçoit quelqu'un, il les lui montre: il est très-léger à la course; on prend plaisir à le chasser: quoique petit d'un Cerf, il ne porte point de bois.

A propos de bois, je placerai ici une anecdote tirée d'un manuscrit authentique qui m'a été communiqué. Je vais la rapporter mot pour mot. « Cette vaste forêt étoit autrefois peuplée » de cerfs (dit l'historien); mais sur la requête » de tous les maris de la bonne ville capitale, » qui se sont mis en tête de ne pouvoir sup- » porter la vue de cette coiffure, le roi les a

» entièrement détruits, & fait mettre à la
» place des faons; depuis ce temps, continue
» l'historien, les époux n'ont plus la douleur
» d'entrevoir leur image; mais si on leur a ôté
» le supplice des yeux, on ne leur a pas ôté
» celui de oreilles : car on n'a pas pu exiler
» les coucous, qui ne cessent de chanter *cou-*
» *cou..... cou-cou, cou-cou* ». Je ne suis pas
d'âge à comprendere cela; si je l'ai rapporté,
c'est pour ceux qui sont plus âgés que moi.

Cette forêt étoit si immense, que nous n'en
trouvâmes ni les bouts ni le centre. Je ne
doute pas que ce ne soit là que l'Académie a
envoyé des savans pour y mesurer la grandeur
de la terre, sa longeur, sa largeur, & sa
figure; car, mon dieu, que c'est grand! Enfin,
après avoir marché pendant un temps infini,
nous aperçûmes un vaste bâtiment, qui n'annon-
coit rien moins que la puissance d'une tête
couronnée; nous ne nous trompions pas.
C'étoit *Madrid*, *Madrid* lui-même : jugez si
j'étois aise de voir de mes propres yeux la
capitale d'Espagne.

Si-tôt que nous y fumes arrivés, nous
prîmes une bonne réfection, nous en avions
bon besoin. La cour étoit absente; ce qui nous
donna plus de facilité pour tout voir. Le
bâtiment est carré, fort élevé, & très-solide.

Il est percé d'un nombre infini de fenêtres; il me paroît que c'est la façon de bâtir des espagnols; les appartemens sont vastes, mais non magnifiques. Une petite galerie située en dehors, communique à toutes les pieces. Les trumeaux des croisées sont ornés de compartimens colorés, qui font autant de brillans lorsque le soleil darde dessus; ce qui me l'avoit fait prendre d'abord pour la fameuse tour de porcelaine de *Nankin*. Il me tardoit de voir l'endroit infortuné où Charles-Quint retint prisonnier notre bon feu roi François Ier, de bienheureuse mémoire. La pensée d'un roi affligé m'affligea le cœur; & en ce moment, comme si c'eût été celui de cette cruelle catastrophe, je cherchai les moyens de lui faciliter sa sortie; & je trouvai que la serrure pouvoit aisément se lever, abstraction faite des quatre vis qui la retiennent; que de là on pouvoit, par un petit corridor, percer dans un petit jardin qui donne dans la forêt. On admira mon heureuse facilité à trouver des expédiens. « C'est bien dommage, me disoit-on » d'un air content, que vous n'ayez pas été » du temps du bon roi François ». Je fus, je vous l'avoue, enchanté de cette heureuse découverte, non pas tant pour faire preuve de mon esprit, que pour montrer mon amour pour mon roi & ma patrie. Quand nous eûmes vu tout ce qu'il y avoit à voir, nous nous retirâmes. L'on nous avertit, que quoique la cour n'y fût pas, il alloit se rendre à ces environs un concours prodigieux de la plus belle noblesse, qui s'y donnoit comme un rendez-vous pour y prendre l'air, qui passe pour être infiniment meilleur que celui des jardins publics. En attendant, nous nous reposâmes au pied d'un arbre, sur un gazon verdoyant, que nous foulâmes avec Henriette, qui se mit à chanter. L'officier l'accompagnoit de sa flûte; ils formèrent un concert charmant que les zéphyrs ne cessèrent de porter aux echos, & que les échos ne cessèrent de répéter.

Nous ne fûmes pas une heure à goûter la fraîcheur de nos siéges, que nous vîmes arriver presque à la fois un nombre infini de voitures qui amenoient le monde le plus brillant. Les uns se promenoient dedans leurs équipages; les autres se tenoit assis; d'autres se promenoient à pied, tous pour voir & pour être vus. Il y en avoit plusieurs qui, nullement atteints de cette petite vanité, s'enfoncoient dans le bois. Ceux-là étoient toujours deux de compagnie, & de sexe différent. J'eus la curiosité de voir si c'étoit humeur de mysanthropie qui les détachoit ainsi des autres; mais je vis qu'après un petit quart d'heure qu'ils avoient passé à rire, à folâtrer ensemble, ils revenoient au centre commun.

C'est ici le lieu de dire un mot des habillemens espagnols. Les hommes sont habillés absolument comme nous autres François, en noir, pour servir d'ombre apparemment au beau sexe; ceux qui portent l'epée portent la couleur : mais les femmes surpassent nos françoises dans leurs ajustemens. Il n'est aucune partie de leurs corps qui ne soit distinguée par quelque ornement; leur tête, chef-lieu de leu magnificence, est ornée par l'ajustement des cheveux: la mode prescrit la façon dont ils doivent être frisés; tantôt c'est en marrons, tantôt en boucles, tantôt il faut qu'ils soient retroussés, tantôt il faut les natter. Un petit morceau de dentelle, ajusté avec art, fait cependant le centre de cette coiffure; on y ajoute quelques rubans ou quelques fleurs, soit artificielles, soit naturelles; c'est la couleur de la peau, ou le degré de l'âge qui décide de la couleur de ces petits ajustemens surnuméraires. Leurs oreilles, qui sortent de leurs touffes de cheveux, sont alongées par des diamans ou pierreries fines, à un, deux, & quelquefois même à trois étages: autour du cou elles portent un collier, où est, je crois, marqué le nom de celui à qui elles appartiennent ; leur physionomie est plus composée que celle de nos françoises ; à la voir, l'on juge que la peinture est fort en goût en Espagne. Une énorme machine leur sert d'enceinte, & semble devoir les mettre à l'aise au milieu de la plus grande affluence. Elle leur sert aussi d'accoudoir, & de montre pour étaler toute la magnificence de leurs robes ; il faut convenir cependant qu'elles sont extrêmement modestes ; pour s'envelopper depuis le menton jusqu'aux coudes, elles ont un ornement exprès qu'elles portent dans le bras, lorsqu'elles sont à la promenade. Cet ornement, qui a un nom, mais qui m'a échappé, se peut porter de différentes couleurs ; les blancs sont pour le présent les mieux reçus sur ce théâtre. Leur goût pour la parure va jusqu'aux pieds ; elles sont extrêmement jalouses d'être bien chaussées ; elles préférent à tout le soulier blanc sur un bas de même couleur ; elles ont encore un goût singulier ; c'est pour les odeurs : on ne sait si c'est par simple plaisir, ou par nécessité pour leur propre odorat ou pour celui des autres.

Pendant que je considérois ce spectale ambulant, il arrivoit sans cesse de nouvelles compagnies plus brillantes les unes que les autres parmi celles-ci j'en ai remarqué une claſſe qui l'emporte à beaucoup d'égards ſur toutes les autres. On les appelle, ſi je ne me trompe, *impératrices* ou *opératrices*, ou à peu près comme ça; leur ſuite eſt toujours la mieux choiſie; ce ne ſont que des ſeigneurs, que l'on diſtingue de la foule par des talons rouges ou bleus. Tous les yeux ſont attachés ſur elles, & elles recoivent avec un certain plaiſir ces eſpèces d'hommages; elles ont le regard fier, mais tendre en même temps : tel eſt l'apanage de la grandeur!

Tout ce bel aſſemblage de beautés & de magnificence ne me ſurprit pas tant que d'entendre parler francois; je m'imaginois qu'on ne parloit françois qu'à Paris, & que par-tout ailleurs on parloit latin; & que c'étoit pour cela qu'on faiſoit apprendre cette dernière langue à tous les jeunes gens avec tant d'opiniâtreté; mais l'on me dit que l'on parloit françois dans toutes les cours de l'Europe; ce qui me donna une grande idée de la France.

Comme nous étions à nous promener, Henriette rencontra un jeune ſeigneur françois qui me parut fort ſupris de la voir en Eſpagne. Ce jeune ſeigneur avoit ſa compagnie, nous n'en fîmes qu'une. Je remarquai que dès

qu'Henriette lui eut dit deux mots de ma personne, il prit pour moi une poignée d'affection ; il me fit faire auſſi tôt connoiſſance avec toutes ſes dames, qui m'accablèrent de politeſſes ſi-tôt qu'elles ſurent que j'étois françois, & *né natif* de Paris. Je me trouvai un peu embarraſſé. On nous avoit fait accroire au collége que les perſonnes du ſexe étoient toujours à craindre ; la vue d'une ſeule nous obligeoit de fuir bien loin. Jugez ſi je ne devois pas être timide au milieu d'un cercle de dames qui me prévenoient par des complaiſances. Elles me firent mille queſtions ſur Paris & ſur ſes environs ; je leur répondis aſſez briévement, parce que j'étois un peu ignorant ſur l'article : mais ſur mes voyages, elles ne ceſſèrent de m'interroger ; je leur répondois de façon qu'elles rioient toujours : mon ingénuité leur plaiſoit apparemment. Comme elles me dirent que pour elles, elles étoient Eſpagnoles, je pris la liberé de leur faire à mon tour quelques demandes ; elles m'apprirent mille particularités plus intéreſſantes les unes que les autres. « En Eſpagne, ce n'eſt
» pas comme en France, me dit une de ces
» dames ; le commerce ne déshonore point :
» allez demain dans la ville, & vous ne ver-
» rez dans tous les comptoirs que ces ducheſſes
» que vous admirez tant ici ; elles ne ſont pas

» fieres ; elles sont souvent plus riches sur elles
» que dans leur coffre. En voici une bande qui
» passe.

» Les jeunes gens de même, dit une autre,
» ne se font point déshonneur d'être toute la
» journée sur le pas d'une porte de boutique
» à étaler leur veste de soie en été, & en hiver,
» on les voit cacher leurs mains dans un man-
» chon, & taper du pied, en attendant mar-
» chand ; le croiriez-vous, à les voir ?

Ah ! tenez voici deux *petits-maîtres* : je
regardai sur le champ, & je vis deux jeunes
pimpans qui descendoient d'une voiture toute
dorée. L'un cachoit sous une épaisse broderie
d'or un habit dont on n'apercevoit pas même
la couleur l'autre étoit réduit à l'uniforme
noir ; de son cou descendoit modestement le
long de son dos une espèce de voile de la même
couleur ; que son habit, & il portoit sous le
menton un morceau de linge très-fin & très-
bleu : on me dit que cela s'appeloit un abbé.
Leur marche étoit singulière ; ils n'osoient toucher la terre que du bout du pied, en sorte
qu'ils sembloient plûtot sauter que marcher ;
leur tête n'étoit jamais en place ; leurs yeux
s'arrêtoient principalement sur les femmes,
aucune ne passoit qu'elle ne les occupât : à
l'une ils disoient un mot, à l'autre ils faisoient

une

une profonde révérence, & celle qu'ils n'apostrophoient pas, devenoient le sujet de leurs discours railleurs : ce qui m'a le plus surpris en eux c'est leur légereté ; il sembloit qu'ils se multipliassent ; on ne voyoit qu'eux par-tout.

« Voyez-vous, me dit une troisième dame,
» ces déesses qui viennent à nous, qu'une foule
» d'adorateurs entoure ? Oui ; ne sont-ce pas des
» *impératrices* ? des *impératrices* ? non, non : des
» *opératrices* ! Bon ! vous savez déjà leur nom ?
» Mais savez vous ce qu'elles font ? Je vais
» vous le dire. C'est une classe singulière de
» noblesse dont les titres ainsi que la naissance
» se perdent dans l'antiquité la plus reculée;
» il y en a qui assurent qu'elles descendent de
» Psyché & de l'Amour ; au reste, leurs archi-
» ves doivent se trouver dans l'Isle de Cythère.
» Ce qui les rend si aimables, c'est qu'elles
» commencent par oublier ce qu'elles sont :
» elles font, en entrant dans le monde, une
» cession de tous leurs biens au premier enché-
» tisseur qui se présente. L'enchère monte tou-
» jours, parce que les enchérisseurs sont tou-
» jours reçus ; de façon que les biens passent
» entre les mains de plusieurs, sans rester à un
» seul. Ce qu'il y a de plus illustre dans l'é-
» pée, dans la robe, & quelquefois dans les
» tiers-état, compose leur cour. L'état les

» entretient en partie, & en partie les
» différens particuliers. La seule charge que
» l'état leur impose, c'est de venir de temps
» en temps réciter en public leurs langueurs,
» en récitant celles des autres, & quelques-
» unes pleines de vie sembler mourir en chan-
» tant.

» Les autres qui les suivent de près & qui
» leur ressemblent si fort, descendent la plu-
» part de la même origine, sans avoir cepen-
» dant les mêmes titres. Aussi veulent-elles, par
» une espèce de rivalité, contrefaire la même
» magnificence. Comme elles, elles ont une
» cour choisie; elles y vaquent plus librement,
» parce qu'elles n'ont pas de charge d'état;
» mais les unes & les autres jouissent à peu
» près des mêmes droits, qui sont de maîtri-
» ser ce qu'il y a de grands dans le royaume,
» d'enchaîner les plus importantes intrigues,
» de disposer des plus grands événemens. Ce
» sont elles qui influent sur-tout sur le com-
» merce, principalement celui des modes.
» Aussi le public reconnoissant prend soin de
» l'éducation de leur famille. Il est au centre
» de Paris un palais rebâti depuis peu, plus
» somptueux qu'il n'étoit, où se trouvent ras-
» semblés les différens rejetons de leurs diver-
» ses amours; leur enfance y est dorlotée soi-

» gneusement. C'est dans ce temps qu'on les
» produit au dehors pour servir de modèle aux
» futures mères, afin de multiplier, s'il se peut,
» la race des amours & des graces, qui com-
» mence à s'éteindre. Pour eux, leur jeunesse
» est à peine éclose, qu'animés du beau feu à
» qui ils doivent leur naissance, ils brûlent de
» le communiquer. C'est alors qu'ainsi que le
» Nil, se répandant de côté & d'autre sans con-
» noître leur source, ils assurent à la républi-
» que une seconde génération de citoyens,
» laquelle dans son temps en produira une
» troisième, & ainsi à perpétuité ».

Je sentois bien que cette dame les critiquoit en parlant ainsi; cependant je ne dissimulerai pas que je ressentois du plaisir à les voir: elles me rappeloient les *poupées* avec lesquelles, dans mon enfance, je me consolois des chagrins que l'on me donnoit si souvent. Je les reconnoissois au brillant de leurs habits, aux couleurs de leurs visages, jusqu'aux petites taches noires qui se trouvent parsemées sur leurs joues.

Je ne finirois pas si je rapportois toutes les belles choses que j'ai apprises de la bouche de ces belles dames. On se lassa d'être assis, on voulut se promener. L'on me connoissoit déjà par-tout; il n'y avoit point d'allée où je n'entendisse dire à côté de moi : *Ah ! voilà le françois ;* j'en étois tout glorieux, d'autant qu'au collège on ne me traitoit guère que de *marmot*. Oh ! que j'aurois voulu que mes compagnons & mes régens m'eussent vu ainsi au milieu d'un cercle choisi de personnes du sexe, connu, accueilli de tout le monde, & ainsi que Demosthène montré au doigt ! que je me serois bien vengé des titres humilians dont sur-tout les derniers m'accabloient !

Mais toutes ces faveurs extérieures n'approchoient point d'un plaisir que je ressentois au dedans de moi-même, & dont je vais faire l'aveu pour la première fois.

Parmi les dames qui composoient la compagnie du seigneur françois que nous rencontrâmes, il se trouva une demoiselle (car c'est le nom de celles qui ne sont point mariées) qui fixa toute mon attention. Je ne sais encore si elle est espagnole ou françoise ; car tout le temps que je la vis elle n'ouvrit point la bouche ; chaque parole que je proférois m'attiroit de sa part un regard que je ne puis définir : je lui rendois sur le champ la pareille, elle baissoit alors les yeux. J'ai cru démêler dans toute sa physionomie qu'elle ne me vouloit point de mal. Je ne puis exprimer tout ce qui se passa en moi-même à son sujet : elle ne me venoit point cependant en esprit, qu'Henriette ne s'y présentât aussi. Je faisois malgré moi le parallele de l'une & de l'autre, & il me semble que j'aurois été bien aise de trouver dans l'une quelque défaut, pour me décider en faveur de l'autre; mais je n'en trouvois point. Je sentois qu'Henriette ne sortoit point de mon cœur, mais je sentois aussi que celle-ci y entroit imperceptiblement. Cette fille adorable m'est toujours présente à l'esprit; sans cesse je crois la voir : je ne sais si elle est ce qu'on appelle jolie; mais voici son portrait : elle est grande & bien faite, ses yeux sont bien fendus & noirs, son regard est tendre sans être languissant, ses sourcils sont bruns & bien plantés, son front est large & ouvert, sa peau fine & blanche, ses joues ont une couleur que l'art sembleroit avoir imité, mais qui est un présent de la nature, deux petits trous que le ris y fait éclore semble augmenter ses graces; sa jambe est fine, son pied petit, sa main mignonne, sa démarche noble, tout chez elle, jusqu'au moindre geste, paroît intéressant : voilà celle qui m'a appris ce que j'ignorois encore, que l'on peut aimer deux objets à la fois, sans que l'on puisse déterminer la raison & l'étendue de cet amour.

Henriette s'aperçut du trouble qui régnoit

dans mon ame : elle s'approchoit de moi, lorsqu'un bruit sourd & confus se fit aussi-tôt entendre de loin; bientôt il approche. Tout le monde se lève, se range en haie. La frayeur me saisit, je l'avoue, & j'allai me cacher derrière le large contour de deux dames. On étoit à peine arrangé, qu'une bête semblable à celle qui avoit servi de monture à Henriette, traverse avec une rapidité incroyable l'espace qu'on venoit de lui faire ; une multitude de chiens suivoient de près la bête qui fuyoit devant eux. J'allois me rasseoir ; mais une compagnie de cavaliers montés sur des chevaux (d'Espagne sans doute) attira mes regards & ceux des autres. Ils étoient superbement habillés, & je fus fort surpris d'apercevoir dans ce nombre des hommes à moitié habillés en femmes, qui avoient le visage & presque tous les habits du sexe.

Je fis alors réflexion au spectacle qui nous environnoit : je ne pus retenir mon admiration en voyant au milieu d'une forêt un assemblage de personnes de différens sexes, de différentes conditions. La magnificence de leurs habits, la variété de leurs couleurs, faisoient au milieu de cette solitude un contraste que l'on ne peut peindre au parfait. J'ai bien entendu parler des charmes des solitudes de la Thébaïde; mais je doute fort qu'ils approchent de la beauté de celle-ci.

Mais, hélas! il fallut encore faire le sacrifice de ce coup d'œil enchanteur. Henriette pressoit notre départ pour arriver au jour fixé. Nous fîmes donc nos adieux à la belle compagnie, qui vouloit, disoit-elle, jouir encore du beau ciel d'Espagne. Pendant que se faisoient toutes les cérémonies du départ, l'officier nous amena un carrosse de voiture qui devoit nous conduire jusqu'à Paris. Nous montâmes dedans au milieu des vœux les plus tendres de toutes les dames, qui me souhaitèrent à moi particulièrement un bon voyage pour la France. L'officier ne voulut pas nous suivre; l'Espagne avoit des attraits particuliers pour lui.

Je ne fus pas plutôt enfoncé dans ce carrosse de voiture, que je me trouvai assailli des vapeurs du sommeil. J'y succombai malgré moi; je ne me réveillai que lorsque nous sortîmes de cette vaste forêt. Je fus fort étonné d'apprendre que j'avois dormi vingt-quatre heures, sans cependant ressentir de besoins. L'on a bien raison de dire que *qui dort dîne*. L'endroit où je me réveillai est une ville *limitrophe*, & comme neutre entre l'Espagne & la France.

C'est-là apparemment que se font les remises des princesses d'Espagne, lorsqu'elles viennent en France épouser quelques princes. Le grand commerce de cette ville, qui est fort longue, est en vins; mais il me paroît qu'ils ne se gardent pas long-temps: dans toutes les maisons l'on ne voit que gens qui le boivent. Nous ne sortîmes de cette ville que par une descente qui effraye les plus courageux, tant par sa propre roideur, que par le risque que l'on court de se précipiter dans la mer, qui se trouve au bas précisément. Ici je vis que cette ville que nous venions de traverser étoit *Passy* ; que l'endroit où nous nous trouvions étoit le couvent des *Bons-Hommes*, & qu'enfin nous n'étions pas éloignés de Paris. Effectivement *Challiot* parut bien-tôt à nos yeux; les *Petits Cours* se trouvèrent au bout, les *Tuilleries* après, & enfin le *Pont Royal*.

Le carrosse de voiture nous ramena jusqu'à notre porte : la convention étoit ainsi faite. Henriette me remit entre les mains de ma très-chère mère, qui me reçut en pleurant de joie : l'on avertit sur le champ mes deux tantes, qui malheureusement avoient déjà soupé; car ma vue leur procura une indigestion dans les formes. Nous ne pûmes nous entretenir que des yeux. La voix nous manquoit à tous quatre; je remis au lendemain à faire le récit de mes voyages.

La première chose qui me surprit le lendemain, c'étoit de trouver que c'étoit lundi à Paris ; étant parti de Madrid le dimanche, & ayant dormi vingt-quatre heures, ce devoit bien être le mardi : j'en demandai la raison à mon régent, qui étoit accouru me voir dès le grand matin ; il m'expliqua cette énigme le mieux qu'il put. De tout ce qu'il m'a dit, j'ai conçu qu'en Espagne ils comptent les jours autrement qu'en France, comme ils le font encore en Angleterre.

Je fus ce jour-là accablé de visites. Amis, parens, voisins, inconnus même, chacun m'accabloit de questions. Henriette me conseilla, pour les satisfaire tous, de composer l'histoire de mes voyages ; je l'ai faite, la voici, c'est au public maintenant à juger si j'ai réussi.

Fin du voyage de S. Cloud.

TABLE
DES VOYAGES IMAGINAIRES

CONTENUS DANS CE VOLUME.

Avertissement de l'Editeur.   Page 7

LE VOYAGE INTERROMPU.
Premiere Partie.

Les Egaremens.	26
Histoire de Mélite.	30
Conversation du Soleil & de la Lune.	43
La fausse Vestale.	48
Le Poëte fortuné.	49
L'Aveugle clairvoyant.	61

Seconde Partie.

L'Amour im-promptu.	90
Les Mariages sans amour.	104
Merveilleux & Rosette, conte.	109

LA VOITURE EMBOURBÉE.

Préface de l'Auteur (Marivaux.)	165
La Voiture embourbée.	171

TABLE. 411

Le Roman im-promptu, ou l'Aventure du fameux Amandor, & de la belle & intrépide Ariobarsane. 204
Histoire du Magicien. 244

Le Voyage de Paris à Saint-Cloud par mer, & le Retour de Saint-Cloud à Paris par terre. 305

Le Retour de Saint-Cloud, par mer & par terre. 373.

Fin de la Table.

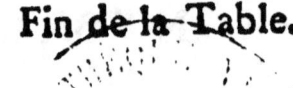

www.ingramcontent.com/pod-product-compliance
Lightning Source LLC
Chambersburg PA
CBHW050913230426
43666CB00010B/2147